U0142432

第五冊

周氏易經通解

周鼎珩 遺著　陳素素 等記錄

五南圖書出版公司 印行

鼎公相關資料

一、

乾初易舍主人

　　吾師三元道人，潛修於九華山也，初常雲遊，半載方歸，晚乃不出山門，鎮日靜坐，未嘗稍輟。修道六十餘年，九十七歲始化，遺蛻尚存九華山九子寮方特造之木塔內。師博修多能，理事雙絕，預知死期，臨化不亂，證此勝緣，殆已即身成道歟？

　　九華山在安徽青陽西南，上有九峰，為中國四大名山之一。此地盛產黃精，相傳黃精九蒸九曬，可以辟穀，服至五六月以上，即飽而不思食矣。余少從吾師學道於九華，試之良然！

　　坐時自動，乃習靜者應有之過程，因人之經絡關節往往發生障礙，自動工法有先天性打通障礙之效能，其益非淺也。

　　吸收日精月華之法，可以輔在坐功，惟涼體人宜吸日精，熱體人宜吸月華，此又當分別適應者也。

　　雪花紛紛，金光閃閃，則陽神將出矣。惟出神以後尚須做一段「換骨」工夫耳，然出神匪易，換骨尤難，吾師嘗云：「換骨工夫約需五百年，故古來仙真，不耐久候，道成之後，多委殼而去。」吾師民國十三年所以羽化者，即不願做此長期之換骨工夫也。

　　王先生贊斌所授之自然呼吸法，即吸時鼓腹，呼時凹腹，謂之腹呼吸，又名內呼吸。行住坐臥，皆可行之，非特可以根治胃病，疏通

大便，甚且可使丹田發暖，積氣通關也。

嘗聞諸滿清某王公云：「修士靜坐，苟至鼻孔之息，其熱力如蒸飯之蒸氣時，即須暫時休息，否則必咯血而傷生也。」

綿綿不絕之內呼吸，久而行之，可以練成胎息，胎息若成，則結丹有望矣。全無雜念，始為築基成功，針石子之言甚是。

崆峒山在甘肅平涼，從西安乘火車至平涼下車，再騎馬入山，僅三十里而遙。崆峒雖在荒外，然遠望蔥蘢，頗有江南景象。又自崆峒至山西五臺一帶，如地球之卵黃，復卦所在地，最富靈陽，最易靜定，洵修道之聖地也。修士其嚮往而潛修於「洞天福地」乎！

本文原載於李樂俅主編之《訪道語錄》（臺北：真善美出版社，1978年10月第3版）

二、

道人王顯齋

李樂俅

（聞楊先生閒話道人，因感而述此）

道人王顯齋，甘肅天水人也。初流寓北平馬相胡同，後常居倉頡祠，懸壺濟世，尤長傷科。相傳為明人，亦有稱為清末人者，未知孰是？第親見其人者，大都頌之為高士云。

今在臺精通《周易》，現任政工幹校兼東吳大學教授周鼎珩先生，曩就學北京大學時，與道人常相過從，道人性詼諧，喜調侃人以為樂。一日，偶至其徒家，見徒妻彌留，舉家皇皇，不知所為。道人

視之曰：「無妨，何惶遽乃爾！」即命以高粱酒半斤，灌之立蘇，而頰頰口燥，神猶不寧。曰：「姑俟之！」起而出，須臾，道人背一大西瓜返。令汁以飲之，俄，頰渴頓消，遂霍然而愈。時方隆冬，北國雪地冰天，何以致此炎夏特產之西瓜？見者莫不嘖嘖歎異焉。

由是北平聞人，益慕其名，每有宴集，必邀致道人。某歲重陽熊希齡柬約名流，登高西山，兼以攬勝。乃驅汽車逕邀道人，欲載而共詣之。道人辭不與俱，請熊先往，己即隨至。迨熊車抵西山，道人已先至，而笑迎於道左矣。西山在北平西郊，距城約四十里而遙，道人何以先汽車而至，熊甚訝之，而終不解其故。

道人夙嫺武藝，邇邇馳名，武術界皆尊之為泰斗，故著譽大江南北之武術家杜心五先生，亦不遠千里，往拜其門。今在臺前交通部航政司司長楊青藜先生，民國三十四年乙酉抗戰勝利，奉令離蜀，途經劍閣、潼關，由北平而晉京，楊先生嚮慕高風，已非一日，是役道出北平，竊喜天假良緣，乃塵裝甫卸，即詣西山參謁道人，時道人正寓居西山也。初參道人，楊即尊稱道人為師，道人反詰楊曰：「我未錄君為弟子，何以遽稱我為師？」楊對曰：「我既拜杜心五師為師，曩者杜師嘗拜師為師，尊吾師之師為師，諒無不宜。」道人笑而頷之。於是談論之次，益形親切，而慨然點化楊先生曰：「耳順以後，自有真師尋君，幸勿慮也。蓋師尋弟子易，弟子尋師難，古來多係師尋弟子，今日豈不然哉？」楊因懇求示以修道之途徑，道人又剴切垂教曰：「修道首須知所擇別，陰陽雙修，成少敗多，不可學也；金石草木，藥易誤人，不可學也；怪誕不經，跡近迷信，不可學也。惟諸家服氣之法，弊少而效速，初入玄門者，不妨擇一調身；至聖聖相傳性

命雙修天仙之道，則難躐階，必先做到克己修心，健康長壽，表裡俱真，俯仰無愧之人仙，然後漸進於天仙，庶幾本立而道生。不依此而教人、師人，皆罪也，人且難保，寧望仙哉？」

楊先生又言：抗戰期間，日寇謀脅道人參加偽組織，一日，逮道人至，環一鎗口曰：「願從則生，不從則死。」道人大笑曰：「真心修道者，素來不問政治，況余為中國人，尤不應參加反對中國政府之組織！」院內適有大樹一章，道人言訖，即以手向樹畫一圓周，而滿樹枝葉，便立剪為原形，整齊若新理之髮然。道人劍法之神，日寇見之，舌撟不能下，於是羅拜謝罪，並護送歸山焉。

道人體不魁梧，髮撮於頂，貫以竹簪，與常見之道士無異，所不同者惟神采奕奕、目光炯炯而已！

弘道子曰：愚讀葛洪《神仙傳》，每飄然有出塵之想，然於諸仙修鍊之法，便闕而不言，深以為憾。繆俊德先生，從遊頗久，嘗報導道人之傳授曰：「道人之功法不分層次，煉精化氣，煉氣化神，煉神還虛，三者同時皆做，蓋至簡至易之上乘工夫也。」敘次道人仙蹤既竟，故又將其修煉之方法，簡介如此，或亦足補古人略而不言之闕歟？

本文原載於李樂俅主編：《訪道語錄》（臺北：真善美出版社，1978年10月第3版），頁103-105。

我手中有《訪道語錄》一書，該書除「乾初易舍主人」外，另有「道人王顯齋」一篇，亦係周鼎珩老師所述事，我曾親聆周師談及部分內容，頗值一讀。《訪道語錄》之編述者李樂俅先生，係周師北大同學，畢業後曾任教江西瑞金師範學校，來臺後奉職於臺大總務處。

中國堪輿學會理事長曾子南即其師範學校高足，曾因李先生之因緣，曾求得周師「踏踏歌」墨寶一幅。我曾數度在曾理事長公館有陪侍李先生讌飲數次，恂恂長者也。

弟子林鴻基謹誌

民國一一〇年十二月六日

三、詩作

午睡

兒時歷歷都如夢，老大翻驚夢轉空，睡起每疑身不是，半竿紅日半窗風。

西安道上

自昔西秦地，衣冠稱帝鄉。關河天險在，人物霸陵荒。亂塚眠卿相，殘碑識漢唐。我今悲往古，後此更茫茫。

春日憶內

一度思量一斷魂，黯然猶記別黃昏。三春織錦何無字，兩袖啼紅尚有痕。風絮愁人人漸老，雲天邀夢夢難溫。遙知獨自傷懷處，小院花飛深閉門。

歲暮山村即景

浮蹤海外老窮經，四面山環一屋青。落木臨溪流倒影，遠燈照眼亂疏星。百年但看雲來去，萬象空餘夜窈冥。節屆殘冬春在望，乾坤消息不曾停。

奉和韋仲公兄半卷樓原韻

湖山百刼流離久，萬里雲天客倚樓。世局安危書半卷，時賢搖落序三秋。盱衡中外將誰語，馳騁乾坤與道謀。剝復往還應不遠，待看風雨會神州。

奉和申鳳蓀兄海岸逭暑即景原韻

心到源頭思卻空，飄然雲際逐飛鴻。詩懷淡泊推雙穗，道業精純造九重。避帝情趨煙水外，臨流人在畫圖中。年來獨得窮通理，聞聽漁歌入海東。（申君近曾學道其書屋名雙穗樓）。

天理歌

天理無或爽，盈虛透消息。泰從何處來，來自否之極。一反斯一正，萬物同此律。君不見青山木，秋凋冬落春又茁。嗟彼濁世流，滔滔徒自辱。我生何所自，我自宇宙出。宇宙迄未滅，我生必與立。胡為乎衰亂草蟲吟，胡為乎悲憤長沙哭。但求此生機，奔流流萬斛。磅礡奪長空，空明生虛室。放懷天地間，天地落胸曲。手掬太平洋上水，重洗乾坤見白日。

以上七首錄自易君左編《四海詩心》（1977年2月臺灣商務印書館出版）

前四首載於頁159，後三首載於頁160。

校對鄧敦琉謹誌

民國一一○年

十二月二十一日

韋仲公曾任東吳大學校長室主祕，並在中文系、哲學系兼課；嘗從鼎公學《易》。申鳳蓀名丙，東吳大學中文系第二任系主任，與鼎

公比鄰而居。〈天理歌〉蓋致梁寒操先生。〈春日憶內〉蓋隔海思念
夫人徐氏，其詳請參閱第一冊〈周鼎珩先生事略補遺〉。

弟子陳素素謹誌

民國一一○年十二月二十日

四、墾殖普濟圩

銅陵的普濟桑田和古徽河（銅陵市市民論壇）

發表於 2015-06-01 16:55

　　普濟桑田明、清之際的普濟桑田，西起樅陽的王家滘，東抵無為
之土橋，時為長江中下游的第一糧倉。普濟圩之土橋原屬於省府安慶
的古桐城，後土橋以西劃入樅陽縣，土橋集鎮等地劃入無為洲。近年
的普濟圩一直處在三縣一市三不管地段。部分財政和單位等屬於樅
陽，土地屬於銅陵市，農場歸屬省農墾廳省直管，且設有農場監獄。
2014年才整制將普濟圩全部規劃銅陵市管轄。土橋姑娘成了銅陵兒
媳（土橋集鎮仍屬於無為縣管轄）廣袤的普濟桑田，撐起了幾百年皖
江北岸濱江城（又稱糝潭鎮，今無為縣土橋鎮）和無為徽河鎮（今銅
陵市灰河鄉）的一派繁華——這裡上達重慶、九江、安慶，下接南
京、蕪湖、舒城、廬江、廬州（合肥）、南通，商賈流連雲集。普濟
沒于澤國，徽河歸於灰河，連接陳瑤湖、楓沙湖、竹絲湖、甚至廬江
等地眾多湖泊，經土橋河直通長江。又位於無為第一高峰：三公山腳
下。滄海桑田之變，恰恰一個世紀。

　　清道光29年（1849年），濱江長江奇水，桑田浸沒，屋舍盡

毀。（濱江，即現在土橋一帶古稱）

《清史紀事本末》載：「夏四月，江蘇、浙江、安徽、湖廣大雨五旬餘，水驟漲，田盡沒。水之大，為百年所未有。」安徽巡撫王植奏稱：「安徽省本年自春徂夏，雨水過多，江湖增漲……半月以來，大雨如注，連宵達旦。兼之上游諸水下注，來源甚旺，江水較上年盛漲之時，尤大尺許。」桐城、無為等「州縣紛紛稟報，圩堤壩梗均被漫潰，田廬漂沒……」重災的桐城縣，「節次大雨，山洪奔注，水勢浩瀚，田廬盡在水中。」

天災之後，太平軍興起。桐城普濟圩恰處太平軍的天京與安徽省會安慶之間，連年的戰禍，水底的普濟桑田，終於蓮葦茂盛，魚鱉橫行。在土橋設有官僚收取百姓租金。

普濟生民經歷半個多世紀的水深火熱之後，迎來辛亥革命後的民國。安徽都督柏文蔚，此時意欲復墾普濟，澤惠民眾。因遭袁世凱免職，討袁失敗，柏文蔚在安徽政壇幾乎是曇花一現，普濟桑田夢想，隨風而逝。

再10年，許世英主政安徽，倡議修復普濟圩。不久，許世英亦匆匆去職，普濟桑田計畫再度擱淺。此後的10年間，30萬畝的普濟圩，民間自發圈築的，只有王家滄附近的千畝孫家小圩。

普濟圩今天的框架規模，起于吳忠信的大手筆圈定。吳于1932年任安徽省主席，他命省建設廳編制普濟圩修復計畫，動用救災款物修復了王家滄至土橋的江堤，並擬報中央財政撥款修築內河防洪堤。但吳忠信不久調離安徽，此後的二十餘年，走馬安徽政壇的，多是魚肉百姓的非皖籍政客，普濟圩修復計畫無人問津。加之日軍侵入，普

濟淪為戰場，水圩一役，地方軍民遇難700。此間民生凋敝，普濟彌荒。

　　普濟圩的桑田夢想，抗戰之後險成現實。1946年，經國民黨中央任職的周鼎珩（周潭鎮人）不懈努力，柏文蔚、許世英、吳忠信三大元老人物的鼎力支援，普濟墾殖社成立並投入實質性工作，重點是修築內河防洪堤（今橫埠河後河）。1947年清明節，工程開工，歲末進入青山一帶（今陳瑤湖鎮高橋、花山村），因涉及地方周氏祖墳，工程停工。待爭議解決，1948年夏汛已至，工程不得不停。汛期結束，渡江戰事迫近。次年，普濟墾殖社事務草草交與蕪湖市人民政府接管。

　　普濟桑田浸沒的一百年間，江山經此世變，人民水深火熱。新中國成立後，旋即展開圍湖造田的，是中國人民解放軍農墾五師。這些最終血盡朝鮮的英勇男兒，在這裡開出了第一犁新土──是為普濟圩國營農場的前身，普濟圩重現桑田的後話。

　　此篇錄自網路，鼎公墾殖普濟圩見「普濟圩的桑田夢想」一段，蓋先師平日所津津樂道，其詳請參見〈周鼎珩先生事略〉。

弟子陳素素謹誌

民國一一〇年十二月十三日

凡　例

一、本書包括先師周鼎珩先生之定稿、手稿、講稿及講習大綱。

二、定稿計有易例及〈乾〉、〈坤〉、〈屯〉、〈蒙〉四卦，此盡收錄於《周氏易經通解》第一冊。

三、手稿計有〈需〉、〈比〉、〈小畜〉、〈履〉、〈泰〉、〈否〉六卦。

四、講稿係門弟子據錄音帶所記錄並加整理，除定稿之四卦外，其餘六十卦、〈說卦〉皆是。

五、講習大綱係先師為便於「易經講座」之聽眾所擬，在講授現場分發，計有第一卦〈乾〉卦至第二十卦〈觀〉卦。

六、除定稿之四卦外，其餘均以講稿為主，另有手稿、講習大綱者附於其後。

七、本書凡《易經》正文部分，悉以《武英殿十三經注疏》之《周易正義》為準。

八、本書除易例、〈說卦〉之外，其通解六十四卦之體例，依次為總說、卦辭、爻辭、彖傳、大象、小象。「總說」之下又分卦序、卦體、卦義三項。

九、本書講稿記錄原則，先師嘗指示曰：「按錄音帶逐字記錄，然後去其重複者。」弟子等謹遵遺訓，不敢踰越，並著記錄者、整理者姓名，以示負責。

目錄

第三十五卦

晉卦

周鼎珩講　陳素素記錄

晉

離　坤
上　下

—— 此係〈乾〉宮遊魂卦，消息二月，旁通〈需〉，反對〈明
夷〉。

壹、總說

佈卦的次序

今天報告〈晉〉卦，在〈大壯〉以後，接著就是〈晉〉。〈大
壯〉是講陽的氣勢壯盛，〈晉〉卦接著講什麼呢？是講陰的成果豐
隆。在陽的氣勢壯盛之後，接著它就要開化陰，陰既經陽的開化，於
是乎成果非常的豐隆，〈晉〉卦就是說明這個現象的，對於我們人
生，這個卦最有用處。現在先說明卦序，我們剛才已經開宗明義的講
了〈晉〉卦是說明陰的成果豐隆，因為在〈大壯〉陽的氣勢壯盛之

後，接著才能夠陰的成果豐隆。我們普通人說，「一分精神，一分事業」，人有很壯盛的精力，於是才能夠創造很豐隆的事業。孔子以天縱之資，而且學而不倦的那種精神，所以才能夠創造中國幾千年的文化基礎，陰的成果是最豐隆的了，我們現在一切的文化都是從他那兒一個字、一個字的傳下來的。因此陽到了壯盛的時候，它一定要找陰來協和配合，陽如果到了壯盛的時候，沒有陰來協和配合，陽就變成空自鼓舞，這個陽就白費了。我們看卦是這樣看法。

〈晉〉卦內在的三畫，表示坤陰已經變成體了，坤陰已經成體，才能夠上升。這個上頭的陰，我們不要看成另外一個東西，內在坤陰已經成體，還有多餘的豐富的陰，於是乎上去，所以上頭這個陰，就是內體這個陰；外卦是離，離在先天就是乾，內體這個陰鑽到乾陽裡面去了，陽就要開化它；因為陰已經成體，它才有這個資格鑽到乾陽裡面去，來承受乾陽的開化。這樣一來，乾陽有了著落了，有了安頓的地方了；要不然，這個陽就是空自鼓舞。它有了陰鑽進去，於是就來開化這個陰，陰本來就很盛了，經過陽的開化，於是乎成長得更快，所以孔子解釋「晉者進也」，就是陰晉升一步、上去了、膨脹了、變成了很豐富的成果，所以〈序卦傳〉裡頭說：「物不可以終壯，故受之以〈晉〉，晉者進也。」「物」就是宇宙間一切的現象，「不可以終壯」，不能老是壯，只是孤陽在那兒壯，不可能的，它一定有個陰來配合它，「故受之以〈晉〉」。〈晉〉就是陰來配合〈大壯〉的，因為〈大壯〉已經壯了，於是陰來配合了，因此〈大壯〉之後就繼之以〈晉〉。我們拿人來講，人精力旺盛的時候，在家裡閒著不耐煩，一定要找個適當的事情來營謀，或者從事於種種事業，或者從事於學術研究，就是拿你的精力投到種種事業上，從事學術研究，

就是拿你的精力投到學術研究上，這學術、事業是陰，人的精力就是陽，學術事業經過人的精力投下去了，於是這個學術成就了，事業開展了，那就是〈晉〉卦豐富成果的現象。因為陰晉升了，是隨著陽來晉升的，有陽來開化它，它才能晉升，所以〈大壯〉之後繼之以〈晉〉，這是交代卦的次序。

成卦的體例

〈晉〉卦外卦是離，內卦是坤。離為明、為日、為目。在人身上來講，離是一雙眼睛；在太空來講是一個太陽；在形容字方面來講，離是光明、明白。在外體是離，就表示它外體已經表現了，這個東西不是曖昧的，不是鴻濛的，不是朦朧的，不是混沌的，不是窈冥的，在外體已經有可見之徵了。坤是代表實質的，在內體是坤，就表示內在已經有實質的體了。內外體綜合說明就是「實在之體已經明白的表現於外」。「實在之體明白表現於外」什麼意思呢？就是任何現象在它發展開始的時候，都是朦朧的、都是曖昧的、都是看不見的。比方我們人吧，人在娘肚裡結胎，初期的時候，誰看得見呢？等到出生以後，又白又胖的孩子，看得見了，就表示明白的表現於外了。所以這個〈晉〉卦的體象就是說這個實質之體，已經明白的表現於外，這是第一個體象。

其次，在洪荒時期，什麼東西都沒有，無象可見。在《易經》裡面，沒有東西形容它那個現象，就謂之「太極」。到後來，周敦頤作〈太極圖〉，更加一層，把那個鴻濛看不見的現象，稱之為「無極」，說「太極」之前，有個「無極」，根本什麼都看不見，什麼都沒有，看得見的，就是一片混沌，慢慢地蘊藏很長的一個階段，才進

步了。就拿我們地球來講吧，由我們這個太陽撒下一點火花，變成地球。這一點火花就慢慢的在那塊轉，所謂「轉」，也不曉得轉了多少億年。在《易經》裡講，這個轉得差不多有四十億年，西方的物理學沒有把這個計算出來，他們計算地球整個壽命是一百一十億到一百廿億之間，他們說地球到了現在，差不多到了一半了，四十五億到五十億之間，這是西方地球物理年會所報告的。根據《易經》的說法，地球壽命是一百六十七億年，不只一百一十億、一百廿億，比他們多個四、五十億年。這個四、五十億年多的在什麼地方呢？就是多的在這個轉的時候，地球還沒有成球體以前，那一層火花的氣化，在那兒轉，這樣轉了多少億年，於是乎地面上結成砂石土壤，地殼硬化了；砂石土壤結成以後，更經過若干億年，於是乎地面第二步發展了花草竹木；花草竹木又經過若干億年，於是地面上進一步產生蟲魚鳥獸；由這蟲魚鳥獸，更經過若干億年，才產生人類。產生人類以後，慢慢的發展，產生了一切的社會文明，如大廈，電燈等等。從那個洪荒、混沌未開以前，一直到現在一切的社會文明這個現象，那進步得多，所以稱之為「晉」。因此〈晉〉卦拿離、坤來成卦。

　　離是表示什麼呢？〈說卦〉：「離也者明也，萬物皆相見。」離是太陽，拿時辰來講，離居南，時辰是午時，在午時，萬物皆相見，看不到的東西，到這些時代都看得到。比方我們這一「元」，現在就是「午會」，從夏禹即位八年開始，就進到「午會」，到著現在一共四千三百多年。這個「午會」一共有一萬零八百年，卅運，現在差不多已經走到十一、十二運之間，後頭還有十七、八運，所以在我們這一「元」的時候，正是開始萬物皆相見，萬物皆相見，就表示什麼都看到了，凡是過去看不到的東西，現在都表現出來了。比方洲際的

交通已經開始了，我們月球看到了，火星也看到了，慢慢再過個五十年、一百年，這個情形可能更進一步，很多的東西能夠看到了。因此在坤地之上繫之以離，表示地面上萬物皆相見，一切的文明大起，所以稱之為晉，晉者進也，這是第二個體象。

其次，〈說卦〉上，孔子講：「離，麗也。坤，順也。」麗是附麗，比方，我們這本書擺在桌子上，這是麗；電燈懸著這牆上，這是麗。「日月麗乎天，草木麗乎地」，就是日月附麗在天空上，草木附麗在地面上。附麗是什麼意思呢？就是有著落的意思、有個安頓的地方的意思。衣服附在身上，有個著落了；草木麗乎地，有個著落了。麗就是有個著落的意思。坤，順也。〈坤〉卦卦辭：「安貞吉。」順就是很安詳的意思，比方人家講：「兒子女兒好不好？」「兒子女兒談不上孝，還順。」順就是很安詳的意思。合計起來說，「晉」就是安詳的著落。這話怎麼講法呢？因為在〈大壯〉陽壯盛以後，它要找坤陰；陰在盛了以後，它要找陽。可是陽壯盛以後，找的陰很嫩，壯陽對嫩陰，那不行；找的陽不壯，衰陽對盛陰，也不行。陽氣化與陰氣化裡頭都有個一定的秩序的軌道，如果陽的秩序的軌道與陰的秩序的軌道不相符，兩個配合在一起就不諧和。因此中國過去就根據這個道理，男女在結婚以前要合婚，合婚不是個迷信的事情，很有最高的氣化科學的根據。比方那個男的和那個女的，一見面就相見恨晚，或者男的和女的見面了，不過爾爾，這裡頭什麼意思呢？中國過去俗話就講「緣」了，「緣不夠了」、「緣夠了」，「緣」是什麼東西？就是「氣化」，它兩方氣化運行的軌道都很諧和，所以一見就鍾情。有一個女的，卅多歲，她找到一個男的，請我算命，我說你用不著算命，用不著看相，也用不著打卦求神問卜的，妳問妳自己，問自己怎

麼問法呢？妳看在接觸那個男孩子的時候，妳感覺怎麼樣？假使妳感覺得接觸的時候，妳心理情緒方面怦怦然而動，這個男的不壞，那就有點意思，假使妳覺得以後回來，妳頭腦子印象深刻，離開他，還少了一件東西的樣子，那就是「緣」，那妳嫁給他沒有錯，所以不要求神問卜，也不要打卦算命，問妳自己，你看接觸的情形如何就行了。那麼這個就是安詳的著落，陰陽彼此之間要有安詳的著落，有了安詳的著落，於是乎兩方面都可以向前很快的進展，陰得到很安詳的陽，很安詳的開化它，於是乎陰成長得很快，陽得到很安詳的陰，於是乎陽開化的能力特別強，因此陰陽兩方面進展都很快，所以叫做「晉」。

我們拿人事社會來講吧！我們一個人的精神意志是陽，我們的事業，做工也好，做公務員也好，自己開洋行也好，做什麼東西都可以，我們的精神意志要經營這個事業，這個事業就是我們精神意志所支付的地方，這個事業就是陰。假使一個人找到一個正當的事業，就是恰好你所找的那個正當的事業，就是需要你那個精神意志。比方你熱愛藝術，因此就找到個藝術機構，發展藝術事業，那個藝術事業恰好迎合著你那個精神意志，這個叫做安詳的著落，當然這個事業發展就很快，而你精神意志發揮得也很愉快。你今天跑到工廠事業機構裡去做，做得很高興，為什麼呢？因為這個是自己所需要做的嘛！這個是安詳的著落嘛！假使一個人沒有事業，失業了，在路上逛街，閒散，不要多久，最多半年，臉上氣色馬上就壞，什麼道理？那個精神意志，陽沒有著落，陽沒有著落就空自鼓舞，空自鼓舞，這個陽就逐漸消散，陽逐漸消散，於是乎這個臉色就壞了，因此第一個需要著落。假使你找不到職業，或者你找到的職業，不是你所喜歡的，為了

五斗米折腰，你那個事情做不好，自己的精神也不愉快。所以雖是有了著落，而著落並不安詳，也不行。一定要著落很安詳，就是你所做的職業，恰好是你情緒之所趨，那彼此相得益彰，你的精神愉快，事業發展得也快，所以「晉，進也」，進步得很快，這是第三個體象。

　　其次，講卦變。根據卦變，凡是二陽四陰的卦，它的源頭都是〈臨〉、〈觀〉兩卦。這個〈晉〉卦是從〈觀〉卦來的，〈觀〉卦的第四爻上去居五，第五爻下來居四，就變成〈晉〉。為什麼？我們知道凡是陰太盛，就要找陽，陽太壯，就要找陰，現在〈觀〉卦內體的陰太盛、還有多餘的，所以第四爻就上去居五，第五爻就下來居四，變成〈晉〉卦。但是卦序是〈大壯〉之後，繼之以〈晉〉，這是什麼道理呢？〈晉〉的前身來自〈觀〉，而〈觀〉是〈大壯〉的旁通，〈大壯〉四個陽，陽壯，陽壯就要找陰盛，〈觀〉四個陰，陰盛，於是恰好和〈大壯〉對比，它兩個半斤對八兩，那麼好了，〈大壯〉找到〈觀〉。但是〈觀〉和〈大壯〉兩個接不起來啊！於是在〈大壯〉陽壯之後，這個〈觀〉的盛陰—四爻，就上去承受〈大壯〉的這個壯陽，這個陽—〈觀〉卦五爻，就是〈大壯〉的壯陽，既承受〈大壯〉的壯陽，於是乎四之五，就承受〈大壯〉的壯陽的開化，變成〈晉〉卦，所以〈晉〉卦在〈大壯〉卦之後，根本道理如此。至於壯陽為什麼要找盛陰呢？因為陰不盛，承受不了壯陽，我們常常講：「割雞焉用牛刀？」牛刀是壯陽，雞是弱陰，兩個不諧和，所以壯陽一定要找盛陰，不是盛陰，它承受不了。其次，還有一點，這個〈觀〉四之五，五是君位，君位是主宰的位置，這個五是坤的五爻。〈坤〉的五爻：「黃裳，元吉。」所以這個坤陰已經非常之飽滿，可以厚德載物，於是乎它就可以柔遠懷近，再遠的地方的老百姓，它都能夠把他

融化住了，再遠的地方這個蕃庶的東西，它都能夠把他吸收過來，因此〈晉〉卦的卦辭裡頭，非常的蕃庶—「康侯用錫馬蕃庶，晝日三接」，它的卦辭多漂亮啊！多豐盛啊！這是第四個卦體。

立卦的意義

　　〈晉〉卦外體為離，內體為坤，離為明，坤為地，所以是「明出地上」。明出地上是什麼意思呢？就是最初是很曖昧的、很鴻濛看不見的，現在已經很明顯地顯出於地上。很明顯地顯出於地上，就什麼東西都有了嘛，萬物芸芸嘛，砂石土壤、花草竹木、蟲魚鳥獸以及人類、一切社會文明，什麼東西都有了嘛，〈晉〉卦是這個現象。那我們學這個卦就要體會這個意境—很明顯地顯出於地上，就是那個東西不曖昧、不窈冥、不恍惚，確確實實的擺出來了。這個卦對於我們人生有很大的啓示，就拿我們研究學術來講吧，對於這一個學術的對象，搞得一清二楚的，很明顯地把它烘托出來，深入淺出，不管學術深奧到什麼程度，我們要很淺顯地把它烘托出來，這才合乎〈晉〉卦的卦象。至於經營事業亦復如此，我們要把這個事業很明顯地顯出於地上，就是說到處都有我們的事業機構，都可以見到我們的事業的製成品，就是說事業的關係到處都有，事業普遍的發展，並不是關起來，在屋子裡面做事業。所以我們學〈晉〉卦，我們不經營事業則已，經營事業，一定要把這個事業很明顯地顯出來；不研究學術則已，研究學術，一定要深入淺出，把這個學術很明顯地顯出來。至於治國亦復如此，國家給我們一部分工作，不管它多少艱鉅、逐條逐縷的，把它弄清楚，很明顯地，搞得條理分明。爲什麼要很明顯地顯出來呢？因爲沒有很明顯地顯出來，等於沒有做，等於還是太古洪荒、

乾坤未剖的時候，還是窈冥的，還是恍惚的，所以要從洪荒時代變成萬物蕃庶，一定要把它很明顯地顯出來，這是學〈晉〉卦的第一個意義。

話又說回來了，我們學〈晉〉卦的卦義固然要把它很明顯地烘托出來，但是怎麼樣才能達成這個目標呢？我們知道〈晉〉卦是說明陰的成果豐隆，可是陰的成果豐隆，首先是得之於陽的氣勢壯盛，陽的氣勢壯盛，才能夠有陰的成果豐隆，所以先有〈大壯〉，然後有〈晉〉卦，就是表示先有陽的氣勢壯盛，才有陰的成果豐隆。因此要想把每一個現象在我們手上都能夠很明顯地烘托出來，首先我們自己陽的氣勢要弄得很壯盛，有這個氣勢壯盛的陽，才能夠有這個豐隆成果的晉。可是陽壯大了以後，一定要有〈觀〉卦的盛陰，才能夠變成〈晉〉，那個意思就是說陰陽配合要諧和，壯陽要用盛陰。換一句話說，那要看我們自己的精力到了什麼程度，假使我們自己的精力到著一斤重了，我們找所經營的事業，找所研究的學術，要有一斤重的分量。我們有多大的精力，就要找多大範圍的事業，這個事業太小了，不合乎我們精力的要求，我們做得不恰當，那就是「龐士元當縣令」。在三國時，蜀漢的龐統當縣令，一天到晚，就吃酒作樂，人家就告狀，龐士元知道了，就把縣政府所有的案子，搞得乾乾淨淨、了了當當。《三國志・蜀書・龐統傳》上說：「先主領荊州，統以從事守耒陽令，在縣不治，免官，吳將魯肅遺先主書曰：『龐士元非百里才也，使處治中、別駕之任，始當展其驥足耳。』」龐統不是當縣令的才，他大才小用，所以不過癮，就隨隨便便的。因此我們精力太壯的，我的那個事業的對象，如果不夠我們的分量，不行；我們精力太小，我的那個事業的對象，如果不是我們精力所能擔當得了的，那也

不行。我們看挑擔子的，精力很夠，你叫他挑一百斤、二百斤，挑得很好看；假使精力不夠，他只有八十斤的力量，你叫他挑一百廿斤，結果他走幾步路，腳也顫了，身體也不諧和了，那個表現出來著很不好看，那就是他自己的精力不夠，而我的事業對象太大了，他精力負荷不了。因此我們前頭講要安詳的著落，是怎樣的精神，就找怎樣的事業去經營，這是講分量。假使講區別呢，這個事業也有區別，比方有藝術的、有數理的、有工程的，而人的頭腦子各有所趨，我們自己的興趣就著那一部分，就找那一部分。每年大專學生投考的時候可以看到，有的國文寫得很好，而算學的題目答得很壞；有的數理寫得很好，可是國文的卷子做得狗屁不通。這什麼道理？因為他那個頭腦子各有所趨，各有稟賦不同，有的愛好藝術，有的愛好數理，所以每一個人要找他的事業對象，一定要先問問自己的精力之所在，興趣之所在。把這一方面搞清楚了，再找事業對象，這樣才是前面所講的，求安詳的著落，這個精力的著落才很安詳。我們要想使一個現象很明顯地顯出來，就要找一個安詳的著落，就是那個現象是我的精力所能夠負擔得了的，那個事業現象是我的情緒之所愛好的，這才是合乎安詳的著落，所以才能夠把這個現象很明顯地顯出來，這是學〈晉〉卦的第二個意義。

其次，我們剛才講〈晉〉卦是〈觀〉卦的第四爻進了第五爻，〈觀〉卦陰已成體。陰成體象徵什麼？就表現這一個陰，經過陽的開化，能夠有個結果。我們陽—這個精神意志，投到任何一切現象上面，比方研究學問也可以，做生意也可以，搞工廠也可以，經營農場也可以，種種事業都可以，就是看自己的愛好、自己的精力有多大，自己斟酌支付到什麼地方去。可是有些人他的精力沒有正當的著落、

沒有正當的支付，他打牌、看戲、看電影、逛街、逛百貨公司，有些人把自己的精力放到這些地方用，這是他的精力沒有找到安詳的著落，於是乎亂用，把自己精力消耗掉了。結果打牌也好、看戲也好、逛百貨公司也好，這一種的對象來消耗精力，決不會成體的，就是最後打牌沒有打得個結果出來，看電影沒有看得個結果出來，逛百貨公司會逛出結果出來嗎？逛街會逛個結果出來嗎？逛不出來的。精力如果支付到這些著落上，那它陰不成體，所以我們支付的對象，一定要能夠陰成體。所謂陰成體，就是它那個陰—那個對象最後有個結果。比方求學問，最後有個結果；寫書、寫稿子，最後有個稿子出來；做生意，最後有個店開了，能賺到幾個錢，總有個結果。所以陰成體就表示陰有個結果，就是我們支付出去的陽—精力，有個結果出來，這是學〈晉〉卦的第三個意義。

貳、彖辭（即卦辭）

〈晉〉：康侯用錫馬蕃庶，晝日三接。

康者安也，〈坤〉卦卦辭：「安貞吉。」〈晉〉內卦為坤，坤有安之象，所以講「康」。初與四應，變成震，震為「侯」。這個卦是從〈觀〉卦來的，〈觀〉卦外卦是巽，巽為命，命，「錫」也，錫者，頒也、賞賜也。初、四相應為震，震為馬，坤為牝馬，〈坤〉卦卦辭說：「利牝馬之貞。」所以有「馬」之象。初、四相應，變成震，震為蘆葦，有「蕃」之象，蕃者，多也，二、三、四互成艮，艮為木多節，有「多」之象。坤為「庶」，庶者，眾也。日出於地上，故曰「晝日」。離數三，而且坤三陰成體，所以講「三」。〈坤〉卦

也好、〈乾〉卦也好，內卦三爻成體，都有「三」之象，〈需〉卦上六爻辭：「有不速之客三人來，敬之，終吉。」就講底下的三個陽爻，所以講「三」，這兒是三個陰爻，所以講「三」。接是接待，往年有觀禮，觀禮裡頭有三接。諸侯朝觀天子，有執事官，帶著諸侯，歷階而升，就是「朝觀」啦，這是「一接」；觀畢之後「致享」，設享請他們吃飯，就是「二接」；享畢，天子「勞之」，就是頒賞，這是「三接」。這是大體上講，當然裡頭東西還很多，這是卦辭的象。

　　意義是什麼？〈晉〉是一種明出地上，很顯明的蕃庶現象。「康侯」者，就是各地方的諸侯，很安詳地敷政有功，就表示地面上各部門，比方花草囉，飛鳥囉，都有頭緒的意思。「用錫馬蕃庶」，天子頒贈的成果非常的豐盛，「天子」就代表壯陽，「錫馬蕃庶」就代表盛陰，壯陽開化這些地面上的成果，非常之豐盛，所以講「用錫馬蕃庶」。「晝日三接」是表示禮貌非常之周到，一天就有三種接待，就是表示陽來化陰，陰來承陽，陰、陽彼此之間，接觸得非常頻繁諧和。合計起來，意思就是說到了〈晉〉卦，各部門都要有頭緒，因此創造的這些物品才能豐盛，陰、陽彼此之間接觸才能夠頻繁諧和，就是這個境界，這個境界可以治國家用，也可以拿來作個人修養用。

參、爻辭

初六：晉如，摧如，貞吉，罔孚，裕无咎。

　　初、四相應，初爻上去居四，有「晉如」之象，晉者，進也，往上升了，往上進了。四居艮，艮為手，艮又為止，以手止之，有

「摧如」之象，摧者，有阻止的意思，不要它前進了。「貞吉」，要穩定才吉。「孚」者，因為初應四，四居坎，坎為孚，初居四則坎象不見，所以講「罔孚」，沒有孚。「裕无咎」，坤為廣，有「裕」之象。〈晉〉卦的成果是萬物豐盛、陰陽諧和，但萬物豐盛、陰陽諧和，是要到相當的程度才行，並不是走來就可以萬物豐盛、陰陽諧和，初爻在〈晉〉卦開始的時候，就想「晉如」，往前進；「摧如」，一定要受到阻礙；「貞吉」，還是穩定在自己的崗位才能吉；「罔孚」，因為你剛剛開始，自己根本上沒有信用，還不能取信於人，〈晉〉卦要萬物豐盛，你萬物還沒有產生嘛，〈晉〉卦要陰陽諧和，你陰陽還沒有諧和嘛！在這個情況下，「裕无咎」，寬裕自己，不要操之過急，就沒有毛病。這一卦固然是要向前進取，但剛剛才開始的時候，是要寬裕自己，是要冷靜，不能夠冒冒失失的，草草了了的去做，不行的，這是第一爻。

六二：晉如，愁如，貞吉，受茲介福，于其王母。

「晉如」，往前進，反正〈晉〉卦就是逐步往前進，所以講「晉如」。「愁如」，二爻和五爻相應，五居坎，坎為憂，有「愁如」的象徵。「貞吉」，要很穩定才吉。「受茲介福」，初爻〈小象〉講：「裕无咎，未受命也。」這一卦主爻是五爻，五爻是居於君位，是發縱指使的位置，它只是應於二，它不應於初，初爻和五爻距離太遠，攀援不上，五爻所能照顧的就是從二爻開始，初爻在應外，所以初爻〈小象〉講：「未受命也。」還沒有受命，到二爻就「受茲介福」，因為二爻和五爻相應，它仰承於五，有「受」之象，前面卦辭講：「康侯用錫馬蕃庶。」就是指的五爻，「天子」也是五

爻，「康侯」也是五爻，「錫」者就是頒賜，有「頒賜」的，必定有「受」的，所以二爻就「受茲介福」，「介」者大也，〈晉〉卦是由〈觀〉卦四之五變成的，〈觀〉卦五爻本來是乾，乾爲大、乾爲福，「介福」就是大福，「受茲介福」就是受這個大福，所謂「錫馬蕃庶」，賞賜很多，就是指這個大福而言。可是「受茲介福」要「于其王母」，「康侯」對二爻來講，就是二爻的「王母」，五居王位，又是陰爻，有「王母」之象，二爻受「錫馬蕃庶」這個大福，是跟著「王母」受的，也就是跟著「康侯」受的。這話是什麼意思呢？就是我們到了第二個階段可以「晉」，可是「晉」還不免「愁如」，有憂愁的地方；「貞吉」，還是要穩定才吉；「受茲介福」，可以受這個大福；但是要「于其王母」，跟著「康侯」去受。

這個意思就是說〈晉〉卦到著第二階段，我們要看我們的主體，主體可以進，我們就可以進。這話怎麼講呢？比如話，我們買房子吧，買房子是五爻，買房子以後，再看傢俱，傢俱就是二爻，買傢俱要跟著買房子買，離了房子買傢俱，那就不對，小房子用大傢俱，好房子用彆腳傢俱，都不好。「受茲介福」，要「于其王母」，就是說我們開化一個主體的現象，如果那個時候主體的現象可以進步一點，我們附帶的其他的工作可以跟著去走，這是第二爻。

六三：眾允，悔亡。

坤爲「眾」，三居坎，坎爲孚，有信實之象，所以講「允」，「允」是和前頭的「罔孚」對照著講的，這是講象。意思是什麼呢？我們在講卦義的時候，講到陰要成體，才能「錫馬蕃庶」，有豐盛的成果；陰不成體，壯陽去開化它，開得沒有結果。就是我們所開化

的對象、所經營的對象，一定要有個成果的；假使我們用了很大的力氣，而這個對象沒有成果，那不是白費嗎？所以對象一定要有成果。可是初爻「履霜，堅冰至」，剛才結點霜，還沒有到「堅冰至」呢，陰非常之嫩，所以「罔孚」，沒有信用，不能取信於人，還早得很。二爻這個陰雖是居坤體之中，差不多是「直方大」了，但是還是依附著五爻。到了三爻「眾允，悔亡」，這個坤陰，我們所經營的這個對象，已經成體了，各方面都相信得過了，沒有什麼傷害。比方我們初經營一個公司，就想「錫馬蕃庶」，有豐盛的成果，不可能的，不可能的，因為我們才開始，沒有信用，人家不相信嘛；到第二階段，固然稍許有一點基礎了，依照主要的目標，可以受點福，但是基礎還不夠；到第三階段，這個公司各方面的基礎都成熟了，大家都信得過了，沒有損害了。從這三個階段，我們可以知道要把陰的對象培植得很豐隆的成果，有個步驟的，第一步我們不能亂動，第二步我們依著主要的目標，可以享受一點，到第三步才是「眾允，悔亡」，大家才能相信得過，才能奠定基礎。

九四：晉如，鼫鼠，貞厲。

鼫鼠就是五技鼠，二三四互艮，艮為石，艮又為鼠，故曰鼫鼠。為什麼鼫鼠稱為五技鼠呢？四爻居外體離卦，〈說卦傳〉：「離，其於木也，為科上槁。」所以鼫鼠能夠緣木而走；離又為火，火炎上，所以鼫鼠能夠爬高；三四五互坎為水，水潤下，所以鼫鼠能泅；離居南方為朱雀，所以鼫鼠能飛；二三四互艮為山，又為門闕，所以鼫鼠能挖洞。鼫鼠雖然有這五種技能，卻都不高明。鼫鼠有五種小技，是代表牠貪圖無厭，又想爬樹、又想升高、又想游水、又想

飛、又想挖山洞。為什麼呢？從卦象裡頭可以看出來，四爻高頭是承五，下頭是據三，又和初爻相應，所以瞻前顧後、左右逢源、頭緒多端、貪得無厭。

這意思就是表示在〈晉〉卦的時候，有一個境界，有一個段落，有一種人生，就是會又想要這個、又想要那個。例如有人想經商，不久又想往學術發展，再不久又想從政，結果一無所成。如果固定在這一個態度上，那是非常的危險，所以說「貞厲」，這是根據漢儒的解釋。另外根據宋儒的解釋，九四以陽爻居陰位，其位不當，但鄰近五爻君位，像是個得寵的小人，所以又貪圖這個，又貪圖那個，即使手段正確正當，也很危險。

六五：悔亡，失得，勿恤，往吉，无不利。

「貞」、「悔」二個字，在筮法上有所謂貞卦、悔卦。比如說，我們占到〈晉〉卦，〈晉〉卦第五爻變了，就變成天地〈否〉，由〈晉〉之〈否〉，那〈晉〉卦是本卦，就是貞卦，五爻變的這個卦，〈否〉卦，就是悔卦，所以「貞」者就是不變，「悔」者就是變。「貞厲」，「貞」是不變、是規固，規固在這個態度上，就危險，所以講「貞厲」。

「悔」呢，就是變，前頭講「悔亡」，「悔亡」就是不變，沒有變的機會了，這是就筮法上說。在經義上解釋，這個「悔」字什麼意思呢？〈乾〉卦上九：「亢龍有悔。」乾陽那個龍發展得太高了，它就有懊惱、有傷害，有傷害，也就是有「變」，因為陽發展得太高，它「變」了嘛，比方用腦筋用得太厲害了，腦神經分裂了，那就是「亢龍有悔」。根據經義、筮法上，「悔」釋之為「變」。到了五爻

「悔亡」，就不變了，就不至於有傷害的變化了。

「失得」，五爻是坤陰，坤爲「喪」，坤爲什麼爲「喪」呢？這是根據納甲來的，坤爲卅，卅月無光，月光沒於乙癸之間，所以坤爲「喪」。坤陰居君位，「得」也。三、四、五互成坎，坎爲加憂，「恤」也。

「往吉，无不利」，〈觀〉卦四爻柔進而上行，於是就變成〈晉〉卦，因此〈晉〉卦的五爻就是〈觀〉卦的四爻。卦氣往上走，就謂之往；往下走，就謂之來。現在四之五是往上走，往上走居君位，當然是「吉」。「无不利」是斷辭，沒有不好的。這一爻的意思是什麼呢？〈晉〉卦是以五爻爲主爻，所謂「晉」是底下坤陰成體，於是乎坤陰的力量就鑽到乾陽裡面去了；坤陰既鑽到乾陽裡面，於是乎就吸收乾陽；吸收乾陽就是有「進帳」了，吸收乾陽，於是乎把自己坤陰之體積膨脹加大；體積膨脹加大，所以就「晉」也，〈晉〉卦卦名是從這兒來的。

這個意思就是成體的坤陰，才承受得了陽；坤陰不成體，不能承受陽。比方我們男女結婚，女孩子一定要成體，天癸來了以來，才能夠嫁人；沒成年的女孩子，承受不了陽氣的開化，不能出嫁的。「悔亡」，就不變了，五爻是〈晉〉卦的主爻，坤陰入於乾體之內，乾陽才能穩定。因爲乾陽是動盪不停的，假使它有個陰體，才能夠把它安定得住；它不附著陰體之上，它安定不了，空自鼓舞。因此佛家就根據《易經》的道理，就發爲「輪迴」之說，我們人有所謂「魂」、有所謂「魄」，「魄」就是陰體的渣子，「魂」就是陽氣的精，人死了，「魂」、「魄」就分離了，「魂」、「魄」分離的現象，在那兒可以看到呢？在吊死的人可以看到，我們把吊死的人放下來，在他那

個吊死的腳底下的土地上挖，挖下去五公尺深，裡頭有兩個腳的印子，那黑印子是什麼呢？就是他的「魄」下去了。所謂「魄降於地，魂上於天」，高頭這個「魂」、這個靈能從頭腦子出去了，「魂」、「魄」就是兩個氣，在死的時候分散，剩下來五官百骸是渣子。也和我們吃東西一樣，東西裡面有渣子，渣子就變成糞便。人死了，「魂」、「魄」都走了，剩下來一點渣子。人死了，靈能既然從頭腦子出去了，就在空中飄盪，於是它附之於草，就發展草去了，附之於花，就發展花去了，所謂「六道輪迴」就從這兒來的。這個意思就是那種剩餘的靈能，要找個東西才能穩定得住，要不然，它自己在那裡空自的鼓舞。〈晉〉卦六五這個坤陰已經吸住了乾陽，乾陽就穩定住了，所以講「悔亡」，不會有變化的傷害了。「失得」，陰體承受乾陽的開化，陰體的本身當然有所變化，我們拿稻種子種下去，接到地氣，太陽的暖氣，開化了，一粒稻種開化了，長成秧苗。在這個稻種下去，受到這個乾陽的開化而變成秧苗，它的稻種子原形變化了，原形沒有了，就稻種子的原形來講，這是一種「損失」；可是因為稻種子原形喪失，變成秧苗，才能結成禾苗，才能結成穗，我們種的目標，就是要由種子再生稻穗子，由這一點來看呢，它又是「得」，所以講「失得」。「勿恤」，雖是有失有得，不必憂愁。「往吉，无不利」，稻子開化了，變成秧苗，秧苗變成禾苗，禾苗長穗子，穗子又變成稻種，從這個路線往前走就吉，沒有不利的。

虞翻講「矢得，勿恤」，五爻又變成離，是離的中爻，離為戈兵，「矢」也。坤陰上去得到剛健的兵器，這個兵器本來是凶，應當「恤」的，應當有憂愁的，但是這個五爻上去得到這個兵器，不必憂愁，因為它得到是好的，不是壞的。雖是凶器而不凶，是正常的發

展，所以「矢得，勿恤」，這是漢《易》的幾家「失」字變成「矢」字的解釋，這個也可以，但是我們還是用「失得，勿恤」。

上九：晉其角，維用伐邑，厲吉，无咎，貞吝。

易例：拿獸類來講，初爻是尾巴，上爻是角；拿人身來講，初爻是足，上爻是首。遠取諸物，進取諸身，《易經》的取象，就是這樣取法。「晉其角」，上爻是居於卦之終爻，有「角」之象。「晉其角」，就是發展到了角了，發展到了頂點，沒有得再發展了。「維用伐邑」，「維」一說作虛字解釋，和「惟精惟一」的「惟」字一樣；第二個解釋，這個「維」字是思維的意思，上與三應，三居坎，坎為心志，有思維之象。上應三，三居坤，坤為「用」。上居離，離為戈兵，上應三，三居上，上變成震，震為動，上應三，三居坤，坤為眾，動眾而用戈兵，豈不是「伐」之象？上應三，三居坤，坤為「邑」。上應三，三互坎，坎為險難，有危「厲」之象。「貞」者就是規固的意思，上爻的象交代了。

〈晉〉卦在五爻的時候，「悔亡」，「往吉，无不利」，這種境界很好，這樣子往前發展，沒有不利的。在這個之後，每每的迷向而不知反，它進進不已，它以為前頭還有好的，它不曉得一切的發展是有極限的，不是進進不已，永遠可以發展的。固然在五爻是「往吉，无不利」，但這樣的發展只限於五爻這個階段。比如說，我們辦一個企業，這個企業，有市場的味口，有資本力來源，有人才的來源，有這個種種的條件。假使市場味口已經到了滿了，資本已經用得差不多了，人也已經夠了，再加沒法子加了，那這個事業就到了極限了，這個就是「往吉，无不利」。在這種情況下，你還進進不已，還想膨

脹，那結果適得其反，非垮不可。或者市場消化不了了，或者資金周轉不靈了，或者人才缺乏了，那整個企業非垮不可。拿人來講，人在得意的時候，每每得意忘形，迷而不知自反，進進不已，那結果非垮不可。上九「晉其角」，你已經到了頂點了，你不能再進啦！「維用伐邑」，「邑」是什麼東西？我們記得過去講過〈訟〉卦：「不克訟，歸而甫其『邑』人三百戶。」這個「邑」是什麼？因為上爻是王者之象，是有地位的人，往年有地位的人都有「食邑」，這個「食邑」在當時「三百戶」是最小的。這「三百戶」人家就做井田，八戶人家一個井，中間那個就歸你收。你有「三百戶」，那你有很多的田地了，那生產的糧食夠吃的了，那叫「食邑」，就是給你基本的生活，「邑」者是基本生活的所在。這個「維用伐邑」，就是說你只能夠退下檢討改進你自己的基本生活之所在，還可以維持你的生存。比方你發展企業，企業做到飽和點了，你不能再發展了，那怎麼辦呢？那只有回來整理自己企業。就個人來講呢，假使居家的，對於家裡頭預算要控制很緊，對於用人要弄得很好，出入與人家來往要很謹慎；假使居官的，對於自己的言行要守得很牢，因為你發展到了頂點了，沒有發展了，只有退回來求其次了。

「厲，吉」，時時刻刻「戰戰兢兢，如臨深淵，如履薄冰」，感覺很危險，以危厲自守，這樣子才「吉」。「貞，吝」，這個「吝」字什麼意思呢？有新來的先生沒有聽過，我在這兒再講一遍，學經濟學的人知道經濟學裡有四個循環定律（繁榮、衰退、蕭條、復甦），在《易經》的斷辭裡面最主要的是「吉」、「凶」、「悔」、「吝」四個字，還有其他的「利」、「无咎」等。「吉」之後就是「悔」，就表示一個人在得意的時候，每每的容易忘形，於是乎粗手粗腳的就

造成許多的漏洞，有了漏洞以後，於是乎傷害就來了，那麼這個就是「悔」。傷害以後有個結果，「凶」的氣象就來了，人遇到「凶」以後，就施展不開，就不敢動。比如說，一個人受了處分，或者坐過牢，或者判過罪，經過這個以後，他就感覺自己處處施展不開，施展不開，就是「吝」；假使他真正的施展不開，小手小腳的不敢動，處處不敢越雷池一步，慢慢地，久而久之，他又轉「吉」。「吉」、「凶」、「悔」、「吝」，就是這麼來的。拿這個時間看，這個「吉」，好像是春天；「悔」是夏天，夏天發展太過了，於是樹木根荄都受傷了，所以有變化，有損失；「凶」是秋天，樹葉都凋零了；「吝」是冬天，樹木都培養自己的根荄，不敢往外發展了，「吉」、「凶」、「悔」、「吝」是這樣子。「貞，吝」，假使到了上爻，你不是退而求其基本，還是進進不已，那就貞吝，那一定施展不開的。

　　〈晉〉卦六爻報告完了，現在我們可以從六爻裡頭觀察出來，我們如何自己進步發展，這個六爻，初爻「晉如」，二爻「晉如」，四爻「晉如」，上爻「晉其角」，都講「晉」，這一點是六爻的眼。三爻為什麼不講晉呢？三爻是陰已經成體，已經能夠發展，已經能夠進步了，所以三爻不講晉。五爻為什麼也不講晉呢？五爻不但成體，而且居於尊位，更能夠發展，更能夠進步，所以五爻也不講「晉」。沒有進步的階段，它反而講「晉」，把進步表明出來，所以初爻、二爻、四爻、上爻講晉。這個就是周公示意給我們，真正的能夠發展的人，他不表明發展，不表明發展，自然會發展；天天在求發展，發展掛在口頭上的，掛在臉上的，發展不了。所以我們就曉得，凡是天天口頭掛著發展的，他就在退步，不求發展；而到著真正發展的，他不講「發展」這個字了。這就是《易經》的辨證的道理，一切都是如

此。比方武將會打仗的人，絕不談他會打仗的故事；到了前方，一遇到槍聲砲聲，就棄甲曳兵而走的那種人，他逢人就談他打仗怎麼勇敢。真正有詩文修養的人，在人家面前很少的談，你問他，他說認識幾個字而已；那個初學的，稍稍懂得一點，於是他到處賣弄詩文，全世界就他這麼一個詩豪的樣子。我們從〈晉〉卦六爻字面上可以看出《易經》這種精神，這是第一個。

第二個，〈晉〉卦六爻，為什麼四爻和上爻辭都很壞，四爻講「貞厲」，上爻講「貞吝」，其他各爻，初爻雖是「摧如」，但是「貞吉」、「裕无咎」，二爻是「受茲介福」、「貞吉」，三爻是「眾允，悔亡」，五爻更不待言，「往吉，无不利」。初爻、二爻、三爻，乃至於五爻，都是陰，只有四爻和上爻是陽。那麼從這麼裡頭，我們可以看出來，我們要想發展，不能躁進，躁進者必有損失，應當「順而麗乎大明」，很柔順的往前進展，不能拿躁氣去應事，這是第二個。六爻的結語，大致是如此。

肆、彖傳

彖曰：晉，進也。明出地上，順而麗乎大明，柔進而上行，是以康侯用錫馬蕃庶，晝日三接也。

這是孔子解釋的一段，第一個「晉，進也」，剛才我們略略地提過，這個「進」是「出去」的反對詞，因為坤陰成體入於乾陽之內，於是乎得乾陽開化，坤陰這個體可以更擴大的發展，更長足的發展，所以「進」步了，而乾陽因為得到坤陰，有所著落，有所安頓，乾陽一切的工作，有跡象可見了，所以乾陽也有「進」步了。所以這

個「進」字是對陰陽二部分講的，二部分都是在「進」，陰成體而受乾陽開化，固然是「進」展，乾陽得到陰體，而能夠有所安頓，也是「進」展，雙方面都是進帳，這是「晉，進也」的意義。

「明出地上」，這個照我們中國古代談天體，有三個東西，第一個就是《周髀算經》，完全拿數目字來推這個天體一切的運行，但是這個與實際的度數不大合，有偏差，所以後來不用了。第二個宣夜，最好，但是已經失傳，沒有師說，不曉得它形狀如何。第三個渾天，這個是一直到滿清的時候能用的，我們過去欽天監用渾天儀，渾天儀就是渾天，這太陽從地球底下出來，又從地球下去，太陽從地球底下出來，就謂之「旦」，太陽從地下去，就謂之「夜」，渾天儀裡面，怎樣子出來，怎樣子下去，有一公分、一公分的度數記載的，那是很細緻的一個東西。「明出地上」，漢儒解釋「明」就是「太陽」，這個「地」代表什麼呢？坤為地，地是代表實質的體積，什麼叫做「上」啊？沒有「上」，沒有「下」，「上下」就是「內外」，「明出地上」就是太陽到著地上來了，也就是很明白的顯出於實質的體積之外了，所以〈說卦〉裡頭講：「離也者，明也，萬物皆相見。」到著離的時位，什麼東西都表現出來了，我上次講我們現在是「午」會的時候，好多東西，我們過去看不到的，現在都看到了，那一次大戰、二次大戰以後，已經出現了很多古裡古怪的東西，什麼「電視」啊！什麼「月球登陸」啊！再過個三、五十年啊！還有更多的看不見的東西，看得見，更多的想像不到的東西，看得見，就希望各位先生好好的養身體，活到一百歲以上，能看到很多的東西。「明出地上」，我們再打一個比方，比方孩子在體內沒有出生，我們不知道啊！出生以後，很明白的表現出來，這個孩子是什麼個頭、什麼個

臉、幾磅重，這就是「明出地上」，一切的現象很明顯的表現於實體之外，這是〈晉〉卦的第二個意義，說「晉」就是「進」啊！怎麼個進展呢？「明出地上」，很明顯的表露於實體之外，有了進展，當然是很明顯的。比方陽去開花，花已經開了，表示這個陽能到著裡頭了，陰體是花，花已經表現出來了，這個陰、陽兩方面都已經很明白的表現於實體之外了，這是「明出地上」。

　　第三句話呢？「順而麗乎於大明」，底下坤爲「順」，坤陰成體，分出一爻上去，入於乾體之內，把乾體變成離卦，乾爲「大」、離爲「明」，所以「大明」，這是象。意思呢？我們要想求發展、求進步，要附麗於大明，要順著這個情勢來做。這個「順」字關係非常之大，凡是一切東西能夠發展成就的，它一定很順的；假使很逆的，裡頭扞格不入的呢，它那個東西絕對發展不了。無論一顆果樹、一株花，它果子能夠結出來，花能夠開出來，它裡頭那個「氣機」一定很順暢的。「大明」者由「大」而「明」，果子已經結成了，花已經開開了，就是「大明」的境界。「順而麗乎大明」，陰陽兩體配合得非常之「順」，尤其是陰體，非常之「順」，才能得到乾陽的開化，而附著著「大明」，以至於「大」、以至於「明顯」，所以一定要「順」。因此我們要求自身的發展的話，一定要按照自身的情緒，自身的能力，與這個社會的情態，兩個配合好，順著這個情形去做才好，逆著這個情形做，不好的。古來打天下的人，也是「順而麗乎大明」，武王伐紂，「不期而會孟津八百諸侯，猶以爲未可，其後乃放紂」（《史記·秦楚之際月表》），就是順著那個情勢去做，才有辦法；逆著那個情勢，沒有辦法的。這是解釋第三句。

　　第四句「柔進而上行」，我們剛才講「內外」就是「上下」，

「柔進而上行」，就是〈觀〉卦底下坤陰已經成體，有多餘了，於是「四」往上走之「五」，於是乎成了〈晉〉卦，這是卦象。意義呢，這個意義很重要，這個裡面的陰往上走，外面的陽就往裡走，於是乎兩氣才相交。那個意思就是〈泰〉卦的意思，那個〈泰〉卦的坤陰在外頭，陰向外，於是乎才能夠接受這個陽，乾陽在裡頭，陽向內，於是乎才能夠開化這個陰，陽向內，陰向外，兩氣才能夠相交。這個卦「柔進而上行」的這個陰體向前進而往上走，於是陽氣它才往下走，陽氣往下走，陰氣往上走，陰、陽才相交，陰、陽相交，才能夠發展成一個體，「柔進而上行」是這個意思。要是我們想發展一個事業，要拿這個陰體、這個事業來承受乾陽的開化，那是什麼意思呢？比方現在美國也好、蘇俄也好，他們對於科學家特別重視，都是爭取科學家，蘇俄老百姓的生活、官吏的生活不太高，可對於科學家的豢養特別豐富，美國對於學科家的豢養，也特別豐富，那個意思就是說我們想把國家這個體膨脹大，把它弄得民富國強，弄得輝煌壯麗，弄得堂皇的話，一定要承受學術的指導；要承受學術的指導，一定要羅致科學家，培養科學家，這個國家才能夠富強的了，那就是「柔進而上行」的意思。因為這樣子呢，所以「康侯用錫馬蕃庶，晝日三接」。這個〈晉〉之所以為晉，坤為臣，離有南面治天下之象，那麼下坤上瞻離日，就表示諸侯朝覲天子之象，所以講「康侯」。離日居於天下，下面照著整個坤土，有天子禮敬諸侯之象，所以講「康侯」。這個卦由〈觀〉卦來的，〈觀〉卦外卦為巽，巽為命，有「錫」之象。坤為「馬」，坎為美脊之「馬」，初、四相應，震又為「馬」。坤為「眾」，二、三、四互艮，艮為「多」，「眾多」，「蕃庶」之象。艮為手，有「接」之象。離在坤土之上，所以講「晝日」。離數「三」，同時也是「三」陰連體，所以有「三」之象。以上是象，意

思是什麼呢？《考工記》上說：「康侯稱之爲明侯。」《書經》上解釋康，功也，所以「康侯」就是安民有功的諸侯。「康侯用錫馬蕃庶」就是對於各地方領導有功的這些諸侯、敷政有功的這些諸侯，要賞賜非常的多，不但是賞賜非常多，還要「晝日三接」，禮遇非常之隆，天天和那個陽氣化接觸，天天和那個學者接觸，承受他們的啓示，象傳的意思大致如此。

伍、大小象傳

象曰：明出地上，晉。君子以自照明德。

　　「明出地上」就是離日在坤土之上，太陽自地下上升而居於天中。天理有的時候，有暗有明，天理也有不正常的時候，「明出地上」就是已經到了「光明」的地步。

　　這個卦是坤陰進入於乾體之內，「乾陽」居上，所以講「君子」。坤爲「自」。離日在上，有「照」之象。普通的本子是「自昭」，實際「昭」應當是「照」，漢《易》的本子是作「照」。離爲「明」，乾爲「德」，有「明德」之象，卦象是如此。

　　意思就是說「明」已經「出」在「地上」了，已經「如日中天」了，君子就法這個象，「自照明德」，「明德」就是「大學之道在明明德」那個「明德」，「自照明德」就是自己反躬自省我這個「天體的人性」是不是也很「光明」？有沒有虧欠的地方？「自照明德」也就是王陽明、陸象山所謂「致良知」，「良知」就是「明德」，孟子說：「不學而知者良知也，不學而能者良能也。」（《孟

子·盡心上》）「良知」、「良能」見於《孟子》上，你沒有思慮過而就了解這個東西，那是「良知」；根本不要學就能，那是「良能」。所以小孩子有些東西，沒有人教他，他自然會知道，那從哪兒來的呢？「不學而知者良知也」，小孩子沒有人教他，你餵他東西，他嘴會動，他不高興，他會哭，他高興，他會笑，誰教他的呢？沒有人教他，「不學而能者良能也」。所謂「致良知」呢？就是「自照明德」。太陽有的時候「明出地上」，由地下而升到地上，這謂之「日」；有的時候「明在地下」，由地上而入到地下，這謂之「夜」。因此我們這個「良知」，有時候就好像太陽由地上而入於地下，這時候，我們要「致良知」，「致」者，做也，行也，「良知」要我們自己去啓發它，自己去做，也就是「自照明德」的意思。「良知」啓發了以後，「明德」自照了以後，天下的事情就可以瞭如指掌，「良知」、「明德」有這個作用。

　　眞正到了那個「良知」、「明德」的境界，天下很多的事情，自然就會知道，有這作用。所以儒家「主敬存誠」，搞什麼東西？就搞這個東西。所以孔子說：「殷因於夏禮，所損益可『知』也。周因於殷禮，所損益可『知』也。其或繼周者，雖百世可『知』也。」（《論語·爲政》）所以人家問孔子「死」，他說：「未知生，焉知死？」你還沒曉得「生」，你怎麼曉得「死」呢？這已經把「死」解出來了，意思就是「死就是生」，你就了解你如何的「死」，「死」就是那個東西。因此眞正的「自照明德」了，什麼都了解了。

初六象曰：晉如、摧如，獨行正也。裕无咎，未受命也。

　　初、四相應，四居坎，坎爲險難，四居艮，艮爲阻止，所以有

「摧如」之象。初爻是居於第一位，一者，「獨」也。〈晉〉卦是以五爻爲主，二、五相應，初在應外，是「獨」特的。也和〈比〉卦一樣，「有孚盈缶，終來有它吉」。它根本不是五爻那個應所能照顧到的，所以講「獨」。初與四應，互成震，震爲「行」。五爻是從〈觀〉卦四爻來，〈觀〉四居巽，巽爲「命」，初爻在應外，所以「未受命」。以上是象，意思是什麼？在〈晉〉開始的時候，陰還沒有成熟，就想向前進，難免有阻礙，如果能夠一個人行，你就能夠正確了，你就能夠穩定了，所以說：「晉如、摧如，獨行正也。」爲什麼「裕无咎」，寬裕自處就沒有毛病呢？因爲「未受命也」。五爻：「康侯用錫馬蕃庶。」賞賜的只有各地方有功的諸侯，初爻在應外，位卑地遠，怎麼能夠賞賜到你頭上呢？根本上沒有受命的機會，所以說「裕无咎，未受命也」。

六二象曰：受茲介福，以中正也。

二爻爲什麼可以「受茲介福，於其王母」呢？因爲它居中得正，居中得正，所以才能夠應「五爻」，「五爻」已經鑽到乾陽體內了，二爻本來沒有那麼大的福命的，因爲有五爻連帶的關係，而沾到福命，所以說「受茲介福，以中正也」。

六三象曰：眾允之志，上行也。

坤爲「眾」，三與上應，有「眾允」之象。三爻互坎，坎爲「志」。三與上應，上變成陰爻，外卦就變成震，震爲「行」，所以有「上行」之象，這是象。這個「眾允」的「允」就是初爻「罔孚」的「孚」。「孚」是「信」也，「允」是「信」也。對自己講，就謂

之「孚」；對外面講，就謂之「允」，「允的」範圍大一點。自己
發揮至情至性，叫做有「孚」；因為你的至情至性，把外頭感召住
了，外頭對你特別好，很相信你的至情至性，那是「允」。「眾允之
志」，意思就是大家都相信你。「上行」就表示大家都能夠向上發
展，而承受這個陽氣的開化，所以「眾允之志，上行也」，意思就是
大家為什麼都相信你呢？因為你能夠向上發展，承受這個陽氣的開化
啊！

九四象曰：鼫鼠貞厲，位不當也。

鼫鼠是五技鼠，又想這個，又想那個，瞻前顧後，舉止不定，規
固到這種態度上，當然是很危險了。為什麼呢？因為四爻位不當，四
爻本身是以陽處陰，位很不當了，而且它所處的這個位置啊，上面也
是陰，下面也是陰，初爻又是陰，群陰包圍，根本不知所向。就是說
一個人在求發展的時候，有一個階段，會瞻前顧後、舉止不定，又想
這個、又想那個，為什麼呢？因為在那一個階段，他本身的身心所在
的方位，就不正確，所以說「鼫鼠貞厲，位不當也」。

六五象曰：失得勿恤，往有慶也。

雖有失，但是有得，不要憂愁，因為五爻是從這個底下往前發展
的，這樣往前發展，是「有慶也」。《易經》裡頭，有「慶」字、有
「喜」字，比方〈否〉卦：「先否後喜。」「喜」字和「慶」字什麼
區別呢？藏之於內就「喜」，發之於外就「慶」，因為本身很高興的
事情，外在大家都來慶賀你，就是「慶」。六五已經居於尊位，三、
五同功，又得到三爻的「眾允之志」，喜慶的事情，已經彰明較著的

發之於外了，那當然「往有慶也」。

上九象曰：維用伐邑，道未光也。

上爻與三爻相應，離體不存，所以講「未光」，同時上爻應三爻，三爻互坎，坎爲幽暗，所以講「未光」，這是象。意思就是〈晉〉卦到了上爻爲什麼要回來整理自己的基本呢？因爲「道未光也」，你沒有光大的可能啦！既沒有光大的可能，只有回來整理自己的基本。

第三十六卦

明夷卦

周鼎珩講　陳永銓記錄

明夷

坤離
上下

—— 此係〈坎〉宮遊魂卦，消息九月，旁通〈訟〉，反對〈晉〉。

　　〈明夷〉這個卦跟我們每一個人處在這個時代，到底要如何自處？很有關係，也很有用處。夷者傷也，明夷就是光明已經受到傷害，當太空中沒有太陽，那就一團漆黑，萬物都沒辦法生存下去，這時必須有一點光明才行。明夷就是黑暗時期，這個卦指示我們在黑暗時期要怎麼做。歷史上有太平盛世，也有黑暗亂世；每個人的一生過程中，有順遂的時候，也有挫折的時候。所謂國逢亂世，民遭困危，任何人都不可能一輩子走順境，到老都是福祿吉祥，所以古人說：「人生不如意事十常八九。」人生為什麼會有失敗挫折？因為我們不清楚社會的現實情況，搞錯了方向。〈明夷〉卦指示我們，在遭遇黑暗逆境時期，如何因應的自處之道。

壹、總說

佈卦的次序

　　爲什麼在〈晉〉卦之後，繼之以〈明夷〉卦呢？因爲〈晉〉卦是火地〈晉〉，內卦坤爲地，外卦離爲日、爲火、爲明，從〈晉〉卦的體象來看，離日在坤地之上，亦即太陽已經升上天頂，適值日正當中之時。按易例：「底下爲北，上方爲南」。因爲日在正南當午，所以明白四達，光輝四射。但是地球繞著太陽走，太陽繞著北極星走，有時是日在上而地在下，這時就是火上地下的〈晉〉卦；有時是地在上而日在下，這時是地上火下的〈明夷〉卦，這表示太陽不可能永遠都是日正當中。太陽走到中天之後，就會偏西而慢慢走向地下，終至大地一片黑暗，變成一團漆黑。太陽走入地底下，光明埋葬在地下，形同光明受傷了，這就是明夷。

　　〈序卦傳〉說：「晉者，進也。進必有所傷，故受之以〈明夷〉。夷者，傷也。」。我們剛才是以太陽與地球爲例，來說明日中則昃，進必有傷的自然現象。再拿人事社會的現象來看，也是進到極點必然受傷，例如汽車開太快就容易爆胎出車禍。總之，任何進展都有其一定極限，進不已，超過極限就會受傷。因爲天地間一切萬有事物，都是從乾坤兩種氣化而來，而無論乾陽坤陰，發展至最後都會受到損傷。例如〈乾〉卦初九「潛龍勿用」，九二「見龍在田」，到了九五「飛龍在天」，已經到了極限，再上去便是上九「亢龍有悔」，就是受傷了。同樣的，〈坤〉卦從初六「履霜堅冰至」，到六五「黃裳元吉」，也是已到極限，再上去便是上六「龍戰于野，其血玄黃」，終究是兩敗俱傷。這是陰陽的定律，所以在〈晉〉卦之後，佈

之以〈明夷〉。

成卦的體例

　　首先，〈明夷〉是由坤離兩體成卦，坤爲地而居上，離爲日而居下，構成太陽居於地底下，而呈現一團漆黑的體象。〈明夷〉的內卦是離，離爲日，中爻二三四則互坎，坎爲月，月球藉著太陽的反射而有光，但是現在離日與坎月都位在坤地之下，這樣的體象眞的是日月無光，所以卦名明夷。拿人事社會來說，這正是善惡不分而是非不明的黑暗時代，人與人之間的關係，就因爲缺乏正確的標準來維繫，於是自私自利、相互爭執而演成格殺鬥爭，社會上到處是爭端衝突，久而久之，這個社會就維持不了，終將走向滅絕的道路。過去我們講解〈否〉卦，是小人道長，君子道消，社會上沒有好的辦法，壞主意卻特別多。現在講的〈明夷〉卦更是一團漆黑，君子固然受害，就連小人也存在不了。今天大陸共產黨統治下的社會就是這樣，人民無所適從，這是〈明夷〉的第一個體象。

　　其次，根據卦變，〈明夷〉卦是從〈臨〉卦來，〈臨〉卦的九二向上居三爻，六三向下居二爻，就變成〈明夷〉卦。明夷就是光明泯滅的意思，而這個「滅」字拆開來看，是從水、從火、從戌，我們正好可以在〈臨〉卦與〈明夷〉卦的卦體裡面找到「滅」字之象的源頭。因爲〈明夷〉的內卦是離爲火，中爻二三四是坎爲水，再加上外卦是坤爲土，而戌在地支五行中屬土，所以〈明夷〉的卦體裡面藏有「滅」象。此外，〈臨〉卦的內體兌爲毀折，〈明夷〉的內卦是離爲日，中爻二三四互坎爲月，合起來看是有日月毀折之象，日月毀折則不見日光與月光，那就是誅滅光明，所以〈雜卦傳〉說：「〈明

夷〉，誅也。」這就是〈明夷〉的第二個體象。

　　再看五行相生：金生水，水生木，木生火，火生土，土生金。從五行來看是火能生土，再來看〈明夷〉的內卦是離爲火，外卦是坤爲土，離火固然可以生坤土，但是火性炎上，土性固滯，〈明夷〉的內卦離火往上跑，卻被外卦的坤土固滯住了，因爲坤土太旺反而會壓制離火。這種現象反映在人事社會，離火代表賢良之士的光明正氣，坤土代表重重宵小的趾高氣昂，君子的光明正氣被宵小的趾高氣昂給埋沒在地底下，被困死了，那就是一個國家或社會的黑暗時代，因爲君子被小人困住而無法向外發揮，這是〈明夷〉的第三個體象。

　　上週講〈晉〉卦，火地〈晉〉是太陽在地之上，表示白晝，所以〈雜卦傳〉說：「晉，晝也。」今天講〈明夷〉卦，地火〈明夷〉是太陽在地底下，表示黑夜，所以〈雜卦傳〉說：「〈明夷〉，誅也。」就人事社會來說，〈晉〉卦代表明君在上，於是底下四方賢達都來歸附，〈晉〉卦卦辭：「康侯用錫馬蕃庶，晝日三接。」是說諸侯來朝，明君待之以三禮：接見、設宴與賞賜，備極禮遇，而有君明臣賢的恢宏氣象。反觀〈明夷〉卦則是昏君在上，賢明君子的正氣抱負無從施展。爲什麼會這樣？因爲〈明夷〉卦旁通〈訟〉卦，地火〈明夷〉跟天水〈訟〉有關係。〈訟〉卦的乾天在上而氣化更向外，坎水在下而氣化更向內，所謂「天與水違行」，二氣背道而馳，難免隔閡與爭執，〈乾·文言〉說：「旁通情也。」可見〈訟〉卦會造成〈明夷〉卦〈象傳〉所稱「蒙大難」、「利艱貞」、「晦其明」的昏暗情境。這是〈明夷〉卦的第四個體象。

立卦的意義

如果我們不幸處身於一個黑暗時代，綱常盡失，無所適從，動輒得咎，在這樣的亂世，好像看不到任何一絲光明的氣象。此時最緊要的是，要弄清楚自己的處境，「不識廬山眞面目，只緣身在此山中」，千萬不能自己搞昏了頭，這樣會從黑暗中更陷入黑暗，那就無法自拔了。這個時候要把自己的一點光明與靈性保存下來，而且還要把這個黑暗的時代當成一個客體來研究，雖然身在黑暗時代，卻心存黑暗之外，超脫黑暗的擺布。除了要研究如何解決黑暗之外，更要進一步研究黑暗造成的原因，做到「顛沛必於斯，造次必於斯」「威武不能屈，富貴不能淫，貧賤不能移」。

身處黑暗時代，雖然要保持自己的光明靈性，卻千萬不能輕易使用自己的光明、靈性或智慧，因爲在黑暗時期，稍微有一點光明的表現，馬上會被當權的小人消滅，甚至惹來殺身之禍。如果想用一個人微小的光明去對抗黑暗的社會，那無異是以卵擊石。我們看老子《道德經·第二十章》：「俗人昭昭，我獨昏昏。俗人察察，我獨悶悶。澹兮其若海；飂兮若無止。眾人皆有以，而我獨頑且鄙。」老子說：大家看起來都似乎很有作爲，只有我頑固得像個什麼都不明白的鄙夫。就是告誡我們身處明夷的黑暗時代，要韜光養晦，千萬不能表現自己的光明、靈性或智慧。

那麼，究竟要如何才能既保有又不顯露自己的光明、靈性或智慧？孔子在〈明夷〉卦〈象傳〉說：「內文明而外柔順。以蒙大難，文王以之。利艱貞，晦其明也。內難而能正其志，箕子以之。」這裡提到文王的自處之道是「內文明而外柔順，以蒙大難」。當周文王被商紂王囚於羑里，表面糊塗，暗中則精研《易》理，作後天八卦與

六十四卦的卦辭，這是「內文明」；對於商紂王的百般折磨，周文王完全逆來順受，才能躲過劫難，苟全性命於亂世，這是「外柔順」。至於箕子的自處之道是「晦其明，內難而能正其志」，箕子是商紂王的叔叔，困在暴君左右，自知在劫難逃，只得裝瘋賣傻，披髮佯狂，否則會跟比干一樣挖心而死，這是「晦其明」；他暗地裡撰寫《洪範九疇》，闡述天人之際的大道，後來交給周武王據以施政，這是「正其志」。

　　有人會懷疑，處在明夷的黑暗時代，光是晦其明、外柔順，這樣的自處之道，豈不是太過於消極？其實不然，這樣忍辱偷生，以求保全性命，有它的積極意義。因為在宵小當道的亂世，君子必然遭受陷害，久而久之，社會的道德標準淪喪，即使小人之道也行不通了，最後，毀滅光明的小人也會毀滅於黑暗之中，而且越是胡作非為，越是縮短其存在的生命。當宵小自食其果而毀滅之時，苟全性命於亂世的君子，就能夠將其隱藏於內的文明、靈性與智慧發揚出來，於是伸張正義並突破黑暗。〈明夷〉卦九三就是時機成熟，可以「南狩，得其大首」，一舉消滅造成黑暗的禍首。由此可見，黑暗時期的退縮逃避，姑息妥協，並非消極苟安，而是積極的為了高遠的未來忍辱偷生和預作準備。耐心等待到了宵小的勢衰力薄，就很容易消滅其黑暗勢力，使正義得以伸張。

貳、彖辭（即卦辭）

〈明夷〉：利艱貞。

　　〈明夷〉卦辭只有三個字，看來很簡單，其中道理卻是言之不

盡。首先說明「艱貞」的卦象，〈明夷〉卦二三四互坎，坎為險難，有艱之象。貞是正的意思，〈明夷〉的內卦三爻都是得正當位，有貞之象。我們看《易經》六十四卦，只有〈明夷〉卦的卦辭有「利艱貞」，可見「艱貞」是很不容易做到的，所以孔子在〈象傳〉特別舉文王與箕子為例，以彰顯「艱貞」之難。至於〈噬嗑〉卦九四爻辭：「得金矢，利艱貞。」〈大畜〉卦九三爻辭：「良馬逐，利艱貞。」這二個卦的爻辭固然也有「利艱貞」，但是因為爻辭是屬於階段性的，不像〈明夷〉卦的卦辭「利艱貞」是就整個的卦體而言，因為整個大環境發生了嚴重的問題。

文王繫卦辭、周公繫爻辭，都比較常用「貞吉」，這比「利艱貞」出現的次數頻繁的多。例如：〈需〉卦卦辭：「有孚，光亨，貞吉。」九五爻辭「需于酒食，貞吉。」〈比〉卦六二爻辭：「比之自內，貞吉。」六四爻辭：「外比之，貞吉。」〈蹇〉卦卦辭：「利見大人，貞吉。」〈旅〉卦卦辭：「小亨，旅貞吉。」〈未濟〉卦九二爻辭：「曳其輪，貞吉。」九四爻辭：「貞吉，悔亡。」六五爻辭：「貞吉，无悔。」我們舉了這麼多例句，是用來說明「貞吉」與「艱貞」的不同之處。

「貞吉」是反求諸己，行正則吉。例如有人操持不佳，見錢眼開，即是不正，若能幡然改圖，潔身自愛，決不貪汙，就能獲吉。「艱貞」是在艱難的困境中，顛沛必於是，造次必於是，很勉強地穩定下來，但還不一定就就能獲吉。因為「貞吉」只要求諸於己就行，「艱貞」則是求諸於己之外，更需求諸於人，也就是還要看別人的感受如何。例如箕子裝瘋，固然「晦其明」，還要看商紂王是否信以為真；周文王順從商紂王，獻上寶馬美女奇珍，還要看商紂王如何決定

其生死。因此，〈明夷〉卦辭「利艱貞」雖然不一定吉，但是最重要的還是先要保住自己，將來才有希望。處在黑暗時期，艱貞也不一定獲吉，但若不能艱貞自守，那就必死無疑。

參、爻辭

初九：明夷于飛，垂其翼，君子于行，三日不食，有攸往，主人有言。

　　〈明夷〉的內卦是離，離為鳥，有飛之象。為什麼說離為鳥？中國古代把天空中的二十八宿星座分列成東、北、西、南四方，又將四方的七宿想像為四種動物：東為蒼龍、北為玄武、西為白虎、南為朱雀。離卦在後天八卦居南為朱雀，所以有「飛」之象。其次，〈明夷〉卦初九與六四相應而易位，則變為〈小過〉卦，〈小過〉卦辭：「飛鳥遺之音。」初六爻辭：「飛鳥以凶。」由此可見〈明夷〉卦初九有飛之象，所以說「明夷于飛」。〈明夷〉內卦離火炎上，卻被外卦重重坤土所壓制，其象為離鳥在坤土黑暗中飛不上去，就垂下翅膀，所以說「垂其翼」。

　　初九以陽爻居陽位，且〈明夷〉內卦原為乾體，乾為君子；〈明夷〉卦初九與六四相應而易位，則外卦變震為行，所以有「君子于行」之象。初九位居內體離卦，離數三；初與四相應，四居外體坤卦為三陰連體；再者，初應四需經過三階段，以上都有三之象，離又為日，所以有「三日」之象。〈明夷〉的外卦坤為釜，食器也，鍋子高掛在上，便無從食用，有「不食」之象。〈明夷〉卦的反對卦是〈晉〉卦，火地〈晉〉初爻變，就成了火雷〈噬嗑〉，〈噬嗑‧象

傳〉：「頤中有物。」有食之象，但是〈明夷〉卦反對〈晉〉卦，則無食象，所以說「不食」。「有攸往」是指初往應四，卦氣由內向外謂之往。〈明夷〉之內卦本為乾體，乾為人；初九上應六四，則六四變為九四，外體坤變成震而震為言，震又為長子主器，合起來看是「主人有言」之象。

我們前面提到，〈明夷〉卦的卦辭「利艱貞」是就整個的卦體而言，所以初爻一開始，就感受到大環境是明入地中而一片黑暗。這時正人君子當然想要棄暗投明，真希望像鳥一樣遠走高飛，但是又怕行跡敗露會有危險，所以很低調很保密而垂其翼。另外還有一種說法，「于飛」是君子有所圖謀，想要改變這個黑暗的環境，但因改革失敗而「垂其翼」。不論是遠走高飛或是力圖改革，君子在行為上的表現，都會是三日不食君祿，以示其求變的決心。

所謂「三日」，若以〈復〉卦「七日來復」為一個循環，那麼三日大約是半個循環，例如人生有用的歲月是六十年的話，那麼三日不食就是要有三十年不食君祿不做官的準備，因為既然已決心遷徙或革命，那就不在乎俸祿有無了。最後，如果初九執意往上與六四相應，那麼六四可能變成九四，外卦坤體就有破敗的危機，這時掌權主政者當然會出言怒責，初九的處境就更艱難了。所以在〈明夷〉之初，最好不要有所圖謀，只要不食君祿就是君子之行。

六二：明夷，夷于左股，用拯馬壯，吉。

「夷于左股」是指傷到左股。〈明夷〉卦的初九上去與六四相應，初與四易位，則二三四互巽，巽為股。易例：「初為足，上為首」，二爻在足之上，也有「股」之象。初與四易位，則外卦坤變

成震，根據後天八卦的卦位「帝出乎震」，震居東，就是左方，有「左」之象，合起來看是有「夷于左股」之象。二五相應，六五位在外卦坤體，坤爲「用」。初與四易位，則內體離卦變成艮卦，艮爲手，有「拯」之象。〈明夷〉卦二三四互坎，〈說卦傳〉：「坎，其於馬也，爲美脊。」所以坎有「馬壯」之象。合起來看是有「用拯馬壯」之象。

在〈明夷〉的初爻階段「垂其翼」，只是不能飛，能做到不居其位且不食其祿就行。到了二爻的階段則「夷于左股」，已經不良於行，不過雖已傷到左股，如果能得到壯馬的救援，用以脫離黑暗的困境，還是可以獲吉。另有一說，二爻是講文王的處境，當他被紂王囚於羑里，暗中指使散宜生將寶馬美女奇珍獻給商紂王，表現臣服的姿態，遂獲釋放，這就是「用拯馬壯，吉」。

九三：明夷于南狩，得其大首，不可疾貞。

《九家易》：「歲終田獵，名曰狩也。」古代帝王狩獵，就像現代軍隊的訓練作戰，是以狩獵來加強國防軍備。二三四互坎爲冬，正是歲終田獵之時，有「狩」之象。三與上相應，上者爲南，因爲易例：下爲北，上爲南，這是根據「河圖」之數，一六居北，二七居南，三八居東，四九居西，五十居中。後天八卦的方位就是根據「河圖」之數，所以震東、兌西、離南、坎北。就卦而論，則是內卦居北，外卦居南；就爻位而論，則是初爻居北，上爻居南。因爲〈明夷〉九三與上六相應，上六在南，九三有狩獵之象，故稱「南狩」。此外，三爻居內體離卦而離爲兵戈，三四五互震爲動；外卦坤爲眾，合起來看是興師動眾，所以有狩之象。

到了九三的階段，明夷于南狩，是可以興師動眾，不像初爻「明夷于飛」，二爻「夷于左股」，都是在被動因應，三爻則是進一步由被動變爲主動，已經可以狩獵征伐，把造成明夷黑暗的元凶大惡與宵小一舉成擒，所以說「得其大首」。但是這個時候還「不可疾貞」，不宜急切於馬上求正，也就是說，主其事的謀國君子要把握這個契機，盱衡大局，應該以抓到元凶爲首要，其餘不可操之過急的要求立即撥亂反正，因爲弄得太緊，容易搞砸，要把握分寸行事，過猶不及，不可疾貞。

另有一說，認爲九三爻辭「明夷于南狩」，是周公描述武王「孟津觀兵」的經過。相傳公元前1047年，周文王去世，周武王繼位，並於次年夏率大軍自鎬京出發東進，八百諸侯在黃河南岸孟津不期而盟會，若由此揮師渡河直搗殷商別都朝歌，除掉商紂王，那不就是「得其大首」。但是根據《史記·周本紀》記載：「諸侯皆曰：『紂可伐矣。』武王曰：『女未知天命，未可也。』乃還師歸。」意思是說，周武王認爲時機尚爲成熟，所以「不可疾」，不可操之過急，因而引兵西還，回歸常態而爲「貞」。後來商紂王日益昏亂暴虐，殺比干，囚箕子，公元前1045年，武王號召諸侯合力討伐，而有「牧野之戰」，最後商紂王戰敗自盡而商朝滅亡。

六四：入于左腹，獲明夷之心，于出門庭。

六四已在外卦坤體，坤爲腹；六四與初九爲正應，四爻與初爻易位，則二三四互巽爲入，而外卦坤變成震；根據文王後天卦位，震居東，是爲左方。合起來看有「入于左腹」之象。獲的意思是知道或得到，四爻與初爻相應，初爲乾元而「乾知大始」（〈繫辭上〉），

有獲知之象。中醫說心臟偏左而離火主心，這是根據五行原理：木主肝，火主心，土主脾，水主腎，金主肺。〈明夷〉卦四應初，初居內卦離火爲心，同時二三四互坎，坎爲心志，這就是「獲明夷之心」取象的由來。

附帶說明，我們人體有兩個系統，一爲血脈網，一爲經絡網，兩者布滿全身，坤陰走血脈，乾陽走經絡。坤陰由血脈分配至四肢而到末梢，即成營養、肌肉等。乾陽是屬於一種感覺或知覺，譬如我們的腳踩到蛇，腦神經馬上感覺到，因爲乾陽是循著經絡走的。接著解釋「于出門庭」，四爻與初爻相應而初上之四，則外卦變成震，震有出之象。初爻與四爻相應而四下居初，則內卦變成艮，艮爲門爲宮闕，而因爲四爻是在內卦艮門之外，四爻既然已在門外，則有庭園之象，所以說「于出門庭」。

在四爻的階段，「入于左腹」，係指六四的明夷之傷已中要害，有性命危險，不像六二「夷于左股」只是傷到腿部，對生命沒有重大影響。易例：「左爲陽，右爲陰」，傷到左腹與左股，都表示乾陽君子受到傷害。「獲明夷之心」是指君子已經知道明夷的主宰者心之所向，其惡性重大，已經無可救藥。面對這樣險惡的情勢，只有「于出門庭」，置身事外，逃離險境，才能脫離黑暗的漩渦。譬如既已認清共產黨的眞面目，毫無挽回餘地，唯有及早離去大陸，趕快投奔自由。《論語・微子》提到孔子曰：「殷有三仁焉！」就是指比干、箕子、微子。這三人都是紂王的叔兄至親，面對紂王的暴虐無道，各有其自處之道，結果微子逃離，箕子裝瘋，比干諫死。九四爻辭「于出門庭」，指的就是微子選擇逃離。

六五：箕子之明夷，利貞。

這是周公借箕子處於明夷的態度，來形容五爻的狀態，可說是以人事而言天道。《易經》所佈六十四卦，旨在形容陰陽氣化的變化形態，六十四卦就是陰陽的六十四種變化形態。文王作卦辭、周公作爻辭，遇有無法形容的陰陽變化境界，只好借用人事或動物來說明。例如如借龍爲喻，有潛龍勿用、見龍在田、飛龍在天、亢龍有悔，是以龍來形容乾陽的無微不至，無所不在，無時不在，而且變化無窮。周公之舉箕子爲例，即在說明君子處明夷之道也是變化無窮，箕子是商紂王的叔父，常要隨恃在紂王身邊，如果進言不受，會有殺身之禍，所以箕子寧願被貶爲奴隸，甚至要裝瘋伴狂以保性命，否則會像比干挖心一樣慘死。

六五是以陰爻居陽位，五爻與二爻相應，六二更是以陰爻居陰位，五爻本爲陽位，而今六五是爲陰爻，相應的六二也是陰爻，易例：「陽明陰暗」，這象徵君子如箕子之輩，受到內外重重陰暗的傷害。「利貞」就是宜乎正確穩定，那麼外在的陰暗氣化，最多只能阻礙乾陽君子的發展，卻不能傷害其優良的本質。例如箕子被貶爲奴隸，依舊不改其志，不放棄其人生目標，即使裝瘋伴狂，始終堅守乾陽君子的正氣。若非如此，非但其《洪範九疇》的大道不得傳之後世，就連性命也難保，所以說「利貞」。

這裡順便舉一個「利貞」的例證。有位道安法師，功行極深，有一次患上腹膜炎，住進臺大醫院動手術，腹內化膿已很嚴重，醫師宣告不治，囑其徒弟準備後事。道安知道病情後，說服醫師，交代徒弟，給他一個禮拜的時間臥在病床上，絲毫不要動他，容他作「定」的功夫。定的功夫是一根手指也不可以動它，連眉毛、眼皮眼珠，

都須絕對的靜止，稍有一動，全身經絡皆受影響。如此經過了一個禮拜，醫生再來檢查，發現那樣的重病，居然痊癒了。這在臺大醫院有病歷可查。

宇宙化育萬物，中途發生堵塞阻撓，宇宙本身的乾陽氣化，即能感知此一不利狀況，於是以安穩不動來對應，等到傷害的戾氣過去了，乾陽也就恢復正常。宇宙間萬物皆有感知能力，不僅止於動物，植物也是一樣，我家門口有一株葡萄，給它用鐵絲做起架子，葡萄的嫩枝鬚鬚就很快的攀附上去，緊緊的纏繞盤旋，展現其生命力。其實不只是生物，就像這張講臺，鋸鋸釘釘，作成傢俱，應該早就沒有生命了，可是它並沒有死。樹木砍伐之後，要經過數十上百年，或者更久，因為日曬、雨露、風化，才會漸漸枯槁，腐朽成灰，連木頭的氣味也完全失去，才算是死了。這張講臺，木紋還這麼清晰，也還有濃厚的木質氣味，應該還是樹木的遊魂，並未完全死亡，還有生命就還有感知。所以我們對待任何植物，都不可隨意欺弄淩虐。

上六：不明，晦。初登于天，後入于地。

「不明」為暗，上六是〈明夷〉外體坤卦最末的陰爻，陽明陰暗，坤又為暗，可見上六已陰暗之至，所以爻辭「不明，晦」，就是陰暗到了極點。就納甲來說，魏伯陽《參同契》：「三日出為爽，震庚受西方。……十五乾體就，盛滿甲東方。……坤乙三十日，東北喪其朋。」所以十五月圓，納甲為乾，是光明圓滿；但至三十月虛，納甲為坤，則不明而晦。不明只是消極的不知是非，晦則為積極的積非成是。

「初登於天，後入於地」是指〈明夷〉卦與其反對的〈晉〉卦之

卦象，〈晉〉卦的外卦離日在上，內卦坤地在下，如日在中天普照大地，有「初登于天」之象；〈明夷〉卦的外卦坤地在上，內卦離日在下，就像太陽落入地下，有「後入於地」之象。〈明夷〉到了上六的最後階段，由消極的不明是非，到積極的以非為是，這就像商紂王以箕子之是為非，而以自己之非為是，甚至脅迫箕子要捨其是而從己之非，所以這是不明到了極點而至於晦。又如一個國家，或一個社會，或是一個人，先是不明是非，黑白混淆，失去做人做事的準則，如果任其惡化，積非而成是，終至國家顛覆，社會混亂，個人一敗塗地。

　　另有一種說法，認為〈明夷〉卦的六爻是暗指六人。初爻「明夷于飛，君子于行，三日不食」，係指伯夷、叔齊餓死首陽山。二爻「夷于左股，用拯馬壯吉」，係指周文王被商紂王囚於羑里，因散宜生等人以寶馬奇珍討好商紂王，終得釋放。三爻「明夷于南狩，得其大首，不可疾貞」，係指周武王藉狩獵而興師動眾，志在討伐暴虐無道的商紂王。四爻「于出門庭」，係指微子感知明夷之心已無可救藥，乃逃脫殷商而置身事外。五爻「箕子之明夷」係指箕子披髮佯狂，守己之道且傳經典於後世。上爻「初登于天，後入于地」，係指明夷的元凶商紂王，雖貴為人君，然而賢臣良相盡遭其夷傷，終於造成身喪國亡。

　　以上兩種說法都有道理，應可並存。從上六的爻辭，令人想到當初共產黨世界的首腦史達林，他原先被歌頌為神，讚為太陽，是為「初登于天」。但在史達林死後，屍骨未寒，即遭鞭屍，可說是「後入于地」。昨天極是，今日極非，共黨的是非就是這樣顛倒黑白，口頭上說自由民主，所作所為卻是極端的專制獨裁。

肆、象傳

象曰：明入地中，明夷。內文明而外柔順。以蒙大
難，文王以之。利艱貞，晦其明也。內難而能正其
志，箕子以之。

「明入地中，明夷」，這一句話，是說明卦象。就物理而言，
離火是光明，凡是能夠發光發熱的東西，都屬於離。坤陰則是成形成
體的東西，凡是塊然存在的，都屬於坤。光明的能量本應向外發揮發
展，這樣才能展現光明的作用，今卻遭塊然之坤的重重厚土所壓制，
離火無由發光發熱，失去其光明的作用。再就人事而言，離明是君子
的明德，如今卻被奸佞宵小所圍困，君子陷入黑暗，備極困頓。這些
現象都是「明入地中」的寫照。

第二句「內文明而外柔順」，〈明夷〉卦的內體為離卦，離卦的
本體為乾卦，乾為文而離為明，所以稱之為「內文明」。〈明夷〉卦
的外體是坤卦，坤陰的性能是柔順，所以稱之為「外柔順」。這意思
是說，處在明夷的時候，君子的明德正道無法發揮，不容於世，這時
只有將明德正道蘊含於內而堅守之，以保文明，而用柔順的態度去肆
應外在環境，免受傷害。

「以蒙大難，文王以之」，易例：「陽大陰小，陽明陰暗」，
〈明夷〉外卦是坤地，內卦是離明，而中爻二三四互坎為險難，整個
卦象是明入地中，乾陽處於險難的環境，正氣不張，是非不明，所以
有「以蒙大難」之象。蒙大難，是說險難是從外而來，君子自身的
明德正道並無問題，只是被外在環境所困而已。就像周文王被商紂王

囚禁於羑里，一方面研究《易經》並加以發揚，一方面指使部下獻寶馬奇珍向商紂王示好，那是因身處大難，必須外示柔順，以利內藏文明。文王就是運用「內文明而外柔順」的方法，來肆應紂王所造成的患難，所以說「以蒙大難，文王以之」。

引伸來說，一些身陷大陸而處在中共高壓統治之下的許多飽學之士，他們大多是文弱書生，無法跟共產黨流氓地痞對抗搏鬥，這時應當效法文王運用「內文明而外柔順」之良策，如若不然，過去有「三家村」「謝瑤環」等事件，許多飽學之士橫遭共產黨血腥整肅，便是無謂的犧牲。文王當年被囚於羑里，隨時有殺身之禍，卻能本著「內文明而外柔順」的原則，演繹八卦並繫卦辭，我們今天研讀的《周易》，就是他的心血結晶。孔子推崇「文王以之」，是讚揚文王的大智大慧。

「利艱貞，晦其明也」，這個「利艱貞」在卦辭中已有解釋，〈明夷〉外卦是坤地，內卦是離明，而中爻二三四互坎為險難，整個卦象是明入地中，而且內卦離體之文明，伏于二三四互坎之下，坎為險難，為隱伏，離火一則為坎水之險難所壓制，再則受到外卦坤陰重重黑暗的傷害，真的是舉步維艱。在這樣艱難的處境之下，仍須守住文明的命脈，當然要「利艱貞」，否則連僅存的文明也會被消滅，那就完了。至於如何艱貞守正，孔子說要「晦其明」，要把自己光明正大的靈魂智慧隱藏起來，也就是韜光養晦。「晦其明」的意義甚深，跟「內文明而外柔順」有所差異，晦其明應更深一層，例如勾踐屈身事吳，在夫差底下充一名皂隸，侍病嚐糞，極盡屈辱，這要裝出一派白癡無能的模樣，較之「外柔順」更加艱難。

「內難而能正其志，箕子以之」，在三千五百年前，殷商紂王

那個君子明夷的黑暗朝代，我們很難想像當時的周文王、箕子、比干、微子等君子置身明夷的那種艱困境遇；假使今天沒有中共竊據大陸的局面作爲借鏡，我們真還無從想像商紂王的暴虐無道，這樣就很難體會「內難而能正其志」的況味。處在那種惡劣的環境，正是求生不得，求死不能的人間地獄。孔子特別提到「內難」，係指箕子身爲商紂王的叔父，紂王倒行逆施，身爲紂王叔父的箕子很難撇清責任。實際上箕子拿紂王毫無辦法，連自己都性命難保，卻得不到天下人的諒解，這就是內難。那爲什麼箕子置身於黑暗圈圈之內，還能正其志呢？因爲「晦其明」，佯狂作瘋，但仍堅守志之所向，紂王見他已瘋，不能受命，就懶得理他。所謂「箕子以之」，是說箕子就是用「內難而能正其志」這個方來應付明夷。

伍、大小象傳

象曰：明入地中，明夷。君子以莅眾，用晦而明。

〈明夷〉卦的內體離卦爲日爲明，外體坤卦爲地，內外二體有「明入地中」之象。太陽落入地底下，大地一片黑暗，因爲光明受到傷害，所以稱「明夷」。「君子」之象來自〈明夷〉內體爲離卦，離卦原爲乾體，乾爲君子。就卦變而言，〈明夷〉卦係自〈臨〉卦而來，〈臨〉卦的九二往之六三，二爻與三爻易位即成〈明夷〉卦。〈臨〉卦的卦義是臨其時與臨其事，臨者莅也，俗稱莅臨，故有莅之象；〈明夷〉外卦爲坤體，坤爲眾，所以有「莅眾」之象。外體坤卦爲用，坤卦又爲陰暗有晦之象，內體離卦爲明，合起來看是有「用晦而明」之象。

　　孔子在此又針對「明夷」提出截然不同的解釋，不過這是專指蒞眾之君子，也就是主政謀國者而言。這個「明夷」，就是要自夷其明，亦即主政謀國者必須用己之晦，不可用己之明，才能做到由晦而生明。譬如古代帝王之代的皇冠，冠前有冕旒遮臉，而且兩耳以棉球塞之，寓意是皇帝貴為天子，不要用自己眼睛看到的、耳朵聽到的為準，而是要像《尚書‧泰誓中》所說的：「天視自我民視，天聽自我民聽。」根據老百姓的眼睛所見和耳朵所聞為依歸。

　　古代帝王的服裝原本就寓有「用晦而明」的教訓意義。引用到現代的政治環境之中，作為一個親民的官員，像是縣長、市長，就是要懂得「用晦而明」，不恃自己的聰明，而是儘量讓縣民、市民表達他們的意見。反之，則是「用明而晦」，這無異乎是將民眾的耳目封閉，而僅靠自己一個人的頭腦來做事，古人說：「三個臭皮匠，勝過一個諸葛亮。」何況是成千上萬的縣民市民。所謂「用晦」，就是運用千萬人的頭腦，以增長我的智慧。

初九象曰：君子于行，義不食也。

　　初爻爻辭的「君子于行，三日不食」，其重點就在〈小象〉的「義不食也」。這個不食之象，來自〈明夷〉的反對卦火地〈晉〉，〈晉〉卦初六以陰爻居陽位，爻位不正，初六變為陽爻則變成〈噬嗑〉卦，噬嗑有食之象，反過來說，〈明夷〉為〈晉〉之反對卦，不會變成〈噬嗑〉，所以有「不食」之象。意思是在〈明夷〉之初，凡屬明理君子，不宜再食君祿，否則必須與之同流合汙，助紂為虐，故唯有「義不食也」，方為正道。

六二象曰：六二之吉，順以則也。

〈明夷〉卦的外卦為坤體，坤為順；二三四互坎，坎為法律，坎又為則，有「順以則」之象。二爻的爻辭：「夷于左股，用拯馬壯。」意思是已傷左腿而不良於行，於是以壯馬代步而救助之，這就是「順以則也」，是柔順而且合乎法則道理的。例如文王被囚於羑里，宜乎柔順，但須合乎法則，知道紂王之所好，順其所願而進貢寶馬奇珍，終獲得釋放，並無損於自己正大光明的操守。

九三象曰：南狩之志，乃大得也。

虞翻等漢儒指九三為文王，因二三四互坎為獄，三爻適在坎中，引申為文王被囚。實則不然，因九三與上六相應，上六為〈明夷〉的主宰者，敗壞已至極點，而九三為光明之爻，上應六爻就像在討伐昏主，所以九三與上六具有對待關係，而有武王伐紂之象。至於文王應該是指二爻，六二居互坎之下，而內離又伏坎，離明伏于重坎之中，才是文王之象。再者，二爻「用拯馬壯吉」，〈明夷〉只有二爻的爻辭稱吉。其餘如三爻、四爻、五爻的爻辭都不稱吉，所以二爻喻之為文王頗為合適。所謂南狩，即向南狩獵，亦即武王用兵，意在討伐紂王，能夠在盟津不期而會者八百諸侯，是得到天下人心之響應，所得者大，所以說「乃大得也」。

六四象曰：入于左腹，獲心意也。

四爻以人體言，是心臟的位置；心偏左，所以稱之為「左腹」。〈明夷〉卦的中爻二三四互坎為心志，有意之象；四與初應，

又與內體之離卦相近，離爲火主心，合而言之有「獲心意」之象。因
爲左腹與心臟很接近，所以入于左腹，方可獲悉明夷之心；再從另一
方面來看，明夷而入於左腹，表示明夷之傷陽已經傷到了要害。微子
因爲身在紂王左右，知道紂王的昏庸已無可挽救，明夷已成定局，只
好「出于門庭」逃離商朝。

六五象曰：箕子之貞，明不可息也。

　　五爻在〈明夷〉卦來說至爲重要，因爲在明夷的艱險時期，箕
子選擇以「利貞」處之，相較於微子選擇「出走」，那是多麼艱險的
抉擇，是要兼具勇敢與智慧才能做到的。箕子顛沛必於斯，造次必於
斯，披髮佯狂，被貶爲奴，仍然不改其艱貞的心志，爲的是要使明
德不絕，薪火不滅，也就是「明不可息也」。二爻是文王拘羑里而演
《周易》，五爻是箕子佯狂爲奴而做《洪範九疇》，都是「明不可息
也」。

上六象曰：初登于天，照四國也。後入于地，失則也。

　　在上六爻辭中提到，〈晉〉卦的外卦離日在上，內卦坤地在
下，有「日登于天」之象；〈明夷〉卦的外卦坤地在上，內卦離日在
下，有「日入於地」之象；卦序是〈明夷〉佈在〈晉〉卦之後，有
「初登」與「後入」之象。〈晉〉卦內體坤爲國，又爲眾，有「四
國」之象。古代諸侯所治之地謂之國，如齊、楚、燕、韓等皆是，所
有的國則合稱爲天下。上六與九三相應，三居坎爲法則，三上易位則
坎體不見，有「失則」之象。失則即失掉準則，是非不明而善惡不
分，那是〈明夷〉的現象，這個〈小象〉指的就是商紂王。

　　講到〈晉〉卦在前而〈明夷〉卦在後，我們來看《皇極經世》元會運世的佈卦次序，是根據伏羲六十四卦圓圖；除乾坤坎離四閏卦之外，其餘六十卦分爲十二會；寅卯辰巳午未六會，爲地球生育時期；申酉戌亥子丑六會，則爲地球休眠時期。所以，一個元的十二萬九千六百年，實際上只有六萬四千八百年是生生不息，所謂「初登于天，照四國也」；接下來的六萬四千八百年則是地球的休眠黑暗時期，化育化生已無法則可循了，所謂「後入于地，失則也」。

第三十七卦

家人卦

周鼎珩講　樊楚才記錄

家人

離 下
巽 上

—— 此係〈巽〉宮二世卦，消息六月，旁通〈解〉，反對〈睽〉。

壹、總說

佈卦的次序

　　〈家人〉卦跟我們做事居家關係很大，首先我們要講卦的次序，文王爲什麼要立〈明夷〉卦以後佈〈家人〉卦，要明瞭這個問題，我們首先要了解，中國的社會演進，一向是以家人爲本位的，它跟西方社會的個人本位主義不同，中國社會最基本的組織體就是家。國家天下是建立在家的基礎上，所謂：「國本立家」，傳統觀念對家看得極重，認爲家整理好了，國家就好了。《大學》上說：「古之欲明明德於天下者，先治其國；欲治其國者，先齊其家。」因此要想整

飭齊國，先得由齊家開始。

〈明夷〉卦是「受傷」的卦，〈雜卦傳〉：「〈明夷〉，誅也。」〈明夷〉又是「黑暗」卦，火生地下，光明被埋在地中，顯示在社會上的，是一團黑暗。尤其是到了上爻，傷到了極點，在社會上，是是非不明，善惡不分，長幼無序，尊卑無分，男女無別的狀態，整個社會極端地混亂。這種情形若任繼續發展，結果應是社會人類走上滅絕之途。可是宇宙是生生不息的，沒有滅絕的道理，任何事物到了盡頭必有所反，這是自然的法則，人類社會到了極端地混亂，則亂極思治，人心就回頭了，一般不能忍受混亂現狀的人固然極希望回到平靜安全的治世，即僅是平日損人利己，造成社會混亂的一群宵小，由於在極端混亂的社會中，自己也無法存在，也不得不回過頭來，希望回到一個能容身，能存在的社會。但是人心回頭了又能怎麼辦呢？凡是整個局面搞壞了，只有從基本再搞起，社會極端混亂，整個局面無法再附存，當然只有回到社會的基本組織體去，重新建造基礎，重新再造一個理想的社會。因為我國的社會，一向以家為最基本的組織體，家人又是基本組織體中的分子，因此社會壞了，若不想趨於滅亡，只有由家人做起，重整社會，使其恢復正常，因此在卦序上，〈明夷〉卦之後，緊接著〈家人〉卦，就是這個道理。

其實就是亂極思治，歸附起源的現象非僅是社會如此，在其他方面可以找到許多例證。在自然界中，每值秋冬，時令不對的時候，樹木受不了風寒冰凍但又死不了怎麼辦？或者在樹木遭到火傷、砍傷，弄得枝幹不存，但又死不了又怎麼辦？在這時候，樹木全部的營養會縮到根部，從根部再培養起。雖然外部受傷，但根部卻滋養豐富，充滿生機。逐漸地再由沒有受傷的部分發葉、開花，生出新的枝幹，

繼續它的生存。自然界是如此。又如一個企業，生意弄壞了，終必不是走上破產之路，若不想破產滅亡，只有回過頭來，從基本上徹底改革、重新來過。這些情形，跟人類社會走上絕路而終必回歸源頭，從家人再開始是一樣的因此文王佈卦，在〈明夷〉卦之後佈上了〈家人〉。

成卦的體例

　　其次，我們講〈家人〉卦的體象。有人曾經問到，體跟象有什麼分別？今天我們講〈家人〉卦的體象之前，先要做一個說明。所謂「體」，是指卦體，它是講一卦爻位的組織和排列，像〈家人〉卦是上巽下離，它的二四兩爻是陰爻而其他幾爻卻是陽爻，這種結構方式，就是〈家人〉卦的卦體。至於這種型態的卦體，顯現了什麼樣的現象？那就是我們總說的「象」。因此我們可以說，「體」是指一卦中「爻的結構」，而「象」是指這種結構所顯現的內容。

　　說到〈家人〉卦的體象，我們先看〈家人〉卦的命名，所謂「家人」並不是單單只一家之人，《易經》拿「人」字來名卦的，除了〈同人〉，就是〈家人〉，為什麼文王要以「人」來名卦？通常《易經》以「人」來名卦的，大都涉及到人的情感方面。因為人在萬物裡面，感官是最靈敏的，其他動物，固然各有各的能力，但在感官方面，跟人相比有一段距離。因此，談到感應，就以人來舉例。「同人」者，親也，彼此很親密，但是同人所謂的範圍太大，所謂「四海之內皆兄弟也」，固然是親切，但談感情就比不上家人，文王佈卦以「家人」為名，並不是講一家之人，是拿家人來形容這一卦，爻與爻之間的親切有情。

　　怎樣親切有情呢？〈家人〉卦爲乾體，〈坤〉卦二四兩爻鑽入乾體而成〈家人〉，〈坤〉之二爻進入乾體，成爲〈家人〉內卦之爻，〈坤〉四爻鑽入乾體而成外卦之爻（在卦中爻以上者爲主，所謂陽卦多陰，陰卦多陽，〈家人〉卦是陰卦，二四兩陰爻成爲內外卦之爻）。二爻陰居陰位，即九五是正位，但二爻又坐初而承三，初爻三爻皆爲陽爻，皆因鄰近而與二相應，故二爻與初三和三陽爻皆相應，也就是說它們之間的關係非常親切有情。再看四爻，四與初爲正應。但四坐三而承五，又因四爻陰居陰位，是外卦主爻，五爻固爲其所用，三爻與四相近而與其相應，故四陰又跟初三五爻相應，彼此親切有情，故二四兩爻皆與初三五三陽爻相應相親，爻與爻間交融親切，好像一家人，所以名之爲「家人」。至於上爻，上爻與它爻不應，但又不影響它爻之間的相應相親，上爻代表〈家人〉卦的外層，而〈家人〉卦的相親相愛是指家人以內的各人，也就是指卦以內的各爻間的關係。這種關係顯示內在的基本組織間的各個成員，已經揉會一體，不過這種關係僅及於內部，卻沒有達到外層。這是第一體系。

　　其次我們知道，宇宙的道理是「壅極則通，熱極則風」。太熱了於是就起風，我們由臺灣的氣候就可以看出來，風是氣候過於燥熱就容易起颱風，可是氣候燥熱是什麼？氣候燥熱是火，離爲火，〈家人〉卦的內卦爲離，就是燥熱的現象。而外卦爲巽，正好是風的現象，過去解陰的人常講：「家有灶有火，屋外有風。」在過去煮飯家裡都有灶房，灶房上有個煙囱，灶房一生火了，煙囱上頭就有風，所以「家有灶有火，屋外有風」就是這個現象。也正如臺灣的氣候，太過燥熱就會起颱風。中國醫家看病的時候，常會用到「風火」一詞，說是：「你的病是起於風火。」「風」和「火」似乎是常連在一起

的，有火就有風。馬融拿五爻來看，說是木生火，火以木爲家，火又生風，風以火爲家，所以木、火、風三者連在一起，猶如家人，所以名之爲〈家人〉卦，這是第三個體象。

第三，〈家人〉卦是由〈遯〉卦來，〈遯〉卦四爻到了初爻，初爻上層四爻就變成〈家人〉。〈遯〉卦內卦爲艮，艮爲門闕，表示家之所在，有家之象，同時卦本乾體，乾有人家，又〈家人〉係坤陰三、四兩爻鑽入乾體而成，〈坤〉二居內卦人位，而〈坤〉四居六畫卦人位，皆有人象，故名之曰家人。

第四，〈明夷〉以後繼之以〈家人〉，是表示「傷之於外，反求諸己於內」，這意思就是要從根做起，而正本清源。〈家人〉卦除了上爻之外，其他各爻卻是各當其位，初、三、五陽居陽位，二、四陰居陰位。這是各當其位，就好像一家裡面的組成分子各守其位，男耕女織，各守其分，齊頭並進，一體發展，而且是從此相依而成。在家中各有職守，沒有廢人，同時陰和陽、陽和陰都是交融一體，彼此之間感情非常密切，五爻彼此相應。家人的內在組織分子能夠這樣，它所顯示的，是正本清源之象。

至於上爻居於卦最後一爻，等於卦之外層，上爻之下當位，不與他爻相應；顯示〈家人〉卦初至五爻之親和力僅於家人內部分子，並沒有及於外界的社會。如果上爻一變而爲陰爻，〈家人〉卦就成了水火〈既濟〉，這是六爻相應，家順而天下大同之象。也就是家人的親和關係已推展到外在的社會，並及於整個國家、天下。〈既濟〉卦表示天地融合、一切通泰，什麼東西都擺得四平八穩，可是這種情形非常之少。而〈家人〉卦雖然還未到達〈既濟〉卦那樣天下大同的境界，但至少在內在已經有了既濟的態勢，由這個基本的態勢向外擴

展，可以逐漸及於大同的目標。因此家人內在的親切有情，正是邁向大同的起點，在〈明夷〉社會受傷之後，要想從根救起，就應由這個起點做起，這是源頭，這是根本，因此我們說它有正本之源之象。

立卦的意義

現在我們接著講〈家人〉卦的卦義。我們學〈家人〉卦的用意是什麼呢？在外面我們受到了傷害，比方我們國家受到了戕傷，或是打仗打敗了，我們只有從內部整飭，反求諸內而從頭做起。家是基本組織單位，人是基本組織單位的分子，我們要從頭做起，自然要由家人做起。但我們該如何做才能把這個基本組織體弄好呢？這就是我們〈家人〉卦義所要追求的。

首先，我們看〈家人〉卦的體象，〈家人〉卦的六二和六四兩爻，原來坤陰鑽入乾體而成，坤陰的二、四兩爻在乾體裡成了主爻，由於這兩爻不僅當位，而且居正，而初、三、五又當位而能和兩爻和諧一致，配合得非常恰當，因此顯現了一片親切有情，融洽無間之家。從這裡我們知道，我們要建立基本組織體，除了要組織合理之外，次重要的是要組織內部成員，相互之間和諧配合。這才是健全的基本組織體，也才能發揮它的功能。

所謂組織合理，以卦來說，卦裡面有能量的不同，因此有大卦小卦，而一卦裡面，也有大爻小爻，而這所謂「大」、「小」，是指這一爻所代表的質量跟能量的範圍，能量小的爻，不能居於大位，否則就會不合理，像〈睽〉卦中的「小事吉」，它是居於小的，就不能居於大。爻在一卦中的安排結構，就是組織，若能小爻居小位，大爻居大位才算合理，否則就會不合理，再以企業組織來看，企業組織裡的

各部門，整個是一個卦，各部門內的組、課是一個爻，這些組、課工作性質所涉及的範圍和分量各有不同，所需要的人力也有多有少，工作複雜的，固然必須由能力強的人居之，而工作範圍廣的，也必須由多人負責，若不按此方式，把工作繁雜的部門，指派少數人去負責，而工作簡單的部門，卻派了很多人手，形成了浪費和不足，而無法發揮功能，是組織的不合理。

所謂「和諧」是指陰與陽之間的調和。就卦上來看，從初爻到五爻，陰陽之間都彼此相應，形成內部的一團和氣，陽爻能夠充分地開化陰爻，陰爻也都完全地吸收各陽爻，是各爻之間的和諧之象。陽爻代表精神力，陰爻代表基本組織體，這卦象顯示，基本組織體成員之間，受到豐富的精神力浸潤，而呈現一團和氣，就社會現象來說，以企業精神為例，陽代表的是良好的企劃，獲充分的愛心，陰代表組織成員，所謂諧和，是說組織體在良好計畫和愛心的領導之下，各成員都能同心協力，彼此無間，發揮了組織的功能。

就家人本身的組織來說，若能父父子子，夫夫婦婦，兄兄弟弟，各人有各人的身分，是組織的合理；而個人之間，感情融洽，充滿愛心而彼此無間，是其諧和，但是我們要如何才能做到諧和組織的合理化呢？這是我們〈家人〉卦的第二個卦義，這個卦義，關係到家人的齊家之道。

齊家，對很多能幹的先生，是一件困難的事。很多在外面很行的先生們，對於治家他沒有辦法。他對兒子講東，兒子卻講西，他沒有辦法，兒子往往陽奉陰違，他也無可奈何，因此齊家真不是一件簡單的事。《宋史・上官均傳》就講過齊家的道理，說是「寬過則緩而傷義，猛過則急而傷恩」，對家人寬了，家人就容易為非作歹，持家太

酷、太嚴，彼此之間就容易寡恩薄義，所以持家是件很難的事。不過在《易經》中卻有一套對持家的看法。

〈家人〉初爻是「閑有家」，五爻是「假有家」。閑有家是「陽閑」。陽閑得法就可得家道之正。閑是嚴的，是建立法度，假是寬的，是拿感情來感化。初爻是「閑」，而五爻是「假」，這意思是要我們在一開始管家，要嚴厲地建立法制，但到了最後快要完成了，使出感情來感化。我們知道，一個家庭，我們一定要有個法度，先嚴之於法，以後則養之於恩，這個當家長的才可以得到正。何以做？因為中國有句古話：「教子要嬰孩，教婦要初來。」就是說，教子要從嬰孩開始教，到了十七、八歲時已經走了樣，再教已經來不及了。娶了媳婦要教，從一進門時就要教，等到生了孩子作了媽媽時教就已經來不及了。所以要嚴守法度，然後慢慢地寬之以恩，家人會覺得這家長很有恩；假設在最初很寬，以恩義來感化他，那嚴厲不起來。因為寬慣了，以後嚴起來他受不了，就反抗，所以這是持家第一要注意的。

「閑有家」、「假有家」，初來建立家庭，一定要嚴之以法度，到了最後才能慢慢寬之於恩情。〈家人〉卦到了最後一爻，講「有孚威如」。「孚」者是非常的融洽與信實，老子叫兒子做的事情，還沒叫呢，兒子就做了，丈夫想吃的還沒說呢，妻子就先預備好了，一家人到了這種程度，神志都相通了，這「有孚」就是融洽到非常極點的地步。「威如」，雖是嘻嘻哈哈的融洽，但是融洽中有嚴肅的。能夠維持彼此自始所建立的良好風範。這就是持家的最後的目標，也是家道成功的極致。家人彼此的關係，就像卦中各爻的關係一樣，二爻上須有陽，底下有陽，四爻上須有陽，底下也有陽，它們都

配合好了，都很融洽，我們家人裡，父子之間，夫婦之間，兄弟之間，妯娌之間的配合就像爻一樣的融洽，各得其正，這就是父父子子，兄兄弟弟，夫夫婦婦的狀態。這是第二個意義。

第三個意義，到了〈家人〉卦的最後一爻是「有孚威如」，而家人間彼此相處，都像二、四爻跟初、三、五爻的配合一樣，非常融洽，但是齊家有個本，這個本就是「己身」。「欲齊家者先修其身」。若自己先不修身而想齊家，這不行，修身應是齊家之先的主要課題。可是修身從何處修起呢？言行。我們修身就這兩點看來。怎麼修法呢？就是自己的說法要講究，自己的行動要講究。不是莽莽撞撞就說出來，或做出來了。也就是說我們在言行之前總要有個考慮，「言有物而行有恆」，家人自然逐漸地受到感化。「言有物」，說的話要有事實，假設空口說白話，盡講好聽的，同時講完也就完了，一件也沒做到，那就是騙人，比不說還壞，人家看見了就嗤之以鼻，就討厭，所以講「為政不在多言」。假使齊家，一個家長說話沒有事，天天教條主義，把過去齊家的格言都說遍了，但自己所做的都是男盜女娼的做法，完全言行不一，那家族聽到家長的話一定感到厭煩，一定起反感。假使你言有物，講孝，本身就做到孝，講悌，本身就做到悌。講什麼，自己要先做到什麼，否則就不講，先求諸己而後諸人，自己修身，身體力行道德，先有此修養，我才要求家人這樣做，必須自己沒有這短處，自己不抽菸，才可要求家人不抽菸，假設自己抽菸叫家人不抽菸，這不行的，自己不打牌才可叫家人不打牌，自己不逛街才可叫家人不逛街，自己天天努力做自己的工作，才可要求加人做自己的工作，這才叫做言之有物，此說的有實際的東西。「行有恆」，我講孝，行孝，終身行孝，不是今天孝順父母，明天就完了；

行悌，終身行悌，做某些工作，就終身做某些工作，要把那件事情做好，這是「行有恆」。這樣子，自己就豎立了一個嚴肅的風範，講到做到，做不到就不講，而且做就終身的做，就家人就是頑石也會點頭。他一方面怕你，一方面也感激你，這家道沒有不正的。所以我們最怕的就是說空話，持家是如此，持國也是如此，持國者天天說些好聽的，做的沒有一件好事情，再好的話，老百姓聽了也會起反感的，做的事情今天做了，明天又改變了，老百姓看了，也會喪失信心的。所謂「民無信不立」（《論語‧顏淵》），要講到做到，才能樹之威信。自己行有恆，對別人就是個威，講到了就這麼做，別人才會相信，這就是個威，〈家人〉的卦義是如此。

貳、彖辭（即卦辭）

〈家人〉：利女貞。

「家人，利女貞」，卦辭只有三個字。爲什麼「家人，利女貞」呢？因爲〈家人〉卦是二女成卦，內卦爲離，爲少女，外卦爲巽，爲長女，故曰「女」。又二、四兩陰爻，構成內外卦之主體，且均居中得正，貞者正也，故曰「貞」。又二女成卦以姑婦之象，巽是姑，是婆婆，離是婦，是媳婦。姑婦同體且姑尊而婦卑，兩個很和諧。底下的離火炎上，上頭的巽風下引，二氣交會，是姑婦得體。故二氣交會，兩種氣化融爲體，是穩固之象，也是「貞」，故曰「利女貞」。

「利女貞」三字的意義是什麼呢？家是社會的基本組織體，〈明夷〉受傷之後，社會亂了，必須由家開始整理，來恢復社會的秩

序。這是一種打基礎的工作，當然必須做得很正確，而且必須長期穩定地做下去，才能奠定基礎。這就像我們種稻子一樣。插秧的階段是打基礎的工作，這秧苗是稻子的基本組織體，可是在插秧時一定要扶正這基本組織體，將來稻子才長得好。「利女貞」，插秧插得很正確，把它培養得很好，而且要穩定，一直好好地照顧它，並不是今天栽了，明天就拔起來，那就會死掉，同時還要施肥、灌溉，一切照顧都要施之以時，這樣才能使它良好的成長。所以說「利女貞」。「利」是「宜乎」的意思。「女」代表陰體。也就是指家這個基本組織體。「貞」是穩定，正確，也就是指在培養這個基本組織體時，你的做法要正確，下的功夫要穩定，這樣才能使它良好的成長，而達到預期的目標，「利女貞」就是這個意思。

因為在〈明夷〉之後，社會的情形已經達到是非不明，善惡不分的地步，而且長幼無序，男女無別，於是只有從最小的單位一步一步地振作起來，從每一個分子的身上做起，使人性再恢復，使善風再振作，使歪風一掃而光。而這種從頭做起，整飭歪風之作，必須是正確的努力，長期地穩定的努力，才能達到成效，所以卦辭說「利女貞」。

參、爻辭

初九：閑有家，悔亡。

閑是陽閑，是防範的意思。從門從木，閑是門裡頭有個木。「門裡頭有木」在我們家鄉就是「門檻」，因此「閑」有「防範」的意思，它的象哪裡來的？〈家人〉卦初由四應，初、四易位，內卦成

艮，艮爲門。而四爻爲巽爲木，木頭下來了，在門裡，等於門檻一樣，就是閑。「閑有家」，家指家庭，閑是陽閑，指很嚴肅的制度，初爻是家庭的剛成立，剛開始，這一開始就應有嚴肅的制度，有了周備的防閑制度，才能得家道之正。「悔亡」是說本來是有悔的，悔卻消失了，也就是說，在家剛開始本來是有悔的，但是「閑有家」，你有同情的法度，你陽閑得法，就沒有悔了。從卦象上看，初、四相應，四又居坎，坎爲險難，故有悔，但因初、四相應，兩爻易位，四下而居初，坎象不成，故「悔亡」。一個家庭剛剛開始如果沒有陽閑，常有遭到懊惱或遭到傷害的地方，大家亂來，就傷害了，但若有了法度，就可避免受到傷害而「悔亡」，這是第一爻。

六二：无攸遂，在中饋，貞吉。

「无攸遂」，「遂」是什麼意思？遂是成就，无攸遂就是無所成，沒有什麼專成。爲什麼講無所成呢？因爲二爻是坤，〈坤〉的二爻是「不習无不利」，〈坤〉卦是「或從王事，无成有終」，意思是說，或者跟著乾陽跑，而沒有自己專成的目標，但是卻有結果。坤是「无成有終」的現象，也就是一種「自己沒有專成的目標，卻可靠乾陽獲得結果」的現象。因此「无攸遂」是「無所專成」的意思。因爲六三是中女，講的是婦道，講的是陰的德性，陰是無所專成的，所以說「无攸遂」。

「在中饋」，二爻居內卦之中，故言「中」。「饋」是飲食，二居離，離爲火，二三互坎，坎爲水，水在火上，是煮東西之象。又二變成兌，有口象，口飲水，是飲食之象，故言「饋」，這是象的源頭。至於「无攸遂，在中饋」的意義呢？是說只在家內治理飲食，

而不必另有所事，或另有所專成。這個意義，我們可以拿我們過去的家庭來看。過去的家庭，對於男女夫婦的分際，有這麼兩句話：「門以內女主之，門以外男主之。」這是說家庭內的家務飲食，全以女子為主，而家庭以外的事情，諸如耕作、賺錢則以男為主，女子不用費心，她所費心的，只是如何把家理好，如何治好飲食來涵養她的男人，也就是卦象上的二爻，它的目的，在涵養初、三爻的陽養分。我們的精神往往是陽，我們的五官百骸就是陰，我們的五官百骸之所以存在，是為了涵養我們的精神意志的，如果我們的五官百骸涵養不住精神，而讓精神脫離身體而去，那麼所剩下的五官百骸只是一具殭屍。至於精神意志，它必須住在五官百骸之中，指揮這個身體，啟發這個身體，而五官百骸是無比專業的，它是聽命於精神意志的。根據這種宇宙陰陽的特性，而古訓有所謂「男主外而女主內」的說法。六二陰爻，講的是坤道，所以說「无攸遂，在中饋，貞吉」，你能無所專成，只專注於飲食家務的治理，若能穩定正確地做去，就吉。

六三：家人嗃嗃，悔厲吉，婦子嘻嘻，終吝。

「嗃嗃」，鄭康成的解釋是：「嗃嗃，嚴酷之意也。」毫不假辭色的。因為九三是陽爻，〈乾〉卦九三爻辭：「終日乾乾，夕惕若，厲无咎。」「乾乾」是不停的動，是剛健之貌。在〈乾〉卦中的初、三、五爻三個陽爻之中，初爻「潛龍勿用」，還只是嫩陽，不能用；到了三爻，陽已很剛了、健了，所以「終日乾乾」，已經一天到晚都在動，這時的陽已經很成熟了；到了五爻「飛龍在天」，陽已到了最成熟的時候。比起三爻的陽剛之貌，剛健就有嚴酷的意義在內，所以鄭康成說「嚴肅」豪不假辭色。其次「悔厲吉」。這三字是象辭，

「悔」是有所傷害，「厲」是危殆之貌，「吉」是吉祥。意思是說，雖有傷害或危險的現象，但是還是吉的。為什麼這麼講呢？讓我先看下一句，回頭再來解釋。「婦子嘻嘻，終吝」，內卦為離，離中女是「婦」。二三四互坎，坎為中子，是子。「嘻嘻」是放縱嘻笑，沒有節制之象，〈家人〉卦二五互應，改二五易位、三便居震，震是「笑言啞啞」，有笑之貌。同時二變，三爻居兌，兌為和悅，有育樂之象。這是「婦子嘻嘻」的源頭。

「家人嗃嗃，悔厲吉，婦子嘻嘻，終吝」是什麼意思呢？它是說「一家的組成分子，彼此都很嚴肅，雖然有些傷害，顯露危殆之象，但是後來是吉的；若家中的婦女小孩嘻笑狎玩，毫無節制，最後會使這一家萎縮下去」。《宋史‧上官均傳》說持家之道，嚴則傷恩，寬則傷義。你若對家人過分嚴酷，彼此的恩情就受到傷害，但若過度放縱，彼此就會喪失情義。但是兩者相比，持家之道若嚴肅一點，固然彼此的恩情有所損傷，但是家的傳統，規矩還能延續下去，所以是個「吉」象，但若是一任婦人子女育樂嘻笑，毫不加以管制，最後你就不好收拾了，這個家到那時候就會家道不崛，所以說「終吝」，「吝」是施展不用的意思。

六四：富家，大吉。

到了四爻就富了，四爻與二爻不同，二爻是中女，陰不算老，只能主持中饋，而「无攸遂」，可是四居巽，正是長女，陰已經老了，能夠主持一點「富家」。此時初、三、五的陽已經可以歸它所用，所以它能富。

富者，陽主富而陰不富。四爻是陰，本來它不富，可是初、

三、五的陽卻歸它所用，所以它富。同時〈家人〉卦是〈巽〉宮三世卦，巽爲木，又四爻的納甲是未。因爲巽卦是跟著坤卦來的，坤爲母，巽爲長女；坤卦的納甲是未巳卯，內卦是未巳卯，外卦是丑亥酉。到了巽卦是長女，女以出爲歸，所以它就回過頭來，以外面爲家，以內爲外，也就是以夫爲家，以娘家爲外，所以女子出嫁叫做于歸。由於以外爲內，以內爲外，所以內卦納甲變成丑亥酉，外卦變成未巳卯，而〈家人〉卦的巽居於外卦，它的納甲是未巳卯，四爻居外卦初爻，故納甲是未。未是土，而巽卦本卦是木，木剋土，木以土爲財，所以講富家。其次，四爻居巽，巽爲「近利市三倍」表示很有錢，正是「富」的象徵。

　　爲什麼四爻是「富家」呢？〈家人〉卦以三四兩爻爲主，在二爻的時候，這陰爻要涵養陽，所以「在中饋」，二與五應，同時二爻承著三爻，又與初爻相鄰，所以它涵養這三個陽，因爲這是家道的剛剛開始，因此要涵養陽。陽來化陰，初、三、五三個陽都爲它所用，都來化它，所以它就富了。爲什麼呢？比方說，我們自然界任何一個花木，在春天陽來的時候，花木馬上就茂盛，花木吸收了陽，由陽來開化它，所以它茂盛了。拿人事社會來講，我們企業公司，我一個很有能力、很有智慧的人來管理，來主持，那麼這企業公司的業務就會蒸蒸日上、大有發展。這管理的人，正把他的智慧，參與在管理上面，管理的智慧就是陽，陽過去後於是這企業公司就發達了。公司發達了就是富的象徵。富是從哪裡來的呢？是得自有能力的人把它的智慧添加進去了。花木之富是由於春天的陽使它待到了開化，四爻之富是因三陽把它開化了。「富家大吉」，「大」是形容陽的，因爲陽來了，化了四爻之陰，所以大吉。

九五：王假有家，勿恤，吉。

這「假」字可作好幾種解釋，有解作「大」的，有解作「至」的，也有解作「感格」的。解作「大」的，說是「五大有家」，因為家在一開始是「閑有家」，先要確之法度。比如一個國家，在開國之初要建之典章制度。一個家庭剛成立也一定要有個法度，如果沒有，整天嘻嘻哈哈，這個家就不成一個家了。所以「閑有家」，閑者防閑，不要流於偏差。閑就是這個意思，可是經過了幾個階段以後，慢慢地發展便富了，直到五爻發展就大了，所以王弼他們說「五大有家」。其次，把「假」解釋為「至」，這跟「大」一樣，「大」者「至」也，是說到了「頂好」的程度，這是兩種過去流行的解釋，但跟卦象不太吻合。「假」的解釋的第三種是解釋為「感格」，「假」讀如「革」，是「感格」的意思，感格也就是感化。這個解釋比較合理，因為五爻的〈小象〉是「王假有家，交相愛也」，這「感格」也就是交相愛，是你感動我、我感動你，是相互的感化，也就是「交相愛」。因為〈家人〉到了第四爻，已經富了，到了五爻則到了承通的階段，就像一個公司，在四爻是已經發達了，到了五爻已經到了飽和點了，公司的成員老闆和職員，人人都很快樂，彼此都有感動，公司發達了每個人的收入都多了，生活改善了，交相愛，員工對老闆很愛護，老闆也很愛護員工，彼此已經達到一個和氣的階段。在卦象上，五與二應，五也與四應，是陰陽相應到了極致的地步。所以有「感格」之象。王，五居君位，有王者之象，故言王。

勿恤，五應二，二居坎，二三四互坎，坎為憂，也就是「憂恤」，但五二相應，二五易位，坎象不成，所以「勿恤」。同時五爻本身即為坎爻，有恤象，而二五易位，恤象不成，也是「勿恤」。勿

恤的意思是不必憂慮，只要有感格的功夫，這個家不會壞的，這家庭是恩威並進的，在最初爲了樹立法度可能嚴了一點，但家人之間是有感情在的。由於感情和法度的並存，而維繫了中國的家族制度，也因此使中國被稱爲禮儀之邦，因爲禮維繫了人倫，維繫了社會的秩序，禮先於法的存在，使得社會得以興隆，也減少了許多法律上的困難。法是契約，而禮是營養，法是制裁人的，禮卻是營養人的，營養社會的，因爲犯了法，不合規定而受到制裁，這正是到了最後階段，但是如何使一個人，使全老百姓不去犯法，不要打官司，在繩之以法之前有所防範，這就要講「禮」。中國人講禮樂之邦，大家有理，中間就有法度，而不至於犯法，禮是防止犯法的。但是禮是嚴肅的東西，因爲太嚴肅了所以就來個樂。樂是和悅性情的，因爲禮是很剛硬的東西，很嚴肅的東西，但過於剛硬、過於嚴肅，人情受不了。所以來了樂，使人情和諧一點，溫柔一點，所以一柔一剛，恩威並濟，使社會得到潤濟，這是持家之道，也是持國之道。因此在〈家人〉的初爻，要「閑有家」，要持之法度，而到了五爻卻講「王假有家」，對家人要施之以感格，道理就在這裡。

上九：有孚威如，終吉。

上爻與三爻相應，三居坎，坎爲心，爲孚。又上變外卦爲坎，亦爲孚，是「孚」之象。「威如」，本卦原是由〈遯〉卦來的，〈遯〉卦初四易位就成〈家人〉，〈遯〉卦上爻居乾，乾爲剛健，又上居剛健的極端，有種剛猛威如之象，同時乾爲居德，所以有威如之象。威如的意義是什麼？總結前面數爻，我們曉得，彼此之間感情過於融洽，難免有狎玩之處。我們看到兩個小夫妻，感情非常之好，好得

常常打架吵嘴，這打架吵嘴也就是感情，所以感情太融洽了，它就易流於狎玩，這是物理，兩個東西在一起太好了，這東西就會流動，會變動而喪失了原型。「有孚」是感情融洽之至，但是感情融洽之至容易流於狎玩，一狎完就把整個規則都喪失了。家道就不振，所以在上九一爻特別提出「有孚要威如」，是要後人記住在融洽之中不失肅穆。家人之間的感情固然要好，上下一體，彼此協和一致，是為「家人」的目標，但在諧和中不能狎玩、隨便，要很嚴肅，這是很難的，但是若不這樣，融洽之後會流於隨便，隨便就會偏差，這家道就不振了，這是上九。

　　〈家人〉卦六爻分開來看，初爻時要樹之法度，所以「閑有家」，有了法度，有了規範，然後要安詳地遵守，涵養著這個家，滋養這個家，這就是第二爻的「在中饋」。到了第三爻，也許會因為治法過嚴而傷了和氣，但這在防止家庭發生偏差方面是必須的，這種嚴肅的治家，要比放縱家人好一些，放縱家人，在起初也許能增進彼此的情感，但終會及於無法整飭的局面，因此，在這個階段，與其任由家人瀆玩，不如嚴一點，嚴一些最後還是吉的。到第四階段，由於家庭的法度已經建立基礎，偏差也糾正了過來，家庭在正確的途徑中成長，而有所獲，所以四爻是「富家大吉」，這是在家人合融一體之後的成就，所以稱「富」。「富」之後，第五階段「王假有家」，此時的家已經壯大，也擁有了相當的歷史，若是以法度維繫家，法度已有穩固基礎，此時宜施以「感格」，使家人能融為一體，而家道更能發揚光大。最後上九「有孚威如」，對待家人要有誠有信，而且要樹立威信，這樣，這個家庭才能持久下去。

肆、象傳

象曰：家人，女正位乎內，男正位乎外，男女正，天地之大義也。家人有嚴君焉，父母之謂也。父父，子子，兄兄，弟弟，夫夫，婦婦，而家道正，正家而天下定矣。

　　「女正位乎內」指二爻而言。因為二爻為內卦主爻，而且又是陰居陰位，所以說「女正位乎內」。「男正位乎外」指五爻而言。五爻為外卦主爻，而且又是陽居陽位，所以它是「正位乎外」。「男女正，天地之大義也」，講這一句的象以前，我們先看易例，易例：「陽不用初，陰不用上」。為什麼呢？「陽不用初」，拿人來比喻，人的精神意志思想是陽，五官百骸身體是陰，「陽不用初」就是說人在少年時期，精神意志不成形還不能用，莽莽撞撞地、丟三忘四地不能用，我們不能用少年人的計畫，因為它不成熟，這是「不用初」。初者，少之時，微陽，頭腦不成型，不能用。「陰不用上」呢？人體的五官百骸是陰，「上」是到了最後，是一卦之末了，也就是老之時，老之時，體力已經衰減，已經不能負重，所以要體力的工作，不能用老年人，這是「陰不用上」。這是用人來說明宇宙陰陽的法則。事實上不僅是人類，任何東西都是如此。既然「陽不用初，陰不用上」，就把這兩爻除外，可用的就只有二、三、四、五爻。所以說卦德居於中爻。二、三、四、五之中，用陽是用三用五，用陰是用二用四。三居三畫卦的天位，五居六畫卦的天位。四居三畫卦地位，三居六畫卦地位，所以三、五均居天位，二、四均居地位，是「天地之大義」。「男女正」，男指陽爻，女指陰爻，因為三五兩陽爻得正，而

三四兩陰爻也得正，所以說「男女正」，這是講「家」。

「女正位乎內，男正位乎外」是什麼意思呢？我們打個比喻，老雞孵小雞，雞蛋是陰，老雞體內的熱力用來孵小雞的是陽。若這雞蛋是不好的，老雞天天輸送這熱能，也無法使這雞蛋變成小雞。所以一定要檢查但是不是好的，有的老雞孵了一半就跑掉了，不孵了，這也不行，所以它的熱能要恰到好處，必須是雞蛋所需要的，這熱能的恰到好處，是「男正位乎外」。不僅老雞孵小雞是如此，宇宙萬物的化生都是如此。一粒種子是它的陰，種子是良好的，是「女正位乎內」。外需的養分、土壤、陽光、水分的供應要是當，才能使種子發芽，而其中最重要的是陽，是電，電能使種子開化，適當的陽做的供應，才能使這種子發出這秧苗。那陽能就是「男正位於外」。這是孔子以「男女」來形容陰陽的，當然，整個宇宙，陰陽、人類男女的發展都是如此。

「男女正，天地之大義也」是什麼意思？就是陰陽正；偏差，就不是「男女正」。陰應當是向內收縮的，這雞蛋裡蛋黃慢慢向內收縮，慢慢縮小了變成小雞，這陰才沒有偏差。陽是向外開展的，若陽不能向外開展，不當位，或者在那個時間，那個位置開展不了，例如我們常看見稻子，稻穗上有的滿殼，有的扁殼，什麼緣故？扁殼的是裡面的漿不足，這是由於熱能不夠，太陽能不夠，它灌不起來。這是陽不當位，陽不正。陰不正呢？陰不正是種子有問題，長出來的是稗子而不是稻子。所以陽不正、陰不正都不能發展成理想的現象，天地之大義，要男女正，就是要陰陽正；天地之大義是在化生，化生就是要陰陽都很正確，如果不正確，就化生不了，宇宙生生之道就滅絕了。

　　「家人有嚴君焉，父母之謂也」，這句話，歷來的先儒很費解，因為我們中國人過去有個觀念─嚴父慈母，那麼此處為什麼把父母比做「嚴君」呢？說是父母都是「嚴」的，而父母又都稱「君」，所以很費解。事實上不然。乾父坤母，父是乾固然嚴，母是坤固然柔，但有時也嚴，比方母親在家裡有母教，有家範，女孩子在家裡都要聽這些，這些都是很嚴的。其次，嚴是正，是不歪邪，是嚴肅，〈家人〉卦中，二五是主爻，指父母，而二陰五陽都居正，後有嚴象。再看「君」，以父母比「君」，父為乾陽，故可比君，母可比君嗎？關於這點，中國古人常說，父親是「家君」，母親為父親之配偶，稱「小君」，這是《儀禮》上的說法，同時舊時還有把妾稱做「細君」的，同此父母都可稱君。再其次，〈說卦〉曰：「乾以君之。」而君道嚴威，固曰嚴君，〈泰〉象曰：「后以裁成天地之道。」〈復〉象曰：「后不省方。」皆指坤言，《爾雅·釋詁》曰：「后，君也。」是故乾父坤母皆有嚴君之義。

　　至於「家人有嚴君焉，父母之謂也」的意義呢？是說明家中要有個頭緒，有個系統，有了系統，各爻才能凝為一體，這就卦中的三五兩爻，三五兩爻一歪，比如〈家人〉卦倒過來就變〈睽〉，系統就不行了。「家人有嚴君焉，父母之謂也」，是要家人尊敬父母，孝順父母，父母在家中的地位，一為嚴君一般，這個家才能維持久遠。過去我們國家對於王室，對於皇宮都要樹立他們的尊嚴，對於居位都很愛護，這是什麼道理呢？因為君王是國家的主持者，這個主持者的尊嚴存在，這個國家才能維持得很有秩序，否則就會大亂。每當國家要換個主持人的時候，國家總會發生大暴亂，損失很大，因此孔孟學說講尊君，這尊君，並不指是為著君王本人，主要是為了國家社會，是

爲了維持國家社會的安全而爲此。家庭也是一樣，爲了維持家庭的源遠流長，維持久遠，以及和諧一致、必須樹立父母的尊嚴，爲嚴君一般。

「父父、子子、兄兄、弟弟、夫夫、婦婦，而家道正，正家而天下定矣」，這卦原是由〈遯〉卦來的，〈遯〉卦乾爲父、艮爲子，是「父父、子子」，又〈家人〉卦五陽居君位，父也，三居艮位，子也，是「父父、子子」。又初居震爻，三居艮爻，震爲長男，是兄，艮爲少男，是弟，是「兄兄、弟弟」，又初居震，四居巽，震爲夫，巽爲婦，是「夫夫、婦婦」。這是這句話的象。意思是什麼呢？「父父、子子」是說，父盡了做父親的道理，子盡了做兒子的道理，父子都得位，父親像個父親，兒子像個兒子。哥哥像個哥哥，弟弟像個弟弟，「夫夫、婦婦」，做丈夫的像個丈夫，妻子像個妻子，各當其位，各行其道，所以家道正。一個家庭能這樣，當然好，所以家道正。「家正而天下定矣」，家道一正，天下就大定了。〈家人〉卦只有上爻不正，其他五爻都正，初至五有〈既濟〉大定之象，陽居陽而陰居陰，只有上爻陽居陰位，如果上爻一變，整個卦變成〈既濟〉定，就是天下大定。〈家人〉卦雖是上爻沒有變，上爻不正，辦事內在基礎正經定了，已經是陰陽和諧一體，已具定象，只等上爻一正，就可以變成天下大定的局面。這也就是說，先正家，而後天下可定，家正了，天下也跟著定了。

《大學》上說：「古之欲明明德於天下者，先治其國；欲治其國者，先齊其家；欲齊其家者，先修其身；欲修其身者，先正其心；欲正其心者，先誠其意；欲誠其意者，先致其知，致知在格物。物格而後知至，知至而後意誠，意誠而後心正，心正而後身修，身修而後

家齊，家齊而後國治，國治而後天下平。」《大學》這一套，就是由〈家人〉卦來的。所以說「家正而天下定矣」。

伍、大小象傳

象曰：風自火出，家人。君子以言有物而行有恆。

「風自火出，家人」，〈家人〉卦外卦是巽，內卦是離，巽為風，離為火，故曰風火。但為什麼說「風自火出」？過去舊式房子有灶房，灶放上有煙囪，那煙囪就叫突，「灶有火，突有風」，灶房燒火，煙囪上頭就有風，所以說「風自火出」。又按五行生剋，〈家人〉外卦為巽，巽為木、木生火，火是從木來的（中國講鑽木取火，燧人氏鑽木取火、現在還有澳洲土人拿著木條鑽木取火），火又生風，循環相生，所以說「風自火出」。所謂火生風，是說，風是由火的力量產生的，並不是空穴來風。火是哪來的？火是木產生的，這就表示所謂「風火〈家人〉」，它們是相互循環，像家人一樣。另外一個意思是說，一切東西都有一個源頭，風不是空穴來風，它是有個力量促使它產生的。它是有內容的，因此第二句「君子以言有物而行有恆」。「君子」，乾為君，震為言，三變為震，故言「言」。「物」，坤為物，坤為有，「有物」兩字之象由坤卦來。「引」，震為引，三變成震，為什麼三變成震？因為〈家人〉內卦為離，離震同根，在四象中（卦根），離和震的根都是少陰 **☲**，震是少陰的上加個陰，離是少陰的上加個陽，所以震與離是同根的。因此離卦很容易變成震卦，它倆脈絡是相通的。「行有恆」，「恆」字的卦象從哪來的？是從〈家人〉卦整個體象來的。〈家人〉卦由「閑有家」一直做

到「父父、子子、兄兄、弟弟、夫夫、婦婦」，把內在秩序整理好，徹頭徹尾地整理就是恆。

　　至於〈大象〉的意義，是勸人仿效「風自火出」的象來指導自己的言與行。「風自火出」，表示風的發生，是由於它背後有一股力量。不是憑空而起，君子法這個象，就要「言有物」不能隨便說話，沒有根據，沒有內容的話不能亂說，言必有物，有確切的事實。而且自己做不到的不能說，說了就是空話。若能這樣，言有物，在家庭社會，威信就樹立起來。在家庭裡，固言必有物，家人就不會忽視你的話，言出必行。推而廣之，國家也是如此，國家行政若也言之有物，言出必行，自然建立了威信，否則一句話講了三五年，始終沒有兌現，老百姓看了，認為政府說話從來不講信用，政府下了一道命令他就給你拖延，因此言必有物才能正家、正國。

　　「行有恆」，做起來始終是這樣做，不是半途而廢、比方有個父親叫兒子不要打牌，自己也不打牌，戒賭半年，手又癢起來了，三五朋友來了，又打了起來，他認為偶爾打一次無所謂，小孩子看了也認為如此；因此這打牌的禁令在家裡頭就行不起來。行有恆是君子做事情一定要徹頭徹尾，才能把法度豎立起來。

　　因為風自火出，裡頭有力量的，風自火出，火又可生風，風又可助火，這兩樣東西相吸的，言與行也是相吸的，行一定要徹頭徹尾的做才算有恆。孔子為正家之道而提出了這兩句話。假使我們當家長的，言不虛發，行不中斷，做是永遠這樣做，兒子看了自然就重視，而照著做，而且對你所說的話一樣重視。

初九象曰：閑有家，志未變也。

初爻應四，二三四互坎，坎爲志，初四相應，志未變也。什麼意思呢？〈家人〉初爻是剛剛整飭變動之時，這裡是剛剛開始，「志」它怎麼會改變呢？凡是志改變了，都是中途受了阻折。所定的目標達成了，才有所改變。所以「閑有家，志未變也」是剛剛開始之法度，談不上變。

六二象曰：六二之吉，順以巽也。

二應五，五居巽，二爻本身是坤陰，坤爲順爲柔，二應五是二柔順於五剛也，故曰「順以巽也」。

九三象曰：家人嗃嗃，未失也，婦子嘻嘻，失家節也。

三爻變，二三四互坤，坤爲失，但陽居三成坎，沒有失，故曰「未失」。「嗃嗃」是嚴肅的樣子，九三陽剛，過於威猛，故有過嚴之象，雖過於嚴酷，但沒有損失。「婦子嘻嘻」，內卦爲離，離中女，婦之象。三居坎，坎中男，子之象，是「婦子」。三變爲震，震爲「笑顏啞啞」，有「嘻嘻」之象。「節」爲法度，三居坎，坎爲法，法即節也。「婦子嘻嘻，失家節也」，這句是和「與其奢也寧儉」（《論語・八佾》）是一樣的，男女無別、亂七八糟的，不如嚴肅一些，還不會有什麼損失，否則真的瀆玩無節，就不可收拾了。

六四象曰：富家大吉，順在位也。

「順在位也」，就是說一家人不論男女、老少、兄弟，都各安其

位，都是順著嚴君的命令、各正其位，各盡本分，雖是分頭並進，看起來似乎是很多人，做起來似乎只有一個人。「順在位也」，四爻是巽，巽是順，四爻以陰居陰，得位，是「順在位」。這是說家裡的人都很和順，你順著我，我順著你，相互成就。「在位」，各得其所，各個人都發展自己的，讀書的讀書，種田的種田，作工的作工，各安其份，各正其事，「順在位也」。

九五象曰：王假有家，交相愛也。

為什麼九五講「王假有家，交相愛也」？到了五爻，陰陽已經融合了，完全一致。「交相愛也」，是陰為陽吸收，陽為陰吸收，陰化陽，陽化陰，表示陰陽的相交變化。「愛」，五居乾，乾為愛，又二、四之陰與初、三、五之陽相應，有交之象，故言「交相愛也」。

上九象曰：威如之吉，反身之謂也。

上與三應，要變而下居於三，二三四互坤，坤為身，是為「反身」，又上變居三，三上居上，成〈既濟〉定，吉象也，故曰「威如之吉，反身之謂也」。所謂「反身」就是反身檢討，家的整理到了最後，要反身檢討，是否合乎威如，或恩威並濟的標準，這樣才能吉祥。也就是說，你若想永久維繫你在家中的威嚴，必須不斷的反身檢討自己做的對嗎？是否以身作則，若能如此檢討，修正自己，才能樹立自己在家中的尊嚴。

第三十八卦

睽卦

周鼎珩講　陳素素記錄

睽

離　兌
上　下

──此係〈艮〉宮四世卦，消息十二月，旁通〈蹇〉，反對〈家人〉。

壹、總說

佈卦的次序

今天接著報告〈睽〉卦。上次我們講到〈家人〉，〈家人〉是在〈明夷〉受傷以後，社會亂了，於是就從最基本上重新來做次序的整理。可是無論是自然次序也好、社會次序也好，這個次序雖經過整理，它並不是一成不變的，因為萬有法則是生生不已，天天在變化不停的，是周流六虛、變動不居的，既然會變，當然基本次序不管整理到怎麼完美，它最後還是有變的一天。所以在〈家人〉卦裡頭，三

爻有「失節」的微辭，上爻有「有孚，威如」，反身檢討的戒辭。為什麼呢？三爻是內卦之終，上爻是全卦之終，所以〈家人〉到了最後，有窮的時候，基本次序雖經整理，經過若干的時間，它還是有窮的時候，有這個鬆弛懈怠的時候，所以在〈序卦〉講：「家道窮也必乖，故受之以〈睽〉。睽者，乖也。」家道窮的時候，必定乖，乖者支離破碎的樣子，社會整個的次序被打成一片一片、一斷一斷的，相互之間，貫穿不了。家人是講基本的組織體，但是宇宙間一聲講到這個「體」，不管它什麼體，像地球這樣子吧，那最大、最精細的了，它還有地老天荒的一天，上次我們在講易例的時候，講到地球只有一百六十七億的壽命，到了一百六十七億以後，地球就變成掃帚星了，掃帚星就是太空死亡的星球，所以凡是有體的東西，最後都是要毀滅、都是要崩潰的。

那麼家人是人類的基本組織體，從基本的組織體把他一點一點的凝結起來，可是凝結久了，物極必反，它就支離破碎了，所以〈家人〉卦接著就是〈睽〉卦。當然如果合乎家人的條件，父父、子子、兄兄、弟弟、夫夫、婦婦，合乎這個條件，可以維持得比較久一點；不過雖是維持得久，到最後還是要支離破碎。因為宇宙間沒有任何一個體可以維持永遠不壞的，比方房子吧！做個二十年、三十年，它一定倒塌的。我們打開中國政治歷史，無論那一朝代，比方周朝德厚，它享有的國祚，也只有八百幾十年，其餘的，我們看夏朝四百多年，宋朝三百年，明朝二百七十二年，清朝二百六十八年，沒有一個朝代是超過一千年的，也就是這個體不會維持太久的，最後都會壞的，這就是為什麼〈家人〉之後佈之以〈睽〉的道理。以上是卦序。

成卦的體例

　　外卦是離，內卦是兌。離為火，火是炎上的，兌為澤，澤是下降的，所謂「深山大澤」，那個「大澤」，古代就是指那個「海」，比那江、湖、河都還要低。本來這個火是炎上的，現在居住在卦體之上，它又往上跑；澤本來是下降的，現在居住在卦體之下，它又往下降。卦是講卦氣的，外卦的氣往外跑，內卦的氣往下降，兩氣不交，互為扞格，愈離愈遠，所以就「睽」，「睽」就是乖離歧異的意思。兌卦和坎卦是同一個源頭，假定不塞坎成兌的話，底下是坎，那就變成火水〈未濟〉。火水〈未濟〉是六十四卦最後一卦，表示什麼呢？表示這一環，到了最後，整個的亂了，初爻位置是陽，陰居著；二爻位置是陰，陽居著；三爻位置是陽，陰居著；四爻位置是陰，陽居著；五爻位置是陽，陰居著；上爻位置是陰，陽居著，六爻整個悖亂了。無論是宇宙現象，無論是人類社會一切現象，到了〈未濟〉，這個現象不能再支持下去了。不能再支持下去，怎麼辦呢？再從乾、坤重新再造，所以〈未濟〉以後，貞下起元，再佈乾卦，因此〈未濟〉是最亂的時候。可是我們〈睽〉卦僅次於〈未濟〉，還沒到那個程度，它底下不是坎，是兌，六爻雖是亂了，還有一爻是正的。初爻是陽居陽位，初爻還是正，表示最基本的、最裡頭的核心，還有點點生命力，還沒有完，就和那個樹最底下那個小根還沒有爛掉一樣，還可以慢慢給它扶起重長；如果連這個根都爛了，那就要從頭來了。這個卦雖是未到〈未濟〉悖亂的時候，可是這個分崩離析的狀態，除了初爻而外，都是〈未濟〉的狀態，已經亂到相當的程度，所以名之為「睽」，這是第一個體象。

　　第二，《說文》上說：「睽，目不相聽也。」段注：「聽猶順

也，二女志不同行，猶二目不同視也，故卦曰〈睽〉。」第二個呢，我看到你，你沒看到我，有些人很沒有禮貌，你和他講話，他把眼睛看別處，尤其在臺上居高位的人，小部下前來報告，他看不起那小部下，他眼睛不看你，看到邊上，這個很不禮貌，這個就是「目不同視」。怎麼「目不同視」呢？這個卦裡頭有兩個眼睛，除了初爻而外，由二爻到四爻，互成離；由四爻到上爻，又互成一個離，離爲目，兩個眼睛垛起來了。可是它和〈離〉卦不同，〈離〉卦是兩個眼睛分爲二體，這個是兩個眼睛互成一個坎，坎爲隱伏，坎爲陷溺，兩個眼睛中間互成坎，眼睛隱伏掉了，陷溺掉了，這是一個。其次，二目所以「不同視」呢，是因爲有九四這一爻居於兩離之間，梗住了。三爻和上爻相應，所謂相應，兩個就要互換位置，三爻就要跑到上爻去，上爻就要跑到三爻來。三爻爲什麼上去呢？因爲上爻是陽啊！陰陽要互相交換，可是三爻要上去，四爻在中間隔住了，四爻也是陽，把它拖住了，上爻是它的丈夫，但是它旁邊有個男朋友把它拖住了，不許它上去。二五相應，五爻要下來的話，又是四爻給它阻擋了，五爻下來就這二爻的陽，四爻說：「你不要就這個陽，我就是個陽。」它把五爻拖住了。因此這個卦裡，就是二爻和五爻正應，三爻和上爻正應，卦氣之流暢，就靠這幾個爻。現在九四這一爻，它自己無正應，它和初爻居應位，但是不相應，它自己無正應，而居中間隔二爻和五爻、五爻和上爻，所以就變成乖離歧異的現象，「目不同視」，這是第二個體象。

　　第三，我們剛才講過，〈家人〉是初爻至五爻，有〈既濟〉的體象：初爻陽位，陽居著；二爻陰位，陰居著；三爻陽位，陽居著；四爻陰位，陰居著；五爻陽位，陽居著，是個〈既濟〉狀態。〈家人〉

之所以沒有到了〈既濟〉呢，只是上爻沒有正，如果上爻一變正，就是水火〈既濟〉，所以〈家人〉內在調和的狀態，僅次於〈既濟〉。反過來，〈睽〉卦二爻到上爻，有〈未濟〉的體象：二爻陰位，陽居之；三爻陽位，陰居之；四爻陰位，陽居之；五爻陽位，陰居之；上爻陰位，陽居之。除了初爻而外，二爻到上爻，整個都是〈未濟〉的體象，只是內的，以陰爻為主。這個道理，我們過去講過，所謂「萬綠從中一點紅」，綠的多在還有一點核心沒有爛得掉。它所以沒到了〈未濟〉呢，僅有初爻的這一爻還沒有亂，如果這個一亂了，就會變成〈未濟〉，所以〈睽〉卦的悖亂，僅次於〈未濟〉。這兩卦都是陰卦，「陽卦多陰，陰卦多陽」，凡是卦裡頭，陽爻多，於是紅的就特別貴重。這個道理，在我們的命裡頭，看生理之狀況，非常之正確。假使這個身體，是秋冬出世的，陰氣很重，都是金水情況，可是裡頭只有一點火，那這個人就是火的作用非常之大：在他性情來講，你別看他那個陰性啦！他火氣暴燥的，一句話不合，他脾氣就來了；在體型來講，他皮膚比較黑，比較粗糙；在他飲食來講呢，他吃東西很容易消化。就那一點火，它發生作用。假使是春夏天出世的，裡頭只一點水，那一點水作用很大：這個人特別聰明，頭腦活潑得很，但是非常之浮，說話靠不住，早上講話，晚上就不承認了，可是他很聰明，就是那一點水發生作用。因此，孔子〈繫辭〉上講：「陽卦多陰，陰卦多陽。」不曉得我們先聖先賢怎麼懂這個道理。就是那個卦裡，陽爻多了，只有一、二個陰爻，陰爻發生作用，那卦就是陰卦，以陰爻為主。這二個卦都是四陽二陰的卦，以陰為主，所以叫做陰卦。

　　在〈家人〉裡頭，這二個陰爻，就是坤的兩個陰爻到了乾體來了，居在二、四的位置。所居的位置恰到好處，陰爻居於二、四的位

置，正當位；而且它居在二、四的位置，這個陽爻一、三、五都爲它所用。拿二爻來講吧：五爻是它的正應，可以調和它；三爻，它承著，當然近水樓臺，可以調和它；它下頭據著初爻，所以初、三、五，三個爻都爲它所用。拿四爻來講，四爻與初爻相應，初爻是調和它的；它仰承著五爻，五爻是可以調和它的；它下頭據著三爻，所以初、三、五，三個爻都爲它所用。因此〈家人〉卦坤陰二、四居正位，除了上爻而外，初、三、五，三個陽爻都爲它所用。就〈家人〉卦這個體例來講，它這個基本組織已經精誠團結，協和一致，只是上爻不正，外在的形式上還沒有到達；外在的形式一變，就變成〈既濟〉大定。至於〈睽〉卦，也是坤的二個陰爻鑽到乾裡來，可是它居於三、五的位置，陰爻不當位，陰爻不當位，是陰不能發生作用。三是陽位，陰爻居之；五是陽位，陰爻居之。它陽爻是二、四、上，陽爻也不當位，陽爻不當位，是陽不能發生作用。這個陽爻和陰爻不當位，不能發生作用，是什麼意思呢？我們拿實例來比，比如說，我們家裡擺的電視機，電視機是陰，陽是外頭那個天線、地線，如果電視機位置擺得不對，天地線就接不上來。陰陽不當位，陰陽就不能發生作用，電視機開開來就沒有畫面，這就是〈睽〉卦的第三個體象。

　　第四個體象，〈睽〉卦高頭是離，底下是兌，離爲中女，兌爲少女，孔子在〈象辭〉裡講：「二女同居，其志不同行。」二個人各懷異志，你想你的，我想我的，同床異夢，根本上下不相謀。什麼道理呢？你說這個〈睽〉卦是「二女同居，其志不同行」，那〈家人〉卦，高頭是巽，是長女，底下是離，是中女，也是「二女同居」啊！爲什麼孔子在〈象辭〉不講「二女同居，其志不同行」呢？只有〈革〉卦是「二女同居，其志不相得」，〈睽〉卦是「二女同居，其

志不同行」，爲什麼呢？我們來分解這個體象，〈家人〉卦這個長女和中女是什麼呢？長子代父，長女代母，乾卦不在，就是震卦主事，坤卦不在，就是巽卦主事。巽卦是嫡長，有個嫡長，就有個統率，有個統率，就不至於「其志不同行」，不至於「其志不相得」。這個家人有嫡長，長女可以代母的，因此它可以統率這個中女，所以在〈家人‧彖辭〉裡講：「家人有嚴君，父母之謂也。」至於這個〈睽〉卦沒有嫡長，於是這個中女、少女，他們各事其事，所以就成乖離歧異的狀況，這是第四個體象。

最後還有一點，二陰四陽的卦都是從〈遯〉、〈大壯〉來的，但是這個卦不是直接從〈遯〉、〈大壯〉來的，它是間接從〈遯〉、〈大壯〉來的，它直接從〈无妄〉來的。〈无妄〉是「天雷〈无妄〉」，〈无妄〉二爻到了五爻，五爻到了二爻，兩爻易位，變成〈睽〉。〈无妄〉是沒有偏差的、眞實不虛的，所以叫做〈无妄〉，在〈无妄〉二、五兩個主爻當位，現在二、五易位，二五兩爻都不當位，所以變成〈睽〉。〈无妄〉，本來「不偏差」，二、五易位，一掉過頭來，反而「偏差」，變成〈睽〉卦，這是第五個體象。

立卦的意義

我們接著講卦義，這個卦意義很大，作用也很大，我們剛剛講過，「乖離歧異」四個字可以形容〈睽〉卦的境界。但是宇宙間，在乖離歧異當中，有個不乖離、不歧異的東西存在，不管它是什麼乖離歧異的現象，它到了最後一個段落，都有不乖離、不歧異的現象。所以「睽」是分，但分而有合，《三國演義》裡面講：「話說天下大勢，分久必合，合久必分。」「睽」是分崩離析的現象，但是除非字

宙滅絕，宇宙不滅絕的話，最後必有合的一個階段，宇宙最後必有不乖離、不歧異的東西存在。宇宙化生萬物，品類非常的繁雜，那麼這樣看起來，好像彼此不相干，乖離歧異的現象，大魚吃小魚，小魚吃蝦子，彼此根本不相顧。乍看好像如此，可是真正進一步的研究，它彼此之間，有個相需而存的地方、相依而存的地方，比方我們人類和植物就是相需而存，植物所不需要的東西，我們動物就需要，動物不要的東西，植物要。在人類社會來講，乖離歧異的地方很多，比如說，這個社會上，有這個貧、富、貴、賤，高低不平衡的地方，因此看來都是支離破碎的，可是不管他是貧也好，富也好，貴也好，賤也好，到著某一個時候，人類的心情都有空虛的時候，貧人有心靈空虛的時候，富人呢？他到了某一個時候，心裡也難排遣：滿清第一位皇帝順治，皇帝不做了，去做和尚；民國段祺瑞也參禪，就是覺得心靈空虛，沒什麼意思。釋迦牟尼最聰明，他曉得人類無論貧、富、貴、賤，那一等級的人，那個心靈總有不得安頓的時候，我設一個佛教，佛教就是人類的心靈療養所，你們心靈破碎了，到我這兒來，我來給你醫心靈破碎的毛病，所以釋迦牟尼聰明到極點，他就看到人類固然是支離破碎，他的最後共同要求只一點。其它各種宗教的發達，其道理亦如此。

　　所以我們學〈睽〉卦，就是想法子在支離破碎當中，把握這個共同的一點。戰國的時候，爾虞我詐，你打我，我打你，互不相謀，蘇秦看這一點，你六國諸侯不管怎麼爾虞我詐，都有個共同點，他六國共同點，總是要自己的江山永遠的保持下去啊，於是乎蘇秦就根據這一點說服六國諸侯，你們這樣子搞，你們彼此都存在不了，蘇秦就把握住這個共同點，來把這個乖離歧異的六國合併起來了，所以他可以

佩六國相印。今天共產黨是最乖離歧異的，弄得父子不相親、夫妻不相顧，在這個社會上，對於另外一個人都不敢說話，那真是乖離歧異到了極點，打成一片一片的、一斷一斷的，貫通不起來，但是不管共匪他怎樣巧妙地把社會支解到支離破碎的程度，人類最後還是有個共同點是心靈空虛，這一套對於共產黨不適用，他講無神論的，各位先生，我們學這個卦，就是學如何的合「睽」，把「睽」合起來，中國大陸到了支離破碎的時候，要「合」，就要抓住它的共同點，這個共同點在什麼地方呢？在我們用最高的智慧去找，這是第一個卦義。

第二個，在〈睽〉卦的時候，我們一睜開眼睛，就是破破爛爛的、彼此分崩離析的狀況。在這個情況之下，假使我們拿忿激之情，來對待分崩離析的局面，那愈來愈壞。分崩離析的局面，絕不是忿激之情，可以消滅得了的，你愈忿激，愈分崩離析，等於抱薪救火一樣。那我們處在分崩離析的睽乖的時候，怎麼辦呢？第一個宜寧靜，第二個宜寬容。為什麼要寧靜呢？因為在分崩離析的狀況裡，人情一定很偏激，動不動可以冒火的，你打我、我打你，互相殘殺，互相鬪爭，互不相容，根本一點點含蓄都沒有。到了這個情況，如果你不寧靜，你自己也火氣暴燥的，更增加他火氣暴燥的分崩離析，連你自己也是分崩離析的一分子了。所以我們要駕馭分崩離析，自己把自己凌空著看，自己不著痕跡的，很寧靜的觀察它。為什麼要寧靜呢？因為愈是分崩離析，他人情愈是偏激，這種偏激的情緒不會太久的，《老子‧第二十三章》所謂：「飄風不終朝，驟雨不終日。」分崩離析等於驟雨飄風一樣，不會太持久的。我們寧靜自持，第一個可以保持自己情緒不亂，腳步不亂。第二個寧靜可以坐以待時，在那個分崩離析的局面，有一點空隙的機緣，我們就把它抓住，但是這一種空隙的機緣，是要我們看得很清楚，我們要什麼時候才能看得很清楚呢？一定

要在自己很寧靜，很清醒的時候，才看得出來。自己也是火氣暴燥的，也是分崩離析的一分子，那自己頭腦子已經不夠用了，那怎麼能觀察那個分崩離析的機緣呢？觀察不出來那個機緣，你就把握不了那個機緣，所以第一個要寧靜自己。第二個要寬容，在分崩離析的局面，他人情是偏激的，他一點含潤都沒有，白刀子進，紅刀子出，動不動就殺你，就宰你，現在共產黨的表現就是如此。假使你在這樣的社會，你總不能離開人群，你遇到那些牛鬼蛇神的東西，你要是和他斤斤計較，連自己腦袋瓜子也保不住，你自己就存在不下去。因此我們對抗牛鬼蛇神這些傢伙，只好寬容對待。這個寬容他，並不是放縱他，是來成全自己、保全自己，因為這些人他一點不留餘地，他不是忠厚的人，你不寬容，結果自己很容易遭到傷害。所以在這個支離破碎的時候，要經常把握住兩個基本態度，一個是寧靜，一個是寬容。這是第二個意義。

　　第三，睽乖的時候，一切表現都是支離破碎。在這個支離破碎中間，除非像釋迦牟尼抓住人類共同點、蘇秦抓住六國共同點，能有所作為外，否則沒有法子大有作為。那沒有法子大有作為，怎麼辦呢？我們只有退一步來求之在我，求得我們自己局部的成就。因為這個時候，你無法用力嘛！無法回天嘛！在無法回天之前，我們每一個人求之在我，造成局部的成效；我們不能因為支離破碎的局面，就把我們的光陰白費了，連我們的局部成就都犧牲了，這個損失就太大了。所以儘管「大的」我們無法回天，「小的」我們求得我們自我的成就。每一個人都求得自我的成就，集合起來，就是大成就。這樣子，最後也可以合「睽」。所以，在睽乖的時候，最好有局部的成就，而且也最容易有局部的成就，我們要好好把握才好。這是學〈睽〉卦的第三個意義。

貳、彖辭（即卦辭）

〈睽〉：小事，吉。

卦辭：「睽，小事，吉。」什麼意思？易例：爻位有君臣的位置，所謂君臣就是主從；普通五爻是君位，二爻是臣位；所謂君位就是主位，臣位就是從位。「君臣」二字，過去有多少人都不願講，尤其五四運動那些先生，好像君臣是封建的意思。其實「君」字是主宰的意思，「臣」字是輔助的意思。「君臣」這二個名詞，並不一定說皇帝、說臣子。我們中醫開方子，用那個藥作主藥，那個藥就是君藥；用那個藥輔助主藥，那個藥就是臣藥。「君臣」不一定就是說皇帝、說臣下，這兩個字是形容主從關係的。所以易例裡頭有君臣的位置，五爻是君位，二爻是臣位，就是五爻是主位，二爻是從位。在〈家人〉卦裡頭，君位是陽，臣位是陰，陰是臣，陽是君，乾為君，坤為臣，恰好它是陽爻居陽位，君得君位，陰爻居陰位，臣得臣位，所以主從的關係，非常之順。

可是掉過來，〈睽〉卦這個主從關係，就不對了，它坤陰是臣，居於君位，它乾陽是君，居於臣位，君臣顛倒，主從倒置。那麼這個表示什麼呢？這個主從關係順利的時候，是表示以臣就君，陰來從陽；主從位置一顛倒，就表示以君就臣，陽來從陰。〈家人〉卦是「陰來就陽」，〈睽〉卦是「陽來就陰」。「陽來就陰」、「陰來就陽」，有什麼區別呢？我們先講「陰來就陽」，就是一個國家、一個政府把所有人才都羅列住了，並且所有的人才都讓他發揮作用，那麼辦教育的發揮教育、辦文化的發揮文化、辦工程的發揮工程、辦機械的發揮機械、辦電器的發揮電器。這是有了人才，再發揮事業，以人

才發揮事業，它最後的成就是全面的，〈家人〉的狀況就是如此──「陰來就陽，以陽爲主」。至於〈睽〉卦則不然，〈睽〉卦是「陽來就陰，以陰爲主」，以事業來找人才，人才找到了，不過才發揮這個事業而已。比方修高速公路吧！爲修高速公路而找工程人才，工程人才是陽，高速公路是陰，陰爲主體，工程人才找到了，把高速公路修好了，所成就的，就是這麼一條路，它所成就的是局部的，因此〈睽〉卦卦辭說「小事，吉」。陽大陰小，那個〈家人〉是以陽爲主，所成就者大；這個〈睽〉卦以陰爲主，所成就者小。所以我們剛才講卦義，處在睽乖的時候，只能退一步想，成就局部的。「小事，吉」的象從哪兒來？坤爲小，坤爲事，所以講「小事，吉」。

參、爻辭

初九：悔亡，喪馬，勿逐，自復，見惡人，无咎。

　　初是〈睽〉卦的開始，在開始就居到乖離的境界，當然有「悔」。但是我剛才講這個卦體，整個由二爻到上爻都是〈未濟〉的亂象，只是初爻這個核心還沒有亂，所以初爻還是得位居正，因此「悔亡」，沒有悔。「喪馬，勿逐」，「喪」字由〈无妄〉來的，〈无妄〉初爻一變，就成坤，坤爲「喪」，坤爲喪是納甲的說法，坤是卅，月晦了，光明喪失了，所以坤爲喪。「馬」，這個卦本來是來自〈无妄〉，〈无妄〉初爻居震，震爲「馬」，但是二、五易位，變成〈睽〉，震體毀了，震馬不見，所以「喪馬」。

　　「勿逐」，〈无妄〉初爻居震，震爲行走，有「逐」之象，本來易例爻位，初爻是震爻，也是「逐」之象。〈无妄〉二、三、四互成

艮，艮爲止，往前追逐，就停止了，所以講「勿逐」。

「自復」，〈无妄〉初變爲坤，坤爲「自」。〈无妄〉內卦是震，震有〈復〉卦的體象；同時，初爲震爻，震爲「復」，所以講「復」。「見惡人」，初、四相應，二、三、四互成離，離爲目，「見」之象也。「惡人」是指四爻而言，四爻互成離，離爲戈兵、爲甲冑，四爻是居於人位，一個人披著甲冑、帶著戈兵，「惡人」也。卦象是如此，現在交代意義，「初九，悔亡」，這是以爻位而發生斷辭，所謂「初九」，就是「九居於初」，「九居於初」就是「陽居於初」，「陽居於初」就是當位得正，所以「悔亡」，沒有什麼懊惱的，沒有什麼損害。

「喪馬，勿逐」，「馬」是個行動的東西，但是整個社會打成一片一片的、一斷一斷的，支離破碎的，你想行動，行動不了，你想做，做不通啊！做不通，就是「喪馬」，你在這個時候，要「勿逐」，陰位你愈想法子走通，愈走不通，不要再進逐了。「自復」，你不要追求它行進，它自自然然的可以恢復這個行進的機緣，就是「往者不追」的意思。

「見惡人，无咎」，在支離破碎的開始，我們不能錙銖必較，眼睛裡頭藏不住砂子，那樣子密察入微的，那個不行，你愈密察入微，心裡就有個芥蒂，你心裡有個芥蒂，難免就有所表現，於是乎社會上看到你的表現，就愈支離破碎，愈和你扞格不入，因此我們不能錙銖必較，「惡人」不能拒而不見，你愈拒而不見，他愈找你麻煩，那個支離破碎，已經沒有是非標準了，你講你的，他講他的，你講這個對，他講這個不對，所以雖是「惡人」，我們也不能夠拒而不見，假使拒而不見，就增加惡人的忌諱，反而出毛病，不拒而不見，就无

咎，初爻是如此，就是「往者不追，來者不拒」。

九二：遇主于巷，无咎。

　　「主」字的卦象源頭是那兒來的呢？是從「震」字來的，因爲四爻一變，二爻居「震」，在〈无妄〉卦裡頭，二爻也是居「震」，震爲長子主器，器就是指神器而言，往年國家的九鼎、國家的寶鼎，那就是「器」，父親不在了，就由長子繼承主器，所以有「主」之象。「巷」字是從那來的呢？〈睽〉來自〈无妄〉，〈无妄〉二、三、四互成艮，艮爲小徑，又爲宮闕，宮闕的小徑，那不就是「巷」嗎？「遇」者，按《穀梁傳》的解釋，是不期而會（《穀梁傳・隱公八年》：「不期而會曰遇。」）。二、五呼應，二是臣位，是從，五是君位，是主，二、五是君臣主從的關係，「遇主于巷」，「主」就是指五爻而言，二五君臣相見應當在廟堂之上，現在在巷子裡碰到了，在宮闕上的小徑上碰到了，豈不是「遇」了嗎？以上是象，至於意思是什麼呢？假使在支離破碎的時候，我們不能夠直道而行，我們愈直道而行，愈支離破碎，所以有不期而遇的場合，儘管去會合，不要迴避，在平時，君臣會見怎麼能在巷子裡呢？可是在睽乖的時候，不能這樣講，「睽」乖的時候，我們合「睽」，我們救濟這個睽乖的現象，只要有會見，就是解「睽」了，起碼可以減少乖離的成分，所以說「遇主于巷，无咎」，沒有毛病。

六三：見輿曳，其牛掣，其人天且劓，无初，有終。

　　「掣」在漢《易》本子作「觢」字，後人改作「掣」字。三爻居離，離爲目，有「見」之象。三爻互坎，坎爲「輿」。「曳」就是

搖擺不定，坎有搖擺不定之象，同時三爻互成坎，是在兌卦之上，兌爲毀折，也有「曳」之象，一毀折，那個車子就搖擺不定，走不動啦！「觢」字是牛角一俯一仰，牛角爲什麼一俯一仰呢？這個牛拖著車子走不動，頭這麼僵住了，頭僵住了，一個角朝天，一個角朝地，所以講牛角一俯一仰。「牛」三爻居離，離爲黃牛，有「牛」之象。「觢」，三爻居離，三、四、五又互成坎，坎離交叉，離是上，坎是下，一上一下，就是一個角朝上，一個角朝下。

「其人天且劓」，虞翻講「其人」是指那個「惡人」，指四爻，此說不取，因爲我們是講三爻，講三爻就是指三爻，三居在人位，所以「其人」。「天」，墨刑稱「天」，什麼叫墨刑呢？墨刑又叫黥刑，漢朝有個黥布，就是犯法的，頭上刺字的。「劓」就是割鼻子的刑法，這個卦是從〈无妄〉卦來的，〈无妄〉卦二爻陰爻，跑到五爻去了，外卦是乾，乾爲天，把天破掉了，所以講「天」。在〈无妄〉卦二爻互艮，艮爲鼻，可是現在五爻下來，艮象不存了，把鼻子切掉了，所以講「劓」；同時，外卦爲離，離爲戈兵，於是乎把鼻子切掉了，「劓」之象也。「无初，有終」，沒有初而有結果。以上是象，至於意思是什麼呢？睽乖到了第三階段，支離破碎已經到了極點了，「見輿曳」，看到車子在那兒，輪子壞了，拖不動，搖擺不定。「其牛觢」，往年是牛車，拖車的牛僵住了頸子，一個角朝上，一個角朝下，在那兒拖不動。「其人天且劓」，主宰這個車子的人，頭上刺了字，而又把鼻子割掉了，是個不完全的人。這個人是主宰的，車子是行的工具，牛是講動力，目前所見到的現象，行的工具不夠，動力的能量也不夠，主宰的人是受了傷害的人，也不夠了，這是形容這個社會支離破碎，根本上沒有法子行進。

「无初，有終」，有兩個解釋，第一個，虞翻的解釋，三爻和上
爻相應，它最後可以得到陽爻的幫助，雖說沒有開始，可是最後有個
結果，根據他這個解釋，就是雖是工具不夠、動力不夠、主宰不夠，
都是支離破爛的，可是支離破爛不是永久支離破爛，最後還有一個成
就的時候，這是一個說法。第二個說法，「无初」就是不能夠有所創
造，「有終」就是最好慢慢的、寧靜寬容的、有修養的來等待以後的
結果，根據這個說法，「无初，有終」是告訴我們凡是睽乖，有合睽
的一天，現在我們看到這個支離破碎到了極點了，固然我們不能在這
個時候有所創造，可是我們應該圖謀最後一個成果。

九四：睽孤，遇元夫，交孚，厲，无咎。

九四與初爻相應，但初爻也是陽，所以九四無應，而且九四互
坎，坎為陷，陷於二陰之間；九四既無應，又陷於二陰之間，所以成
為一種「孤獨」的現象。同時我們過去講卦體的時候，〈睽〉是目不
相視的，我們人與人之間能夠結合在一起，第一個要以目結緣，我看
著你，你看著我，假使我看著你，你不看著我，這兩個人就根本不得
到一塊來，〈睽〉卦高頭是個離卦，底下也是個離卦，二個離卦，中
間互著一個坎，坎為幽暗，二個眼睛限於幽暗；而且九四這一爻居間
間隔了，三、上相應，三爻如果上去的話，九四把它拖住了，二、五
相應，五爻要下來的話，九四給它間住了，九四變成中間一個梗阻，
使得二目不相交，所以成為一個「孤獨」的現象，「孤」字的象是這
麼來的。「遇」字的象從那兒來的呢？前頭講「遇主于巷」，「遇」
就是不期而會，不是正當的會合，四爻與初爻是居於應位，但是二個
都是陽，不相應，只是有同德之雅，你也是陽，我也是陽，你對於這
件事情是站在精神方面來看，我對於這件事情也是站在精神方面來

看，因此發生結合的因緣，這一種叫「遇」。

　　「元夫」的象從那兒來的呢？初爻是震爻，（六子的爻位，初是震爻，二是離爻，三是艮爻，四是巽爻，五是坎爻，上是兌爻），同時這個卦是從〈无妄〉來的，〈无妄〉初爻是居震，震是「元夫」，震卦是乾卦初爻─乾元鑽到坤體裡面，所以講「元」；震是長子，有大夫之象，所以講「夫」，因此震就叫「元夫」。「元夫」兩個字是什麼意思呢？「乾元」就是善之長也，乾陽的第一爻，就是從太極剛剛開始來的那一爻，就是生機之樞紐所在的地方，等於儒家所講的「仁」字，比如說，我們見到不平的事情，身上就發生一種感覺不太對，或者父母死了，自己哀痛得不得了；比方看到一件車禍壓死人，壓著腦漿迸裂，壓死的是誰，我們也不知道，可是我們覺得難受，毛管子都豎起來了，那種作用，就是「仁」的作用。孟子講「仁者無敵於天下」（《孟子·梁惠王上》），假使一種想法、一種動作，是眞正出於「丹田之氣」，從「至性」發揮出來的，那個力量大得很，我們常常看到道家做工夫，做著手心可以發電，小肚子可以發電，可以煮雞蛋，這個是從那兒來的呢？是從那個「仁性」，那個「生命的樞紐」發出來的，孔孟學說講「仁」字，就是講這個東西。假使你對待朋友，完全出於「丹田至性」，朋友已經被你感化了，對你也就好；假使你對待天下的老百姓，拿「丹田的至性」，那老百姓哪一個不擁戴你？天下人的力量，變成你的力量，那當然無敵於天下，所以這個「乾元」拿孔孟學說解釋，就是這個「仁」字，生機的樞紐。所謂「桃仁」、「杏仁」、「花生仁」，都是講仁，就表示有生機；比方我們身體上麻痺了，叫「麻木不仁」，「麻木不仁」是什麼意思？表示沒有生機了；那足見沒有生機就「不仁」，有了生機就「仁」，乾

卦的初爻—乾元，指的就是這個東西—「仁」，所以「遇元夫」。

其次，「交孚」，震爲「交」，爲什麼？〈復〉卦〈象傳〉上說：「復，其見天地之心乎！」〈乾〉的初爻開始鑽到〈坤〉卦裡，就變成震，震是乾坤開始相交，所以震爲「交」。〈說卦〉上說：「帝出乎震。」這個最高的主宰是從震卦先出來，震是乾坤始交的地方，所以震爲「交」。「孚」，三、四、五互成坎，坎爲「孚」，九四居在坎的主爻，所以有「孚」之象。「厲」，坎爲險難，爲憂慮，險難而憂慮，爲「厲」之象也。「无咎」是斷辭。

以上是九四這一爻卦象的源頭。歷來的先儒們解釋這一爻都相當混沌，沒有做一個切實的交代，這一爻相當難講，因爲它解釋內在的心性。「睽孤」是什麼意思？在三爻的時候，「見輿曳，其牛掣，其人天且劓，无初，有終」，支離破碎到了極點了，整個現象不能向前推進了，四爻正好是在三爻之後，所以接著講「睽孤」，不僅是「睽」，而且到著孤獨的時候，就是社會上整個打成片斷片斷的，沒有說話的人，沒有朋友來往，整個的社會孤獨了，今天大陸上是共產黨，它對於人民就是用「孤獨」統治，每一個人是孤獨的，沒有講話的地方，沒有談心的地方，靈魂沒有交流的地方，每一個人到了這個地步，等於宣告死刑差不多，整個失掉主宰了，那好了，我就可以「予取予求」，任意的控制你，你沒有法子反抗，你到了孤獨的時候，你哪裡有反抗的能力，所以九四是「睽」而至於「孤」。

但是話又說回來了，在這一個支離破碎的局面，而自己的生活精神都到了孤獨寂寞的時候，有一個現象發生—「遇元夫」，「遇元夫」就是「自性反照」，「自性」發揮出來了。佛家參禪入定的作用在什麼地方呢？就是令頭腦子眞空，眞正的頭腦子到了眞空的時候，

「自性」就發揮出來了，佛家《心經》上講：「色即是空，空即是色……無罣礙故，無有恐怖，遠離顛倒夢想，究竟涅槃。」人頭腦子真空，到著沒有「罣礙」，一切的顛倒夢想就沒有了，就可以證「涅槃」，真空不空，就是這個道理。所以真正的做工夫，做到那個頭腦子真正真空的時候，宇宙間什麼東西你都懂，禪宗六祖惠能不認得字，沒有看過佛典，但是一生傳法，由門人記錄了一部《壇經》，這就是人到了頭腦子真空的時候，智慧就昇華，智慧一昇華，自性就反照出來，這就是「遇元夫」，「元夫」在象上是指「初爻」，也就是〈乾〉卦的「乾元」，「乾元」就是「自性」，就是「人性」，到了「睽孤」，這個「自性」、「人性」就可以發揮出來，這是從一個人來講。

　　假使從社會現象，二個人以上來講，這個「遇元夫」怎麼樣子呢？就是心靈感應作用，在我們到著「睽孤」的時候，精神沒有地方交流，就希望有一個「人」來，樹葉子動一下子，以為是「人」來了，以為是有個「場合」了，我們一有了希望，心裡就非常之靜，非常之誠，於是頭腦子就發電，「答…答…」，假使這個時候，我們非常想念一個好朋友，那個好朋友，也就能感應到這個電波，他也在那想念你，現在無線電發明出來，更足以證明這個道理。我們君子的人生，社會上總不止一個，總有同德的，我居住在這個寂寞的、心靈沒有交流的時候，於是我發電，渴望有個交流的機會，你也居住在同樣情況，於是也發電，渴望有個交流的機會，好！這兩個人一見如故、不謀而合。「交孚」，就是我們在寂寞空虛的時候「自性反照」。但是這個「自性反照」，有的時候，一掠而過；或者二個人互相感應，感應一下子，以後沒有了。假使有這個狀況，我們要把握住，就是和

他相交，要非常之融洽。「厲，无咎」，就是表示以危厲自持，自己戒慎恐懼，唯恐這個東西失掉了，就「无咎」，沒有毛病。這個東西就是「精神能力」，社會上到了乖離的時候，就是裡頭這個「精神能力」不夠了；就像這個桌子木頭性能沒有了，於是乎風一吹、雨一打、手一摸，它就爛掉了，裡頭那個互相連接的「精神能力」不夠了。造成睽乖的因素既是「精神能力」不夠，所以這個卦要偏於精神方面的看法才對，四爻是如此。

六五：悔亡，厥宗噬膚，往何咎？

「悔亡」，這個卦是從〈无妄〉來的，〈无妄〉五爻以陽居陽，是正，到了這個〈睽〉卦五爻是以陰居陽，其位不當，以一個能力不夠、優柔寡斷的人，宰制天下，那怎麼行呢？因為它有正應，二爻和五爻相應，五爻底下乘著四爻，高頭承著上爻，群陽籠罩著，所以「悔亡」。

「厥宗噬膚」，在六十四卦裡，只有二卦講「宗」字，一個是〈睽〉卦：「厥宗噬膚。」一個是〈同人〉卦：「同人于宗。」有個同樣的道理在裡面。我們先講〈同人〉卦的「宗」字，〈同人〉二爻居離，它上頭應的是乾卦；再講〈睽〉卦的「宗」字，〈睽〉卦，本來是從〈无妄〉來的，〈无妄〉外卦是乾卦，現在二爻上去了，居這個乾，就變成離，所以二個卦都是由乾、離二卦構成「宗」象。為什麼乾、離二卦構成「宗」象呢？第一個因為在先天卦位是乾卦居南，後天卦位是離卦居南，所以乾卦就是離卦，離卦就是乾卦，它二個在先、後天居同一個位置。第二個因為離卦是由坤陰交於乾體之中而成，所以離火是乾陽的後天現象，在後天看不到乾陽，只看到那個火

裡頭的「焰子」，你把它拿下來，過磅磅，它沒有重量的，所謂「輕清之氣，上升於天」，就是講那個「火焰」，它和地球發生離心力，一直往上跑，跑到什麼地方，不知道，永遠的不回到地球上來了。先天的乾陽，從後天的火焰裡頭可以表現出來；從後天的火焰裡頭，可以體會先天乾陽的狀態。因此後天的離卦就是先天的乾卦，它二個「同根」，有「宗親」之象，所以講「宗」。「厥宗噬膚」的「宗」字，指二爻的陽。這個卦由〈无妄〉來，〈无妄〉二、五易位，就成〈睽〉。〈睽〉二爻的陽是來自〈无妄〉外卦的乾，所以是「乾陽」，五爻的陰是「離陰」，離本為乾，以乾為「宗」，因此五爻以二爻為「宗」。二爻講「遇主于巷」，二爻有〈噬嗑〉之象，二爻一變，就變成〈噬嗑〉卦，從二爻到上爻有〈噬嗑〉之象，噬嗑者合也，噬嗑就是頤中有物，有物就是指九四這一爻，把嘴一咬，把那個東西融化了，所以噬嗑者合也。〈睽〉卦是分離的，我們處在〈睽〉卦，所希望的，就是要把它合起來。「膚」，二、五相應，它二個交換位置，二爻就變成艮，艮為「膚」。

「往」者就是二爻上去，五爻下來，二個爻交換，這個「往」與易例卦氣向上謂之往，卦氣向下謂之來，那個來往的「往」，是兩個字。這個「往」是普通的「往」，就是行動的意思，為什麼講行動呢？因為二爻一變，變成震，震為行，有「往」的象，這是五爻卦象的源頭。五爻的意思是什麼呢？講〈睽〉卦就要合睽，把這個乖離歧異的現象合起來，到了五爻「悔亡」，它的損失懊惱沒有了，可以「合」了。怎麼「合」法呢？「噬膚」者，拿嘴啃咬皮膚，咬骨頭不容易，咬皮膚很容易，所以「噬膚」事表示很容易「合」，但是「厥宗噬膚」，它所「合」的，只是「宗親」而已，換句話說「厥宗噬膚」，就是從附近的地方、從可能的地方，慢慢先「合」起來，所謂

「物有本末，事有終始」，合睽也有一個「本末終始」的次序。二爻「遇主於巷」，它所「遇」的是「主」—五爻，五爻「厥宗噬膚」，它所合的是「宗」—二爻，在他一「宗」裡頭，能夠合睽，「往何咎」，這樣子行動，有什麼毛病呢？

上九：睽孤，見豕負塗，載鬼一車；先張之弧，後說之弧；匪寇，婚媾，往遇雨則吉。

「後說之弧」的「弧」字，漢《易》的本子都是作「壺」字，「後說之弧」解不通，我們不取。「睽孤」，上九爲什麼「睽孤」呢？支離破碎到了極點，當然就變成孤獨。「見」，上居離，離爲目，有「見」之象。「豕」，上與三爻相應，上居坎，坎爲「豕」。「塗」，泥也，《尚書·禹貢》上講：「厥土惟塗泥。」塗者，泥也。上爻與三爻相應，三居坎，坎爲「水」，這個卦是坤陰鑽到乾體裡面來了，以坤爲主，坤爲「土」，坎爲「水」，坤爲「土」，水土交融，「泥」之象也。「負」，這個卦是從〈无妄〉來的，〈无妄〉卦，三居艮，艮其背，艮有「背」象，背者「負」也。「見豕負塗」，就是看到一條豬，背上很多的泥巴，這是第一句。

第二句，「載鬼一車」，上與三相應，三互坎，坎爲車，車有「載」象。我們剛才講三爻、五爻爲坤陰，是這一卦的主爻，坤爲「死魄」，鬼之象也。「坤爲死魄」，這句話是什麼意思呢？坤卦在納甲來講，月亮到了卅，無光了，所以「死」了；同時人有「魂」有「魄」，「死魄」在吊死的人中，可以看得見，比方一個人吊死了，你從他腳的方向，那個土壤挖下五尺深，裡頭有黑的腳印子，那個腳印子，就是那個吊死的人，他的「魄」下來了；至於那個「魂」呢，

我們頭腦子，這個地方一囟門，是眞空的，小孩子這個地方還是嫩的嘛，那麼人死了，「靈魂」就從這個地方往上升。「魂」往上升，「魄」向下降，所以「坤爲死魄，乾爲靈魂」，這是「鬼」字的象。

　　「先張之弧」，上居離，離爲「矢」；上與三應，三互坎，坎爲「弓」；「弓」上配著「矢」，「張弧」之象也。「後說之弧」，往年這個「說」又讀爲「悅」字、又讀「脫」字、又讀「說」字，一字三用。上與三應，三居兌，兌爲「悅」。「弧」，這個卦本來是坤陰爲主，坤爲「器」，（形而上者謂之道，形而下者謂之器）。坎爲水，又有「酒」象。上居離，離爲「大腹」。大肚子的器具，裡頭裝了酒，那不是「酒壺」嗎？「寇」，上與三應，三居坎，坎爲盜寇，「寇」之象也。「婚媾」，上與三應，二個陰陽相應，有「婚媾」之象。

　　「往遇雨則吉」，這個「往」也和剛才那五爻那個「往何咎」的「往」是一樣的，就是普通「行動」的意思，不是易例講來往之「往」。上爻走到三爻，中間經過坎，坎爲「雨」，所以講「遇雨」，這是上爻的卦象。至於意思呢？上爻到了「睽」的極點，比四爻那個「孤」更進一層，「孤」到什麼程度呢？一個人到著最寂寞孤獨的時候，他心裡就發生猜疑的念頭，心裡一發生猜疑的念頭，所看到的東西就不正確，一會子「見豕負塗」，看到一條豬滿身都是泥巴，這是所見者不眞；一會子「載鬼一車」，本來鬼是沒有形跡的，可是他看到滿載著一車子的鬼，這是以無爲有。一會子看到是個豬，背上背些泥巴，一會子看到一車子鬼，於是乎「先張之弧」，拿這個弓、拿這個箭來射這個東西，他以爲這些東西是不利的；可是等一會想這些東西不是對我不利的，於是乎「後說之弧」，又拿著酒壺去犒勞他。這個時候，精神沒有正確的主宰，忽然喜、忽然悲、忽然眞、

忽然假，搖擺不定，滿腹猜疑，到了「睽」的極點，就「孤」到這個程度。「匪寇，婚媾，往遇雨則吉」，什麼意思？就是說人和宇宙的現象是一樣的，人到了孤獨到了極點了，滿腹猜疑，疑神疑鬼的，就猶之於那個天氣陰霾鬱結，氣化不通，一點點風都沒有，很難過，到了什麼時候，那個氣化才好呢？一聲到了下雨，好了，陰陽氣化通了，於是乎人就暢快了，所以說「往遇雨則吉」。宇宙如此，人呢？人到了「匪寇，婚媾」，陰陽氣化和了，滿腹猜疑、疑神疑鬼，一掃而空，心靈就服貼了，這是六爻。

　　這個卦六爻之間，有「睽」就有「合」，初爻「喪馬…」是睽乖的時候，到著四爻就是「遇元夫，交孚…」；二爻「遇主于巷…」，到了五爻就是「厥宗噬膚」；三爻「見輿曳，其牛掣，其人天且劓…」，睽乖得不成樣子，到了上爻就是「匪寇，婚媾，往遇雨則吉」。從這個六爻來看，睽乖的現象，不至於一乖到底，總有個會合的時候、還原的時候，初爻睽乖，四爻還原；二爻睽乖，五爻還原；三爻睽乖，上爻還原，到最後總有合的一天。因為除非這個現象根本滅絕了，如果這個現象還沒滅絕，這個現象是在睽乖的狀況中，我們不用著急，最後一定有合睽的一天。這卦不好講，也不好體會，希望各位先生好好體會。

肆、象傳

象曰：睽，火動而上，澤動而下。二女同居，其志不同行。說而麗乎明，柔進而上行，得中而應乎剛，是以小事吉。天地睽而其事同也，男女睽而其志通也，萬物睽而其事類也，睽之時用大哉矣！

「彖曰：睽，火動而上，澤動而下。二女同居，其志不同行。說而麗乎明，柔進而上行，得中而應乎剛，是以小事吉。」第一個是以象來解釋〈睽〉卦的，火動而上，上面是離，離為火，火往上跑；澤動而下，底下是澤，兌為澤，澤往下降。火炎上，澤下降，二氣不相交，所以成為睽乖之象。第二個拿人來說明，「二女同居」，高頭是離卦，離為中女，底下是兌卦，兌為少女，二個女的成了一個卦，所以「二女同居」。「其志不同行」，三、四、五互成坎，坎為「志」。這個卦是從〈无妄〉卦來的，〈无妄〉內卦是震，震為「行」；現在〈睽〉卦四爻變的話，也是互成震，震為「行」。志者心之所向，澤是向下行的，火是向上行的，它二個心之所向不同，各行其所行，所以「其志不同行」，這是象。意思就是中女也好，少女也好，都是青年婦女，離女也要嫁，兌女也要嫁，最後各有所歸，所以「其志不同行」。「說而麗乎明」，我們居「睽」的時候，總不能讓它支離破碎到一輩子，要想法子讓它合攏起來，把它變成整體的。

那麼我們要怎麼合睽呢？要和悅寬容，你不能愁眉苦臉、如臨大敵的樣子，那不是愈來愈睽嗎？所以要和悅寬容，但是你要「麗乎明」，附麗「明」的當中來「悅」，就是要辨別很清楚，對待那個好的，要很和悅，對待那個壞的，固然也要很和悅，但是要「和而不流」，流到一起，就不行啦！「柔進而上行」，這個卦是從〈无妄〉卦來，〈无妄〉卦的二爻到了五爻，就變成〈睽〉，二爻是「柔」，所以「柔進而上行」。「得中而應乎剛」，〈无妄〉二爻上而居五，五為「中」位，又是「陽」爻，所以「得中而應乎剛」。就以社會來講，「柔進」，指社會的發展，「得中」，就是恰到好處，「剛」，指社會的能力，「柔進而上行，得中而應乎剛」，就是說這個社會發

展是恰到好處，而又能夠適合這個社會的能力。「是以小事合」，「社會的行態」是指「體」而言，「體」是個「小」的東西，「社會的能力」是指「能」而言，「能」是個「大」的東西。這個社會的能力，是為社會形態的發展，以「能力」來講呢，「社會形態」居「小」，所以「小事吉」。

「天地睽而其事同也，男女睽而其志通也，萬物睽而其事類也，睽之時用大哉矣！」「天地睽而其事同也」，這個卦原來是〈无妄〉卦，〈无妄〉卦是坤陰鑽到這個乾體裡面來了，乾為「天」，四爻不正，睽孤不應，又居在群陰之間，終究要變陰的，如果變的話，三、四、五互成坤，坤為「地」，「天」、「地」之象如此。坤為「事」，「天地睽而其事同也」，是什麼意思呢？天地固然不同，一個是升而上，一個是降而下，但是「其事同」。這個「事」是指什麼呢？指「天地造化萬物」的事情。

「男女睽而其志通也」，在本卦裡頭，內體是「兌」，「兌」是「少女」，在〈无妄〉卦裡頭是「震」，「震」為「長男」，居在本卦裡頭是「女」的，居在〈无妄〉卦裡頭是「男」的，男女的形體不同，男的是男的，女的是女的，二個是睽乖的。可是三、四、五互成坎，坎為「志」，又為「通」，而這個體象也旁通，所以「其志通也」，男女雖然不同，可是他生兒育女，延續生命是相通的，男的找女的，是為著延續生命，女的找男的，也是為著延續生命，所以「男女睽而其志通也」。

「萬物睽而其事類也」，這個卦是從〈无妄〉來的，〈无妄〉內卦是「震」，「帝出乎震」，「震」是「萬物」之所出也，是「萬物」之象。這個〈无妄〉本來是坤陰鑽到〈乾〉卦裡頭，坤為

「眾」、又為「物」，是「萬物」之象。坤為「事」，又為「類」，〈坤卦・象傳〉：「牝馬地類，行地无疆。」萬物睽者，萬物不同，草木是草木，花鳥是花鳥，萬物雖是不同，而它的生命過程卻是相同的，都不外乎生、長、衰、滅。這一段意思是告訴我們宇宙間難免是有睽的，雖是睽，裡頭有個相同點：「天地睽」，它造化萬物是相同的；「男女睽」，他延續生命是相同的；「萬物睽」，它生、長、衰、滅的法則是相同的。我們處在睽乖的時候，它裡頭總有個痕跡是相同的地方，我們要抓住它那個相同點；我們不要以為睽，就一任其睽。「天地睽而其事同也」，我們要找到那個相「同」的地方；「男女睽而其志通也」，我們求他那個相「通」的地方；「萬物揆而其事類也」，我們要找它那個相「類」的地方。這是我們居〈睽〉卦，所要困心衡慮追求的三個要點。換句話說，睽是支離破碎，但是最後總有「合」的地方，這是孔子在〈象傳〉上給我們的啟示。

最後一句，「睽之時用大矣哉」，其他的地方講「時義大矣哉」，惟有〈睽〉卦講「時用大矣哉」。義者是講「應該」的，已經睽了，支離破碎了，還講什麼應該不應該呢？所以「睽」只能講「用」。在居睽的時候，要發現它的功用，把它的作用找出來，所以「睽之時用大矣哉」。

伍、大小象傳

象曰：上火下澤，睽。君子以同而異。

〈大象〉裡頭講：「上火下澤，睽。」就和我們前頭講的一樣，火居上，而愈趨於上，澤居下，而愈流於下，所以就睽。〈象

傳〉裡頭講：「天地睽而其事同也，男女睽而其志通也，萬物睽而其事類也。」「同」、「通」、「類」，是合睽的三個要點。我們要找到合睽的三個要點，但是「君子以同而異」，我們雖是要合睽，看到上火下澤之象，它究竟有不同的東西？我們不能一味的就是「同」，「同」中還有個「異」的。就是在合睽當中，當然要求「同」，但是自己要保持不同的地方，所謂「和而不流」，自己有自己的一個東西。宇宙間都是「大同小異」，世界有四十億人口，無論是東方人、西方人，每一個人生來都有一副眼睛，但四十億人口，四十億眼睛，沒有二副眼睛精神是一樣的，這個眼睛只有那麼點點大，表情各有不同，造物之靈巧，由此可見。因此我們「同」，只能求其「大同」，還要保持那個「小異」。所以「君子以同而異」，就是表示君子居睽求同，要有獨特的操持。

初九象曰：見惡人，以辟咎也。

初、四相應，四互坎，坎為弓矢，四又居離，離為戈兵，有「惡人」之象，「咎」是指四爻而言，這是卦象。居〈睽〉之初，支離破碎，沒有道理。對於那些牛鬼蛇神的惡人，如果嚴詞拒絕他，搞得太清爽，他對你更壞，更增加睽乖的現象；如果還是虛與委蛇的，寬容相見，還可以把情勢緩一緩，「見則緩其情，拒則逆其勢」，就是這個意思。所以孔子為什麼要「見惡人」呢？「以辟咎也」，避免自己的毛病。

九二象曰：遇主于巷，无咎。

是什麼意思呢？本來二、五相應，君臣相見，應當在廟堂之

上，但是他在巷子裡頭，不期而會了。就是說在支離破碎這個局面，只要有合睽的機緣，我們就要把握住，不要拘泥在廟堂之上，或者在里巷之中，隨時隨地謀其合。可是雖是「遇主于巷」，「遇」並不是「枉道逢迎」，「巷」也不是「邪僻由徑」，所以「未失道也」，沒有失掉正常的軌道，不過求其方便一點就是。

六三象曰：見輿曳，位不當也。无初有終，遇剛也。

在《易經》裡頭，常常看到「位不當」三個字。「位不當」怎麼講法呢？我們拿人來講，「位不當」就是非其人而任其事，不是那種人才而做了那種事情，從來沒有指揮部隊的文弱書生，你叫他去上戰場，去做指揮統帥，開玩笑，那就是「位不當」。以物而言，就像這一爻爻辭所說的「見輿曳，其牛掣」，「見輿曳」就是車子太大，輪子太小，走不動；「其牛掣」，就是車子載的太重，而牛之力量不夠，這是「位不當」。「无初有終，遇剛也」，三爻是因柔而居陽位，居位不正，力量不夠，不能創始於前，但是三與上應，上為陽剛，三爻最後得到上九那個陽剛的幫助，有個結果，所以「无初有終」。

九四象曰：交孚，无咎，志行也。

在九四「睽孤」的時候，自己太孤獨了，目的就是想有「遇合」，所以一有遇合，當然是「交孚，无咎」，相交很融洽，无咎，為什麼「交孚，无咎」呢？因為「志行也」，你天天所想的就是有「遇合」，現在有了「遇合」，心裡所想的達到了，就「志行也」。

六五象曰：厥宗噬膚，往有慶也。

「厥宗噬膚」，就是二爻上來居五，互爲陰爻，陰爲膚（陰是肉，陽是骨），二爻上來「噬膚」，噬這個「五」；本來睽乖了，支離破碎了，現在遇到自己的宗親，能夠會合了，當然是很有喜慶的事情，所以說「往有慶也」。

上九象曰：遇雨之吉，群疑亡也。

上九應在三，三居坎，坎爲疑。假使上爻下來居三，三爻上去居上，坎象不存，所以「群疑亡也」，這是象。意思就是說自己心裡頭和那個天氣一樣，陰霾鬱結的、疑神疑鬼的，如果遇雨了，陰霾鬱結的氣候，就搞通了，於是乎群疑都消散了。

第三十九卦

蹇卦

周鼎珩講　桂少庚記錄

坎　艮
上　下

—— 此係〈兌〉宮四世卦，消息十一月，旁通〈睽〉，反對〈解〉。

壹、總說

佈卦的次序

　　〈蹇〉卦和〈睽〉卦的關係相當密切，因為〈蹇〉和〈睽〉在次序上是銜接的。〈蹇〉的旁通就是〈睽〉，這就是說，在〈蹇〉卦裡頭就有〈睽〉的跡象。「蹇」這個字，就是跛者也，跛者就是行動頓跛，走路艱難，這也就是說腿壞了，腿壞了，當然就是不良於行動。為什麼不良於行呢？因為它發之於〈睽〉卦，在〈睽〉卦，一切都是支離破碎，窒礙不通的，拿人事社會來說，在共產黨的社會，父子不相撫，夫婦不相親，人與人之間完全脫了節，你懷疑我，我懷疑你，

爾詐我虞，支離破碎，各階層事務當然就辦不通了，處處都是阻礙，時時都是刁難，動輒得咎，人人自危，所以孔子在〈序卦〉上講：「睽者，乖也。乖必有難，故受之以〈蹇〉。」到了乖離的時候，自有險難出來，所以接著就是「蹇」，蹇就是險難的意思。我們以自然現象來看就更清楚，我們看一朵花、一棵樹，它的結構上，如果發生脫節的情形，那就是「睽」了，它的根荄就不能吸收營養，水份不能輸送，起不了光合作用，它在生長上一定遭遇險難，一定不容易成長。不但是樹木花草如此，其他的動物、礦物、砂石土壤，以及我們人類，目之所及，莫不如此，即使是一塊石頭，它的結構脫了節，它就風化了，這塊石頭就不容易存在了，即便能存在，也將困難重重，因之〈睽〉卦以後，就繼之以〈蹇〉，道理就在這裡。

成卦的體例

其次，我們就悟到〈蹇〉的體象。〈蹇〉卦以坎、艮爲體，外卦是坎，內卦是艮。坎是水，大川之象，《易經》各卦中，有「利涉大川」的，有「不利涉大川」的，都是講坎的。艮爲山，有崇山峻嶺之象。前面有大川爲攔阻，後面有崇山峻嶺，崎嶇不平，登山涉水，在這種情形下，你要行進的話，當然非常艱難，因此取象於「蹇」，表示前頭有險難，後面也有險難，自己陷在這中間，寸步難行，所以稱之曰蹇，這是第一個體象。

第二個，孔子在〈象傳〉上說：「蹇，難也。」「蹇」是艱難的。可是孔子除了〈蹇〉卦這樣說以外，在〈屯〉卦〈象傳〉上也說：「屯，剛柔始交而難生。」這兩卦裡頭都是以「難」講，因爲這兩個卦，外卦都是坎，都有險難。這兩卦雖然都有險難，但情況卻不

同，〈屯〉卦的內卦是震，〈蹇〉卦的內卦是艮，震與艮有什麼不同呢？震者動也，行也，出也，往外頭長，震就是反生，乾陽從坤體出來，出生困難。再看屯字，屯字從屮，屮是「艸木初生也。象丨出形，有枝莖也。」（《說文解字》）這一橫「一」表示地面，草剛剛露出地面的時候，對它本身來說，是最困難的時候，猶之乎我們人，小孩子剛剛出生的時候，受盡壓迫，一出產門，就哇哇的大哭，那個哭，就代表他的困難，因為他受了很大的困難才生出來了，所以〈屯〉卦之難，它是「剛柔始交而難生」，是初生的困難。這個〈蹇〉卦之難則不然，〈蹇〉卦的內卦是艮，艮，止也。艮為山，它是靜止的，〈蹇〉卦的外卦是險，而內卦是靜止的。〈屯〉卦因為它有初生的行動，而發生了困難，表示它原本就是有困難；〈蹇〉卦原來沒有險難，外卦坎是險，險在前面，你不動就沒有險難。這是孔子在〈象傳〉上講這兩卦的難情況有所不同。

　　我們知道外面是坎水，裡面是乾陽，這就是水天〈需〉，〈需〉卦裡面的陽很旺，〈需〉卦乾陽成體了，它可以向前發動，但是因為坎水在前，需要等待。這個坎水對陽來說，都是不利的，遇到外面是坎水，裡面是陽卦者有四卦：內卦是乾，乾是父親，那是水天〈需〉；內卦是震，震是長子，那是水雷〈屯〉；內卦是坎，坎是次子，那是水洊至習坎；內卦是艮，艮是小兒子，那是水山〈蹇〉，這四個陽卦，都是坎水為外的境遇，都有困難的現象，但其困難的程度卻有不同：坎下坎的險難，這是本身的問題；〈需〉卦外面的坎，雖沒有大的險難，但需者，待也，是需要等待的。所以坎水在外，對底下的四個陽卦，都是不大利的。坎水若是和陰卦在一起，都很順利，因為水是潤下，它是潮濕的東西。外面是坎水，裡面是陰卦者有四

卦：內卦是坤，坤是母親，那是水地〈比〉；內卦是巽，巽是長女，那是水風〈井〉，純粹是陰卦，也都不壞；內卦是離，離是中女，爲水火〈既濟〉，那更好；內卦是兌，兌是少女，爲水澤〈節〉，那也不壞。所以坎水配的四個陰卦，都很順利，而坎水配的四個陽卦都很不順，這是第二個體象。

　　第三個體象，外卦是坎水，水是就下的；內卦是艮山，山是高聳的。水是就下的，現在不就下，它跑到山頭上去了，反乎水之本性；山是高聳的，現在它不高聳，它伏在水底下，形勢是逆的，卦性是反的，所以造成了蹇。我們以社會的現象來看，凡是社會上的現象，它不是正常的，形勢是逆的，就是蹇了。初、三、五是陽位，二、四、上是陰位，〈蹇〉的六爻，初爻不正，初爻不正就是它的基本不正；此外，外卦是坎，二、三、四爻互成坎，坎而又坎，是重重的險難，不只一條，你怎麼個走法？當然是處處陷阱，行動艱難的了。一、三、五是陽爻，二、四、六是陰位，陽爻居陽爻是當位，陰爻居陰爻是當位，陽爻居陰爻是不當位，陰爻居陽爻是不當位。剛才我們講過，〈蹇〉的旁通是〈睽〉卦，〈睽〉卦只有初爻當位，它的三爻、五爻是陽爻，現在是陰爻居之，不當位；二、四、上爻應該是陰爻，現在是陽爻居之，亦不當位。所以〈睽〉卦除了初爻當位以外，其它各爻都不當位。反過來看〈蹇〉卦，它的初爻是陽位，現在是陰爻居之，不當位；二爻是陰位，陰爻居之；三爻是陽位，陽爻居之；四、五、上各爻也都當位。〈蹇〉卦，除了初爻不當位，二、三、四、五、上統統當位。〈睽〉卦只有初爻當位，餘皆不當位，〈睽〉卦爲什麼只有初爻當位？因爲〈睽〉卦是在〈家人〉之後，家人者是構成社會的基本組織，家人調理好了，父父子子，兄友弟恭，裡面的組織

都是健全的，沒有一條是不合於法則的，家齊而後國治，國治而後天下平。〈睽〉卦是跟在〈家人〉之後，是得〈家人〉的餘緒，所以它基本的初爻是從〈家人〉來的，它基本的初爻是正的。卦氣的運行是從初爻往上走，六日七分術，第一卦走完了，接著就是第二卦，〈家人〉卦的上爻，接著就是〈睽〉卦的初爻，〈睽〉卦走到上爻，接著就是〈蹇〉卦的初爻。〈睽〉卦是睽怪乖異，社會上是支離破碎，關節不通，處處都是扞格的，處處都是破爛的，因此就造成〈蹇〉卦的初爻不正，〈蹇〉卦的初爻不正，是這麼來的。但〈蹇〉卦其它的爻位都是正的，都是當位的。這告訴我們處蹇的時候，除了初爻受〈睽〉的影響外，其它各爻位都是正的當位的，我們便應該守著舊本位，各階段的行政措施都不要錯亂，該陰的就陰，該陽的就陽，把握著這個步驟不亂，就可以把這個險難解救起來，使其扞格的不扞格，關節不通的變通，我們處蹇，除了基本的開始組織你沒辦法無能為力外，其它各爻，你應該各階段各階段的把握好，不要亂，結果〈蹇〉的困難就可以解除了。

立卦的意義

　　以上卦體我們講過了，現在我們來交代卦的意義，它可以分三點來看。

　　第一個，〈蹇〉卦是從〈觀〉卦來的，〈觀〉卦的上爻下來居於三爻，三爻上去居於上爻，變成為〈蹇〉卦，這是〈蹇〉卦和〈觀〉卦的關係，所以第一個我們要「觀險」，要如何的來觀察這個「蹇」的艱險？第二個，就是要如何的「處蹇」，在這個扞格不通，窒礙艱苦的情況下，我們如何活下去？這就是如何「處蹇」。第三個，我們

不能讓它險下去，社會上老是險象叢生，窒礙不通，那這個社會豈不是就要滅絕了嗎？我們不能讓它險象叢生，窒礙不通，我們就要知道如何的「濟蹇」。

現在我們就來解釋「觀險」。〈蹇〉卦的性質是反的，形勢是逆的，它的坎水應當潤下，它不潤下，而卻登在山上，艮山應該高聳，它不高聳，而卻伏於水下，這兩個反逆的因素，就構成了「蹇」。宇宙的法則，凡是性質是反的，形勢是逆的，就構成蹇難的狀態。我們根據這個法則來觀察人類的社會，若是國家在上位的人，統治者，都是言不由衷，行非所願，願非所行，這都是相反的，他愛說的話，他不說，都是說些他不愛說的話，他願意作的事，他不作，他都是作些他不願意作的事，這是反人性。假使社會上各種事態的表現都是本末倒置，以本為末，以末為本，顛倒了，應該做的他不做，不應該做的他都做了，例如秦始皇的造陵墓，隋煬帝的開運河，花費了大量的金錢，耗費了無限的民力，那種形勢是逆的。大多數的人在社會上不自覺，我們就要觀蹇，要不懂得觀蹇，就不能自動自發，一直到滅亡為止。蹇難有深有淺，有隱有顯，不容易體驗出來，蹇難到了窒礙阻塞、寸步難行的時候，我們才感覺得到，沒有到那個程度，自個兒雖在蹇難之中，卻置身事外，自個兒不知道，因此我們要注意這個情況，這是「觀險」。

第二個，我們既經覺察到這個社會上的蹇難，如何處理？在〈蹇〉卦的六爻，初六是「往蹇，來譽」，九三是「往蹇，來反」，六四是「往蹇，來連」，九五是「大蹇，朋來」，上六是「往蹇，來碩」，往都是蹇，來都是好，意思是要我們處蹇難的時候，要退而保守，不要冒冒失失的向外發揮，不能輕舉妄動，冒險犯難。我們講革

命精神，要冒險犯難，但冒險犯難要有冒險犯難的機緣，預計要有所成就，假設冒險犯難沒有成果，那個拼頭顱、灑熱血的冒險犯難豈不是白費了？過去黃花崗七十二士的冒險犯難，他雖是逆天行事，但他留下一股正氣，沒有他天下的人就發動不起來十日十月武昌革命起義的成果，足見它是有條件，不是盲目從事的。在處蹇的時候，窒礙難行，處處不通，沒有法子進行，我們就要變前進為保守，不要冒險前進，這是處蹇之道。退守這個守字，是退而守正，不管你走到那個階段，初爻不算，它是代表原本的險難，走到二爻，是守正，走到三爻，是陽，要守正，你是作什麼的，你就作什麼，叫做守正，自己埋著頭把自己的事情作好，不干犯人家，退而守正，這是守蹇之道。

第三，「濟蹇」，不往而來，往是向外發揮，就是遇到險難，不要向外發展，要退守。退守不是消極的，假使永遠的退守，那這個險難就永遠沒有法子解決了，我們的退守，不是永遠消極的退守，是退而守正，等待時機，初六〈小象〉說：「宜待時也。」再者，生在險難的中間，處處感到險難重重，窒礙難行，而且顛倒錯亂，在這時候，有些人痛心疾首而抱著解救險難的心理，人同此心，心同此理，其他的人也都很受感動，不知不覺的，有這種心情的人，就愈來愈多，多了，冥冥之中，就匯成一個救濟險難的正氣中心，九五：「大蹇，朋來。」就是救濟險難，各方面的人都匯集來了，孔子在上六小象裡說：「利見大人」，就是「大蹇，朋來。」的境界。這「利見大人」，本來是〈乾〉卦的爻辭，〈乾〉卦九五：「利見大人。」九二：「利見大人。」「大人」，它是什麼意義呢？當正氣發展到這兒，它有主宰的作用，陽剛正氣的力量厚了，主宰開化的作用夠了，就如同「大人」的權威夠了，它可以開化地面上所有的障礙，它可以

發動解救阻礙社會的這個險難，對於天子，對於天下蒼生，那種忠心的態度，公而忘私，不顧自己，完全忘記了自己，透過這個解救蹇難的中心，匯成力量，這是我們「濟蹇」之道也。

在處蹇的時候，最重要的就是不能盲動，不能消極，每個人都抱著救濟險難的志願，自然眾志成城，就匯成一種心電感應，有了這個重心，有了這個主流，於是我們一切的作法就有了依靠，就能夠救濟險難。這是卦體、卦義都交代了。

貳、彖辭（即卦辭）

〈蹇〉：利西南，不利東北；利見大人，貞吉。

「利西南，不利東北」，這兩句有好幾個解釋。第一個說法，後天八卦的方位，坤的位置在西南，艮的位置在東北，坤為地，地是平坦的，艮為山，山是崎嶇的，所以「利西南，不利東北」。第二個說法，因為在西南是坤，坤為地，南方是離，離為火，這兩卦連起來為火地〈晉〉；這東北是艮，艮為山，北方為坎，坎為水，這兩卦連起來是為水山〈蹇〉。火地〈晉〉者，進也，〈晉〉卦是向前進的；山水〈蹇〉者，蹇是窒礙難行的，是不能行進的。火地〈晉〉是「自照明德」（〈晉〉卦〈大象〉），它本有明德；水山〈蹇〉是「反身修德」（〈蹇〉卦〈大象〉），表示它自己沒有德，德者，得也，尚須等待，「利西南」，西南是平夷的，或可向前進行，東北是崎嶇的，是窒礙難行，所以「利西南」。第三個說法是虞翻的，他說坤卦是在西南，〈蹇〉的九五，跑到坤宮，成了坎，〈蹇〉本來是〈坎〉卦，坎為月，坎是個月亮，月出西南，月從西南方出來，所以「利西

南」，艮在東北，月交於艮，只剩了一點點，所以「不利東北」，這是虞翻的納甲說法。都有他的一得之見，可是並不完整。眞正的講「利西南，不利東北」，是以文王的整個卦位來看的，後天八卦的卦位，乾、坎、艮、震這四個陽卦在東北，巽、離、坤、兌這四個陰卦都在西南，母親帶著三個女兒在西南，父親帶著三個兒子在東北，按文王卦位，陽卦在東北，陰卦在西南，〈坤〉卦的卦辭：「利西南得朋。」西南都是她那一類的，「東北喪朋」，東北都是男的，反其類，不是她那一類的，所以是「東北喪朋」。乾陽和坤陰兩個的性能有什麼不同呢？過去在易例上講乾陽是左旋，坤陰是右旋，右旋是退後的，左旋是前進的，乾陽是向外開展的，坤陰是向內收斂的，換句話說，乾陽是前進的，坤陰是後退的。因此〈坤〉卦的卦辭說：「先迷後得主。」你居先就迷失了，你居於乾陽後，就得到主宰，〈坤〉卦初六的爻辭：「陰始凝也。」它開始是凝結，凝結就是收斂；乾陽是前進的，由「潛龍勿用」（〈乾〉卦初九爻辭），一直到「飛龍在天」（〈乾〉卦九五爻辭），是向外開展的。「西南得朋」，可見利西南，「東北喪朋」，可見不利東北，東北方是前進的。〈蹇〉卦呢，本來是〈坤〉卦，乾陽三、五兩爻鑽到坤陰裡頭，因此就借用〈坤〉卦的卦辭：「利西南得朋，東北喪朋。」因爲〈坤〉卦的卦辭都是宜退、不宜進，要居後，所以〈坤〉卦變成〈蹇〉卦，〈蹇〉卦的卦辭都是宜來、不宜往，來好，往都不好，宜退、不宜進，要退守，不要前進，這是第四個解釋。

　　第三句，「利見大人」，這個「見」字，因爲三、四、五互成離，離爲目，離爲「見」。「大人」，〈乾〉卦九五，五居宮中，有「大人」之象，「大人」之氣，就是陽剛正氣的火候到了，開國之氣

象，五居君位，可以主宰一切。「利見大人」，就是處蹇難的人，你不管在哪個位置，宜乎「利見大人」，你就拿這個陽剛正氣作目標，奔赴於他。

「貞吉」，要守正，因為〈蹇〉經〈睽〉卦之後，初爻亂了，不管亂得如何，我們都要守正，二爻是陰，我們就拿陰爻的本分去守著，三爻是陽，我們就拿陽爻的本分去守著，守著它的分際，每爻我們都守著自己的本位。例如我是種地的，就把地種好；我是做工的，就把工做好；我是教書的，就把書教好，都堅守著自己的本位。這是卦辭，現在報告爻辭。

參、爻辭

初六：往蹇，來譽。

在易例上，往上走就叫做「往」，向下就叫做「來」。你往前行，與四相應，二、三、四互為坎，坎為險難，外頭是坎，裡頭也是坎，兩坎之間險而又險，往前走，你就遇到險難，所以說「往蹇」。「來」就是回來，各位先儒說「來」，三爻可以「來」到二爻。二爻可以「來」到初爻，而初爻是無可「來」者，從何而「來」呢？不然，可以「來」至本位，不說三爻「來」至二，四爻「來」至三，凡是「來」者，都是各爻「來」至本位，你「來」，「來」至本位，守著你的本分。凡是「來」也好，「往」也好，都是要動的，陰動就變陽，陽動就變陰，初爻一動，就變成陽，就變成水火〈既濟〉，〈既濟〉大定，所以「來譽」，「來」就很好了。

六二：王臣蹇蹇，匪躬之故。

二與五相應，五居天子之位，二與它相應，乾爲君，坤爲臣，五爻爲君，二爻爲臣，所以有「王臣」之象。「蹇蹇」，二、三、四互爲坎，它應爻是五爻，五爻居坎，險而又險，重重的險難，「蹇蹇」之謂也。「匪躬之故」，「躬」者是身，三爻與上爻相應，三爻上去，內卦就變成坤。因爲這個卦是從〈觀〉卦來的，〈觀〉卦的三爻上去居上，上爻反而居三，就變成〈蹇〉。〈觀〉卦的二居坤，坤爲「身」；〈觀〉的上反回三成艮，〈艮〉卦的卦辭：「不獲其身。」所以說「匪躬之故」。「王臣蹇蹇，匪躬之故」，這固然是《易經》上的話，但《易經》說龍不是龍，說馬不是馬，說牛不是牛，說王臣不見得是王臣，因爲說忠臣以後，把範圍說小了，不見得就是說的忠臣，這個「王臣」是個形容，五爻是它的主要目標，是它主宰正義的中心，二爻有這個主宰正氣的中心，犧牲自己，不顧自己的成敗利鈍，奔赴這個目標，這就是「王臣蹇蹇，匪躬之故」。假使我們做一番事業，奮不顧身把這個公共事業做成功，自己也有了成就，這就是老子說的：「是以聖人後其身而身先，外其身而身存。」（《老子》第七章）你把那個公共事業做成了，大家都增光了，都順利了，自己不顧自己成敗利鈍的人，你在那兒餓著肚子，不會的了，大家一定會支持你的。

九三：往蹇，來反。

「蹇」，險也。上與三相應，如果是三爻上去了，上屬坎，坎爲險，往到險難，就是遇到險難。「反」是什麼意思？我們先前講過，這個卦是從〈觀〉卦來的，〈觀〉卦的上爻，反而居三，就變成艮，

艮爲止，就是止著，不要前進，你要返回來，「反」者，就是復也，不要前進，你最好是返回來；本來是〈觀〉卦，你還是返回來，「往蹇，來反」，往遇到困難，你就要回來。各階段就是守著本分，不要離開自己的岡位，守著自己的岡位，就會解除險難。

九四：往蹇，來連。

　　四爻是已進入坎陷之中，你要往，還是遇到險難，所以說「往蹇」。「來連」，各家的解釋不同。「連」者，是連接的意思，五爻是君位，上去是坎，你要回來，回來和三爻相應，陰要陽，陽要陰，就是兩個東西，你居於中間，把它連接起來，因爲四爻居於三爻和五爻中間，這個卦以三爻和五爻作主爻，三爻和五爻都得位，四爻居於此兩爻之間，有連接之象。往蹇，你不要往前跑，往前跑，會遇到險難；「來連」，各爻講「來」，都是指本位而言，你守著自己的本位，來到自己的本位上，所以講「來連」。

九五：大蹇，朋來。

　　因爲這〈蹇〉卦本來是〈坤〉卦，乾陽三、五的陽爻鑽到〈坤〉卦之內變成〈蹇〉，這是陽卦多陰，乾陽三、五這兩個主爻，都得位，五爻是居於上卦的君位，三爻是居於下卦的正位，這兩個主爻之間，尤其九五是主爻，是最重要的一爻。九五居中又得正，而又是天子之位，陽爲「大」，所以叫「大」。「大蹇」是什麼意思呢？「大蹇」就不是一人一事的困難。「大蹇」是從那兒來的呢？剛才講，這是個陽卦，是乾陽鑽到坤體裡面來了，陽爻到了坤體裡面，居於坤體之中，所以變成〈蹇〉。前面講〈蹇〉卦的九五是主爻，初

爻、二爻、四爻、上爻這四個陰爻都和五爻這個主爻產生關係。先講
初爻，初爻和四爻相應，四爻承著主爻，所以初爻因為四爻的關係，
和五爻相近；其次，講二爻，二爻和五爻是正應；其次，講四爻，四
爻承著主爻；最後，講上爻，上爻和三爻相應，而三五同功，三、
五是一類的，是同舟共濟的，所以上爻因為三爻的關係，而和五爻接
近。至於「朋」呢，前面講過，〈蹇〉卦是來自〈坤〉卦，〈坤〉卦
的卦辭：「利西南得朋，東北喪朋。」所以坤卦有「朋」之象，尤
其是幾個坤陰在一起，所以有朋集之象。「來」呢，幾個坤陰都因
為二、三爻的關係，和五爻相親近：初爻和二爻比近，二爻和五爻
相應，所以初爻因為二爻的關係，和五爻相近；上爻和三爻相應，而
三五同功，三、五是一類的，是同舟共濟的，所以上爻因為三爻的關
係，而和五爻接近。而二、三爻是在內，向內就叫做「來」，所以有
「來」之象。「朋來」的象是如此。

　　「大蹇，朋來」，是什麼意思呢？就是凡是天下國家那個大的顛
倒錯亂，要「朋來」，第一個要大眾一心，大家來把那個顛倒錯亂革
除掉，也就是說我們要解救這個顛倒錯亂，要大眾一心，萬眾齊來，
坤為眾，「朋來」就是坤眾來協同那五爻，來濟這個天下國家的蹇
難，這是第一個意義。第二意義，濟蹇之道，固然必須要「朋來」，
〈蹇〉卦的趨勢也一定是「朋來」，〈蹇〉卦到了五爻，所有的爻都
宜來，不宜往，都叫你不要往前走，返回來求自己基礎的安定，天下
國家都到了顛倒錯亂，你個人根本發展不了，應就個人自己的岡位，
把自己先搞好。〈蹇〉卦初爻它的根本不正，是從〈睽〉卦來的，
〈睽〉卦造的那個乖離破碎的現象，給〈蹇〉卦一個不正的基礎，雖
然如此，可是你處蹇的時候，不論處蹇到了那個階段，都是宜來、不

宜往，宜來各就本位，二爻來就是二爻本位，就著本位，不要往前
走；三爻就是三爻，就著本位守著本位；四爻也是就著四爻的本位，
都是是宜來，而不宜往，都是就著本位，求得自己的健全。到了五
爻，它氣象不同了，因為宇宙沒有永遠顛倒錯亂的道理。一個社會，
一個國家，永遠顛倒錯亂，它就滅亡了；假使不滅亡呢，它不會永遠
顛倒錯亂的，〈蹇〉顛倒錯亂到了極點的時候，它要返回來，有個機
會，把那個顛倒錯亂消除掉，有這個機會，這個機會在那兒呢？在五
爻，因為五爻「大蹇，朋來」，三爻的陽幫助它，所有的陰爻都和它
協同一致，都仰仗它，幫助它，所以整個卦體各爻都集中在它身上。
這個意思就是說，在這時候，〈蹇〉到了五爻，就有一個形勢啊！這
個國家政治都講這個形勢，就是這個勢已經造成了，這個事就容易辦
了，形勢一散掉，這個就難辦了。過去我們大陸撤退時，就是的，我
們人不少軍隊，有五百多萬大軍，但是形勢沒有了，兵敗如山倒，人
心散了，形勢沒有了，所以天下國家就要注意這個勢，「大蹇，朋
來」，就是一個勢，形勢到了，大家都集中在那個地方，有了這個消
除蹇難的形勢。講到〈蹇〉卦的氣象，它必定有一個趨勢，有一個濟
蹇的形勢，這就是「大蹇，朋來」的形勢。這個形勢一來，可以看得
出來，看這個整個天下的人心，都有這種跡象，我們看天下國家的幾
微，就看這個的所謂「天視自我民視，天聽自我民聽」（《尚書・泰
誓中》），天心自我民心，假使天下不論上下男女老少長幼，它有一
個共同的跡象，共同的念頭，那個念頭亂極思治。就是說太亂了，都
是顛倒錯亂，大家都煩了，那時萬眾一心，自然有一個形勢出來，那
個出來的就是九五。九五不一定是皇帝，不一定是聖天子在上，就是
有那種形勢，有那種消除蹇難的形勢，那個中心出來了，那個就是
九五「大蹇，朋來」的境界。我們在蹇難當中，看這天下國家的形

勢，就從人心向背來看，這就是第五爻「大蹇，朋來」的情形。

上六：往蹇，來碩，吉。利見大人。

〈蹇〉，外卦是坎，坎代表險難的環境，上爻已經到了險難的極端，你往那跑？沒有地方可以跑的了，所以「往蹇」，已經是蹇難了，再往，更蹇難。「來碩」，「碩」者大也，內卦是艮，艮為石，「碩與石二字互相借」（清・段玉裁《說文解字注》），石通碩，所以艮為「碩」。「來」，〈蹇〉卦的「來」和普通講「來」不同，普通講「來」就往裡面來，〈蹇〉卦無所謂裡面，「來」就是「來」各就本位，上爻就安定到上爻，不要往前跑了。為什麼還要「來」就本位呢？因為上爻與三爻是正相應，三爻是陽居陽位，上爻是陰居陰位，兩得其正，而且正相應，它要「來」居本位，可以得到三爻的陽來啟發它，來幫助它，來協輔它，所以它不要動，它一動，這三爻和它就接不上氣了，它「來」就本位，三爻的陽可以和它接連起來，可以相應，所以「來」呢，可以得到三爻的陽來幫助。同時，這個卦是乾陽三、五鑽到坤體裡頭去了，乾陽三、五各得其正，五爻居中得正，三爻也是得位，三、五兩陽到了坤體，三五同功，三爻和五爻是協同一氣的，就好像接那個電，一個主電、一個副電，副電幫助主電，上爻既得到三爻的幫助，也和五爻接起來了。上爻是陰，而得到三、五兩個陽和它合同一氣，它就大了，就不至於萎縮了，它的環境就非常寬裕，所以「來碩」，來就寬裕，「往蹇，來碩」的象是如此。

意義是什麼呢？凡事物極必反，〈蹇〉卦到了「大蹇，朋來」以後，這個形勢已成了，已經有這個消除蹇難的形勢了，天下國家萬

眾心裡，冥冥之中，大家都有個不約而同的跡象，那就是九五「大蹇，朋來」的形勢。到了上爻，蹇難已經到了極點，所以和這個形勢結合在一起當然吉了。〈蹇〉卦六爻只有上爻講「吉」，五爻雖是「大蹇，朋來」，而這只是個形勢，到了上爻，物極必反，蹇難已到了極點，「來碩」，「來」就是這個形勢可以消除蹇難，因此造成「吉」。「利見大人」，「見」，因為上爻與三爻相應，三、四、五互成離，離為目有「見」之象；「大人」者九五也。凡是講「大人」都是指五爻的陽位，〈乾〉卦的六爻、〈坤〉卦的六爻，在六十四卦裡都保存它的意義，〈乾〉卦的九五：「飛龍在天，利見大人。」不過就會有人問了，九二：「見龍在田，利見大人。」也是「利見大人」也，九二那個「大人」是用二爻和五爻相應來「利見大人」，還是利見九五那個「大人」，那個「大人」只是九五那一位，至於九二那個「大人」，只是沒有位，有德操有修養的那種「大人」，也可以稱為「大人」，有修養有德操，並沒有權位，真正的「大人」還是九五，所以這個九五有「大人」之象。

「大人」在這個地方以及乾陽卦裡頭，是形容乾陽的氣化，那種陽剛的正氣，到了那個時候，它有力量了，把整個陰體統率住了，把整個陰體開化得了，乾陽到了九五，它有了那個能力了，九四還「或躍在淵」—或者可以再進一步，表示它力量還不夠，到了九五，「飛龍在天」，整個可以飛起來了，形容它那個陽剛正氣火候已經到了，力量已經到了。〈蹇〉卦裡面這個「大人」呢，那個陽剛正氣，不分上下老幼，整個人心都有所感，都有這個需要，大勢所趨，那就造成了一股正氣，一股力量，那一股力量可以把社會統率得住，可以把社會推動得了，那就叫「大人」，不一定是聖天子在上，才叫「大

人」。蹇難所講的「大人」是指中心主宰的力量，〈乾〉卦陽爻是一、三、五，初九是「潛龍勿用」，九三是「君子終日乾乾，夕惕若厲，无咎」，戒慎恐懼，它有這個力量，當然沒有九五力量大，九五才是「飛龍在天」，〈蹇〉卦所講的「大人」就是指這〈乾〉卦的九五。現在〈蹇〉卦的上爻和三爻相應，而三五同功，三爻和五爻一體，上爻當然和五爻親近了，上爻和五爻相近，就「利見大人」，為什麼「利見大人」了呢？就是上爻已經發覺了五爻中心主宰的力量，有這樣一個精神。

我們處於蹇難的時候，第一個，宜來而不宜往。到了主爻，造成了中心主宰的現象以外，其他各爻，不論我們站在初爻、二爻、三爻、四爻的位置，不管站在那一個位置，都是宜來而不宜往，所謂來就是各就本位，以求保全，各就本位就是我現在站在什麼位置，就把它做得很牢固，每一個人把每一個人位置都做牢固了，結合起來，就是一個面，也就牢固了，這是第一個意義。第二個，我們要救濟蹇難，一定要輔陽。陽就是三爻和五爻，三爻和五爻它有化蹇的能力，一定要三爻幫助五爻，同心共濟，到了五爻「大蹇，朋來」，才能有確立一個消除蹇難的中心主宰，為何如此呢？為什麼要陽呢？我們知道社會國家之所以造成蹇難，都是基於人心的關係，人心氣魄小了，尤其到了晚近時代，人心都薄了，薄就是不厚，不厚就是不管做什麼，都刀頭見血，沒有留餘地看，看不遠，先把自己利益看得很重，每一個人內心的情況都陷入這個境界，就沒有了磅礴大氣，以天下國家社會為己任的很少了，都是想先求得自己的利益，假使我們是個庶人，是個不相干作小工的，還沒有關係，假使我們是個讀書的，或者是個在位的，就會影響整個社會，整個國家所以造成蹇難，是這種不

健康的心理造成的，這個心理健康，靠著陽，陽薄了，陽不夠了，就
心理不健康了，何以故？比方有一個生病的身體衰弱了，什麼都湊和
著來湊和著就算了，居家來說，家裡東西都懶得整理，煩得很，算
了，為什麼呢？陽虛了，心衰了，情薄了，假使社會上人都是這樣子
呢，事情都脫了板，馬馬虎虎算了，湊和一下，這件事湊和一下，那
件事湊和一下，就是心理薄了，因此我們濟蹇一定要到九五「大蹇，
朋來」，一定要輔陽，我們要救濟蹇難，一定要輔陽，輔助它健康的
心理，堅決的意志，從這個地方輔助起，這是〈蹇〉卦的第二個特
徵。其次，〈蹇〉卦，假如我們自己是陰，譬如第二爻「王臣蹇蹇，
匪躬之故」，什麼意思呢？「王臣蹇蹇，匪躬之故」並不是說我們
就是臣，而是講主從關係，君臣是指主從關係：一個主宰、一個服
從的。〈說卦〉裡有：「致役乎坤。」坤陰是做這個養陽的勞役工
作，假使不涵養它，那精神意志不就衰了？所以坤陰是涵養輔助這
個陽的，〈蹇〉卦的二爻代表坤陰，五爻代表乾陽，養陽是「王臣
蹇蹇」，等於我們給這個君王作事，我自己是個臣子，自己檢點自
己，不辭勞苦，不辭苦難，難而又難，險而又險，我還是做「王臣
蹇蹇」，坤陰養陽，如同「王臣蹇蹇」一樣，表面上我們好像把陰
犧牲了，事實上不然，我們把陽養好了，陰也就好了，這是第二點。
〈蹇〉卦六爻也就交代完了。

肆、象傳

象曰：蹇，難也，險在前也。見險而能止，知矣哉！
蹇利西南，往得中也；不利東北，其道窮也。利見大
人，往有功也。當位貞吉，以正邦也。蹇之時用大矣

哉！」

　　「彖曰：蹇，難也，險在前也。見險而能止，知矣哉！」這是解釋〈蹇〉卦的卦體的意思，「蹇，難也，險在前也」，「蹇」就是一種難，爲什麼是難呢？「險在前也」，因爲卦體坎在外，艮在內，坎爲險，險在前面，艮在後面。「見險而能止，知矣哉！」孔子講見險而能止，「見」就是我剛才講的三、四、五互離，離爲「見」。「止」，艮爲「止」，「止」者不進也，不往前行進了。「知矣哉」，「知」是什麼呢？這卦本是陽卦，乾陽三、五兩爻鑽到坤體裡，兩個陽爻都到這兒來了，〈繫辭〉裡講：「乾知大始，坤作成物」、「夫乾，天下之至健也，德行恆易以知險」。「知險」是根據〈乾〉卦來的，它是知道險難的。凡是宇宙間一切感覺性能都是陽氣化造成的，拿人體來說，人的身體裡有兩個網，一個網是經絡，一個是血脈。遍身都有經絡，遍身都有血管，血管是坤陰，沒有知覺，如果在血管裡打針，你打100個cc的葡萄糖在裡頭，也不會有感覺，可是經絡裡頭，你打皮下注射打到經絡就痛得不得了，可見經絡是乾陽。乾陽是在經絡裡頭走的，坤陰是在血管裡走的，所以坤陰無感覺，感覺啊！發生於乾陽。宇宙的一切生物體系裡頭的感覺，都是乾陽造成的，「知」是講這個感覺，是從〈乾〉卦裡來的。這句話的意思是說，有人說要冒險犯難，孔子說：「見險而能止，知矣哉！」這樣就很聰明啦！見險而止，止而不進了，這多聰明啦！知矣哉！這不違反我們冒險犯難了嗎？不然，冒險犯難，其險可冒則冒也，其難可犯則犯也，其險不可冒而冒，那是自取死亡，其難不可犯而犯，那也是自取死亡，那個冒險犯難要那險難可冒可犯，那個險沒有法子可冒的，那個難沒有法子可犯的，你去犯，你去冒，那你就沒有法子存在

了，所以「見險而能止，知矣哉！」這個險不同冒險犯難的險難，那個險難可以冒犯，就不成其為險難，這蹇難是不可犯難的險難，「見險而能止，知矣哉！」這是解釋〈蹇〉卦體象的意義。內卦艮是止，外卦坎是險，險在前面，看到險而能止，因為裡面是離，有見之象，「見險而能止，知矣哉！」這是乾陽的德性。

第二句解釋卦辭：「蹇利西南，往得中也；不利東北，其道窮也。利見大人，往有功也。當位貞吉，以正邦也。蹇之時用大矣哉！」我們一句句來，「蹇利西南，往得中也」，上次講，「西南」就是講坤，坤體是在西南。坎卦原是坤卦，乾陽交到坤陰裡，就變成坎，離卦原是乾卦，坤陰交到乾陽裡，就變成離。所以在後天卦裡，沒有乾坤，只有坎離，後天見到坎，就是坤，見到離，就是乾。這個〈蹇〉卦本是坤體，乾陽第五爻往到這個坤體裡面，所以講「往」，「往」不是從卦體的內外講的，是從乾陽與坤陰兩個卦體講的。〈乾〉卦五爻往到坤陰體內，居於坤體裡面最適當的地位，就叫「往得中」也。

「不利東北，其道窮也」，為什麼講「不利東北」呢？因為「其道窮也」。東北是艮卦，艮卦是成始而成終，表示八卦運行作一個結束，是另外的一個開始；艮卦當十二月，十二月是一年的歲尾，天道窮於丑，就表示在八卦這一循環結束了，所以「其道窮也」，這個「道」就是天道、乾道。

「利見大人，往有功也」，「大人」是指九五而言，從〈乾〉卦九五來的，所以在這個地方，就是中心主宰。這個「往」，就是乾陽到了坤陰裡面；「功」呢，「五多功」。這是卦象。意義呢，到了九五，蹇難已經有了中心主宰，大勢所趨，人心都有這個現象，都亂

極思治，都想過一個太平好日子，覺得亂不應該這樣作，意思相同的社會心理，形成了整個的社會主宰，你和這一個主宰結緣，當然「往有功也」，大家共同趨赴這個主宰，蹇難消除了，就「往有功也」。

「當位貞吉，以正邦也」，「當位」，就是陽爻五當位，三也當位，二、四、上這些陰爻都當位。「貞」者就是正確穩定。我們人情在蹇難的時候，常自己疑惑自己，他不以為自己的蹇難是外環境造成的，因此，就把握不住自己的腳跟，常常走些小路，因其窒礙難行就用些歪邪的辦法以求得通路，這個蹇難就守不住。所以居蹇的時候，除了濟蹇的陽，就是不管哪個階段既經「當位」了，就要穩定正確，守著自己的本位，這個才能「吉」，這是「當位貞吉」。「邦」，這個〈蹇〉卦本來是〈坤〉卦，乾陽三、五的陽爻鑽到〈坤〉卦之內變成〈蹇〉，坤為「邦」國。在蹇難的時候，這個社會已經顛倒錯亂了，三爻、五爻這兩個陽爻到坤體來了，把它調理好弄正確，各階段都要「當位貞吉」，目的是什麼？「以正邦也」，就是為了要把整個社會搞得正確；假使每個人都是搖搖擺擺的，這個蹇難就沒有停止的時候，那如何正邦呢？最後一句，「蹇之時用大矣哉！」孔子講《易》，講到「時用」的卦只有三個：〈坎〉卦、〈睽〉卦、〈蹇〉卦；五個卦講「時義」：〈豫〉卦、〈隨〉卦、〈遯〉卦、〈姤〉卦、〈旅〉卦；講「時」的只有三個卦：〈解〉卦、〈革〉卦、〈頤〉卦。為什麼有這個區別？先說明「時」，〈革〉卦要注重「時」，湯武革命，一定要注重「時」，譬如明天立冬了，把秋天革掉了，再過兩天，天氣一定要變冷，結束秋老虎這個氣象，明天就要變冷，後天就會變冷，到那個時候，革！又譬如冬天河床上結了冰，厚得可以行車子，可是到了那個時候，冰就化了，化了自有它的時

間。「時義」呢，譬如湯武革命，孫中山先生革命，大家造成一種風氣，風起雲湧，不請自來，那是「隨」，隨的裡頭，有應該的，有不應該的，所以講「時義」。至於「時用」，在〈坎〉卦裡，遇到險，固然可怕，但孔子就提出來了，險不可怕，我們要「用」險：〈睽〉卦也是可以「用」的，一個社會，一個民族，太久了，它就會疲憊了，裡頭結構就鬆散了，到了乖戾奇異，支離破碎的時候，它就瓦解了，但到此地步，我們要濟睽，把它整個挽救過來，這種社會，就不會有鬆鬆垮垮的情形，重新一整理，它裡面就不會鬆懈了，所以「睽之時用大矣哉」。〈蹇〉卦也復如此，〈蹇〉卦是社會顛倒錯亂，平時小的毛病，小的地方，大家忽略了，看不見，不是整體的，而是部分的，大家毫不注意，社會就永遠隱藏著這種顛倒錯亂，等到整個的都是顛倒錯亂，隱藏不住了，就要濟蹇，把顛倒錯亂都一掃而光，所以「蹇」也是可以「用」的，「蹇之時用大矣哉」，所以孔子加這個「用」字，是有道理的。

伍、大小象傳

象曰：山上有水，蹇。君子以反身修德。

「山上有水，蹇」，水本來是就下的，不就下而在山上，是反其性，逆其勢；山本來是凸出於地面，它現在不凸出地面，自居於底下，也是反其性，逆其勢，構成一種蹇難之象。「君子以反身修德」，「君子」從哪裡來的？這個卦是乾陽的三爻、五爻鑽到坤體裡去了，乾陽的三爻和五爻都有「君子」之象，所以取象於此。「反」，〈蹇〉卦本來是從〈觀〉卦來的，上爻下來居於三爻，

「反」者復也，就是復之於內，就是來，反回來吧。「身」，艮為「身」，「艮其身」（〈艮〉卦六四爻辭）；這個卦原本是〈坤〉的底子，〈坤〉卦亦有「身」之象。「修德」，〈乾〉卦三爻：「君子終日乾乾，夕惕若厲，无咎。」「惕勵」就是心存危懼而自我激勵，這樣就「无咎」，沒有毛病，這個〈乾〉卦三爻，有進德修業的狀況，所以「反身修德」就是從乾陽來的。意思是說，整個的現象，反其勢，逆其性，這種形勢，君子要反其身，修其德，〈蹇〉卦爻辭裡有「往蹇，來譽」（初六）、「往蹇，來反」（九三）、「往蹇，來連」（九四）、「往蹇，來碩」（上六），那幾個「來」字，就是〈大象〉說的「反」，「反」回不就是「來」了嗎？「反」到自己身上來，自己修持自己。

在這個蹇難的時候，不管你居任何階段，你都要安守自己的岡位「來」修持自己。就本位來修持自己，第一個可以保全自己，第二可以消除蹇難。所謂社會國家，都是人所造成的，人人都是反身修德，都是來就本位，這個國家的基礎就漸漸好轉了，自然蹇難就漸漸的消除了。所以孔子說：「山上有水，蹇；君子以反身修德。」處在這個山上有水的蹇難時候，這個社會反其性，逆其勢，到了這個程度，我們君子就要反身修德，就自己的本位來修持自己的德操。往年的「德」不像現在所講的「德」，現在所講的「德」，齋僧布施，作點好事，就算是「德」，那是恩惠不是德，「德」呢？「德」者得也，得到什麼呢？得到宇宙的整個道理，那就是「德」，你所作所為都是宇宙的道理，那就是「德」。孔子的大德，他都得到了，他奠定幾千年來的道理，「德」是指實際的東西，他不是空的「德」。「德」、「業」兩個字，以個人的行為來講，就是「德」，就個人成就來講，

就是「業」，小恩小惠，不能算是「德」，這就是孔子發揮處蹇之道。

初六象曰：往蹇來譽，宜待也。

有些本子根據鄭康成的本子，那個「待」字下面加個「時」字，「宜待時也」。「來譽」，「來」就是來就本位，爲什麼來就本位就有令譽呢？就是初爻還早得很呢，還要等待，爲什麼？初爻與四爻相應，四互坎，坎是險難，往上去有險難，回來就本位才有令譽，等著初爻動了就變爲〈既濟〉，你就守著本位。爲什麼初爻你這樣作呢？孔子解釋：「宜待時也。」叫你等待時機，居〈蹇〉之初，不能冒冒失失，進呢，不是隨便的，蹇難不能夠焦急，要等待時候，待到五爻「大蹇朋來」的時候，才可以濟蹇，那時才是蹇難消滅的時候，初爻還早得很呢。

六二象曰：王臣蹇蹇，終无尤也。

二爻是坤陰，「王臣」，就是指這個坤陰。「蹇蹇」，就是險而又險。王臣這險難不是爲自己本身，而是去扶三、五這兩個陽，也就是去涵養自己內在的精氣神。精氣神是我們的主宰，勞動身體去涵養精氣神，是「致役乎坤」，把身體累得苦苦的，身體不是很吃虧嗎？不然，你固然把身體累了，但是把陽氣扶住了。譬如說天天打太極，打到身子直冒汗，就是涵養精氣神。精氣神再來開化身體，身體好了，當然「終无尤也」，二爻是坤，坤爲「終」，雖有蹇難，最後沒有毛病的。

九三象曰：往蹇來反，內喜之也。

三爻如果上居坎，坎是蹇難，所以講「往蹇」。「反」字是取象於〈觀〉卦，〈觀〉卦的上爻，反而居三，就成〈蹇〉，所以三爻有「來反」之象，「來反」者，就是反到裡面來。為什麼三爻來反呢？「內喜之也」，它裡面喜悅作何解釋呢？易例：「陽愛陰，陰喜陽」。比方，氣候太燥了，陽旺了，喜歡喝冰水，那是陽愛陰；感冒了，發冷，在火爐邊上烤烤，在太陽下面曬著，很舒服，那是陰喜陽。它本來是〈觀〉卦，〈觀〉卦的上爻反過來到三爻，上爻是陽，居外，三爻是陰，居內，內裡的陰喜歡外頭的陽，「內喜之也」，是從這兒來的。〈小象〉是講這個第三爻，為什麼要各就本位不要往外頭跑？因為外頭有險，往外跑，根基就虛了，你要想根基不虛，就是就著本位。〈蹇〉卦裡頭，就是各爻裡頭，應該就著本位來做。

六四象曰：往蹇來連，當位實也。

四本來是陰位，現在陰爻居陰位，當位，陰本來是虛的，陰居陰位，虛的不得了，怎麼叫做「當位實」呢？這個卦是以三、五兩爻作主爻，四爻恰好居在兩陽中間，承五而居三，就是所謂的「來連」，它自己雖是虛，可是有兩個陽扶助它，所以「當位實也」。

九五象曰：大蹇朋來，以中節也。

「中節」，《中庸》講：「發而皆中節謂之和。」假使你發出來的合乎節度，就叫做和。〈蹇〉卦到了這個階段，蹇到相當個程度了，在這個救蹇的時候，「大蹇朋來」，有這個形勢，有這個氣勢，

除掉二爻幫助它外，幾個坤爻都來「和」了，它又能「和」三、五。它爲什麼能「大蹇朋來」？「以中節也」，因爲合乎節度。九五這個中心主宰的力量應大家的要求，恰好它能夠主持得了，大家的要求，都是它所發動的，它所發動的，都是大家的要求，這就是「中節」。

上六象曰：往蹇來碩，志在內也。利見大人，以從貴也。

「志」者，外卦居坎，坎爲「志」。上六來就本位，爲的是和內卦的九三相應，所以「志在內也」。「志在內也」，意思就是說，〈蹇〉卦到最後要解蹇，而〈蹇〉卦的顛倒錯亂，從外邊是摸不到的，要在內部解決，所以「志在內也」。「利見大人，以從貴也」，「貴」是指九五，九五居天子之位，九五是主宰的位置，當然很貴重。這個中心的主宰的力量已經形成了，要尊重這個中心主宰，所以依附它，歸服它，所以說「利見大人，以從貴也」。

第四十卦

解卦

周鼎珩講　陳永銓記錄

解

震　坎
上　下

—— 此係〈震〉宮二世卦，消息二月，旁通〈家人〉，反對〈蹇〉。

壹、總說

佈卦的次序

　　《說文》：「解，判也，从刀判牛角。」可見解字是判開、分開的意思，就像一個現象膠結凝固成一個疙瘩的時候，我們要想辦法慢慢地分開其膠結凝固，才能夠解脫困境，這就是解。從卦與卦的關係來看，〈解〉的反對卦是〈蹇〉，山上有水是爲蹇，這樣的卦體表示有山水之險難橫阻於前；而且水居山上，代表這個社會是顛倒錯亂、毫無章法，是難以有所作爲的蹇亂現象，所以〈序卦傳〉說：「蹇者，難也。」但是〈蹇〉卦到了上六則爲：「往蹇來碩，吉。」意即

蹇難已經逐漸消失。因為就自然現象而言，沒有永遠蹇難之理，例如春夏之際，天氣陰霾，氣候鬱結，紋風不動，使人有沉悶窒息之感；接著，必定是颱風下雨或是雷電交加，只須打雷下雨，陰霾鬱結的氣候隨即化解。

我們看〈解〉的卦體，外卦震為雷，內卦坎為雨，有雷雨交加之象。〈解〉卦消息二月，正值驚蟄與春分之際，此時雷雨並作，氣候由鬱結變為通暢，〈序卦傳〉說：「物不可以終難，故受之以〈解〉。」這是就自然現象來說。社會現象亦復如是，社會也沒有永遠顛倒錯亂的道理，到了相當的程度或時機，隨即有個調解錯亂的道理出來，這就是解。〈序卦傳〉又說：「解者，緩也。」緩字從絲，意思是一團亂絲絞結在一起，必須慢慢地把絞結的亂絲解開。《詩經・常棣》：「兄弟急難。」足見蹇難之際，必定是有急迫之情。再就人身而言，譬如人患重病，心慌氣促，身心都很痛苦，這就是急難的現象。到了病將痊癒時，氣平心安了，身心變得輕鬆愉快，那就是緩解的意境。因此，在〈蹇〉卦之後佈以〈解〉卦，〈解〉卦就是代表一切輕鬆舒緩的現象。

成卦的體例

前面提到，〈解〉卦的卦體，震在上為雷，坎在下為雨，所以有雷雨交作之象；此外，〈解〉卦是消息二月，適逢驚蟄春分的節氣，也是雷雨交作解之時。〈蹇〉卦的卦體則不同，坎在上為雲，艮在下為止，雲是水氣往上升，水氣就是濕氣，艮又為山，這種含有濕氣的雲，在山上呈現停止的狀態，就是陰霾鬱結的氣候，現代稱為低氣壓，此即〈蹇〉卦體象。我們將〈解〉卦與〈蹇〉卦的卦體對照來

看，〈解〉卦是雷雨交作的狀態，〈蹇〉卦是陰霾鬱結的狀態。相信大家都有這種體驗，氣候在二月驚蟄春分之際，常會雷雨交作而解除陰霾鬱結，所以雷雨交作是〈解〉卦的第一個體象。

在六十四卦之中，以雷水成卦者，除了〈解〉卦是震上坎下而為雷水〈解〉之外，還有〈屯〉卦是坎上震下而為水雷〈屯〉。〈屯〉卦的〈象傳〉說：「雷雨之動滿盈。」因為〈屯〉卦坎水在上為雲，不過雲下有雷震動，則雲化成雨，所以也有雷雨交加之象。但是〈屯〉卦之動與〈解〉卦之動有所不同，〈屯〉卦之動是在內，所以說「動乎險中，大亨貞」。〈解〉卦之動則在外，所以說「險以動，動而免乎險」。再者，屯是草木初生，將出頭而未出頭，是最困難的時候，所以說「剛柔始交而難生」。〈解〉卦則不然，所謂：「雷雨作而百果草木皆甲坼。」我們看桃核在地下行將發芽，必先裂殼；稻穀播種也必先裂穀才生長秧苗；甲即外殼，坼是裂開，甲裂而出芽，是即「甲坼」。所以〈解〉卦之象為芽已生出，困難已解，是動於險難之外，這是〈解〉卦的第二個體象。

如果將〈屯〉卦、〈蹇〉卦、〈解〉卦加以比較，水山〈蹇〉是艮下坎上，艮為止，坎為險難，是停止於險難之內，情況最壞。水雷〈屯〉為震下坎上，是動於險難之內，比〈蹇〉卦略好，但仍未脫離險難。雷水〈解〉為坎下震上，是動於險難之外，已脫離險境，情況最佳。〈解〉卦之所以能解脫險難，體象中有個道理，這要從納甲來看。坎納甲為戊土，戊土為陽土「生物者也」，其所以能生物，因為戊土非土之質，而是土所生之氣化，草木始生，就是土的氣化使然。離納甲為己土，己土為陰土「養物者也」，植物發芽之後，便要靠養物的己土陰土或實質之土來涵養。由此可見，〈解〉卦之所以能夠使

百果草木皆甲坼，就是依賴這個可以生物的戊土或陽土。〈解〉的內卦坎納戊土可以生物，再加上外卦震為出，這個體象是裡面一出生，立即脫出於險難，這才構成〈解〉卦的第三個體象。

　　〈解〉卦以坎震成卦，內坎外震簡稱為雷水〈解〉。在後天八卦方位中，震卦的對面是兌卦，坎卦的對面是離卦，內離外兌簡稱為澤火〈革〉，所以〈解〉卦的對待卦為〈革〉卦，〈解〉卦與〈革〉卦有對待關係。〈革〉之卦辭說：「己日乃孚。」為什麼說「己日」？在十天干之中，前五干是甲乙丙丁戊，後五干是己庚辛壬癸，「己」正好是天干之半，意思是說，敗壞的現象必須發展到了相當程度，例如過了天干的一半，這個時候才可以進行改革，因為此時才能得到別人的信賴，所以說「乃孚」。換言之，非過己日則不孚，也就是改革不成。譬如發現鄰家失火，剛剛冒煙，火苗尚未起來，便急忙叫消防隊來滅火，結果火勢撲滅了，鄰家卻不領情，反而怪你多事，造成他家弄得亂七八糟。但如火舌舐上屋頂，再去幫忙救火，即使把著火的房屋給拆掉了，鄰家還會感恩不盡。這就是為什麼文王不可以伐紂，必須等到武王之世，商紂暴君罪大惡極，已昭彰於世而萬民皆知，這才興師動眾，一舉消滅紂王，武王既無弒君之罪，反為仁義之師，此即「己日有孚」。進而言之，〈革〉卦為一陰入乾體，生出內卦離火己土；〈解〉卦為一陽入坤體，生出內卦坎水戊土。〈解〉卦戊土生物為陽土，外卦震為動，所以動而能解；〈革〉卦己土養物為陰土，外卦兌為悅澤，所以革而信之。此為〈解〉卦的第四個體象。

　　再從卦變來說，凡是二陽四陰的卦，都是從〈臨〉卦或〈觀〉卦變來。〈解〉卦自〈臨〉卦來，〈臨〉卦初爻往而之四，四爻下而居初，就變成〈解〉卦。但〈臨〉為十二月卦，雖然逐漸從十一月

〈復〉卦之一陽始生，浸長至十二月之二陽，但是十二月畢竟還在冬季，天地陰陽氣化尙未交流，仍在閉塞之中。等到立春三陽開泰，天地始交，再到驚蟄，地氣方始眞正上升，天地之氣也才眞正和暢。所以從驚蟄之後，閉塞氣化才算舒解，於是〈臨〉卦初爻往而之四，就是雷自地出；〈臨〉卦四爻下而居初，就是雨從空降，這樣雷雨交作而成解。〈解〉爲震宮二世卦，消息二月，這個節氣是震雷出聲，寒氣盡退，冰凍化解，地下蟄伏者復甦，草木發芽，萬物欣欣向榮，再無寒冬閉塞景象。這是〈解〉卦的第五個體象。

　　我們口語中常用者，如解除警報、解決問題、解救危機、解散會議，好像都屬於消極性質。實則〈解〉卦中尙有積極的意義，例如病人在痊癒之後的進補調理，國家在戰亂之後社會重建。這個問題要談到〈解〉卦的旁通卦，也就是〈家人〉卦。〈家人〉卦佈在〈明夷〉卦之後，明夷是指國家社會的賢明君子受到重大傷害，〈序卦傳〉說：「傷於外者必反其家，故受之以〈家人〉。」明夷的黑暗時代過後，百廢待舉，一切建設都要從頭做起，這就是〈家人〉。同樣的，〈解〉卦是佈在〈蹇〉卦之後，〈序卦傳〉說：「蹇者，難也。物不可以終難，故受之以〈解〉。解者，緩也。」所以在解除蹇難之後，還要反身修德，以導正邦國而恢復舊觀。〈解〉卦與〈家人〉卦旁通，所以兩卦的道理相似。總之，〈解〉卦並非只是消極地解除蹇難的局面，更要積極的調理蹇難所留下的虧虛耗損，這是〈解〉卦的最後一個體象。

　　在此附帶一提，卦與卦的關係非常龐襟，我們《易經》講座所講解的卦，至多是將這個卦的旁通卦、反對卦，或是關係相近之往來卦，約略加以說明而已。實則六十四卦整個脈絡都是相通，只是時機

尚未成熟，今天我們如果連帶也講六十四卦整體脈絡，只怕不易被社會大眾所接受。這要有待來日，等到六十四卦全部講完，大家對於所有基本體象和意義，還有對於旁通、反對、往來關係卦等瞭解貫通以後，再作進一步探研窮究。所以學《易》至最終，務須將六十四卦全部貫通，始能觀察萬象，見某一現象，即知是何卦象，未來將作如何變化；而其間許多意義和體象的會通轉化，大多是只能意會而不可言傳的，必須靜坐深思，才可以體悟出來。

立卦的意義

〈解〉卦的用意是在於解除蹇難，但蹇之造成危難錯亂，其發生並非偶然，自有其形成的原因。例如氣候的陰霾鬱結，是由乖戾之氣所造成；人事社會中的蹇難亂象，則是起因於奸惡弄權，為非作歹的陰邪小人。例如漢朝看似亡於曹操父子，唐朝淺看是亡於朱溫，但若細究，實際上都是亡於閹宦。因為閹宦弄權，造成朝野亂象，才會有曹操父子及朱溫的篡奪，若非曹朱，也還是有其他的人來亡漢唐。〈解〉卦的爻辭，除了初六「无咎」之外，其餘各爻，九二「田獲三狐」、六三「致寇至」、九四「解而拇」、上六「公用射隼」。這四個爻辭所提到的：狐（奸詐）、寇（盜賊）、拇（爪牙）、隼（惡鳥）皆非善類，都是指陰險奸詐又狠毒殘忍的小人；至於六五為〈解〉卦的主爻，其爻辭更是直言「小人」。由此可見，解除蹇難的首要行動任務就是要驅除小人，因其他們在社會是壞分子，在朝廷是壞官吏，都是禍患之源，所謂欲清濁流必先清其源，源頭不清則流水仍髒。

其次，〈解〉卦固然是以去小人為要務，但並非消極的去掉小人

就是功德圓滿了，〈解〉卦還有它積極的意義，那就是必須針對敗壞
的典章制度與綱紀倫常，加以調理維護。我們再以周武王討伐商紂王
爲例，當武王兵臨城下，迫使紂王畏罪自盡，武王更將助紂爲虐的奸
惡之徒消滅淨盡，一般人會說武王大功告成了，事實上武王之功不止
於此，在滅紂之後，他更是加緊行封建、立宗法，分立諸侯、共襄周
室。接著，周公更加制禮作樂，振綱紀，明法度，一沐三握髮，一飯
三吐哺，戒愼恐懼，殫精竭慮，籌劃經營，如此也才使周朝享國八百
多年。秦漢以後則不然，歷代禍亂平定之後，都只做了〈解〉卦的消
極措施，而對於調理與善後所下功夫，遠遠不及於周朝，其所享國祚
自也不能久長。因此，謀國之士應當體會〈解〉卦之義，就是說禍亂
雖平，還是要有百年千年的長遠打算，徹底紮實地奠定國家社會的基
礎建設，這樣才得以長治久安。

　　最後，解除蹇難，平定禍亂，殊非易事，必須得法。〈序卦
傳〉說：「解者，緩也。」意思是解除蹇難不可操之過急，不能冒冒
失失的去解難，否則蹇難尚未解除，小人之亂反而愈演愈烈，甚至激
起巨變。漢朝的渤海一帶盜匪多如牛毛，漢宣帝任命龔遂擔任渤海太
守，龔遂到職之後，化莠爲良，兩三年的工夫就讓匪盜絕跡，他平定
盜賊叛亂，又鼓勵農桑，很有政績。有人問他有何方法，龔遂說：
「臣聞治亂民如治亂繩，不可急也，唯緩之，然後可治。」（《漢
書·龔遂傳》）解除蹇難就是這樣，首先固然要除奸佞小人，但不可
過於猛酷，急於立見速效，因爲壞人是殺之不盡的，若能將小人化莠
爲良，這才是上策。再以西醫爲例，用鈷六十照射，固然可以殺死癌
細胞，但是同時也會殺死正常的細胞，以致性命多半不保，所以治癌
之道，是要設法將癌細胞變成好細胞，這才是正途。總之，解除奸佞

小人不宜過猛，以免衍生其他惡質的變化。

貳、彖辭（即卦辭）

〈解〉：利西南。无所往，其來復吉。有攸往，夙吉。

　　從卦序來看，〈解〉卦佈在〈蹇〉卦之後；從卦義來看，〈解〉卦的用意是在於解除蹇難；從卦體來看，〈解〉卦的反對卦是〈蹇〉卦；可見這二個卦的關係非常密切，所以〈蹇〉卦之卦辭說：「利西南，不利東北。」〈解〉卦之卦辭也說：「利西南。」為什麼說「利西南」？因為〈解〉卦是二陽四陰的卦，就卦變來看，〈解〉卦是從〈臨〉卦變來，〈臨〉卦的初爻往而之四，四爻下而居初，就變成〈解〉卦。〈臨〉卦外體為坤而內體為兌，在後天八卦的卦位來看，坤與兌都位在西南方；〈解〉卦外體為震而內體為坎，在後天八卦的卦位來看，震與坎都位在東北方。〈臨〉卦外體之坤原本沒有生機，因為初九陽爻往而之四，於是乾陽上去開化位居西南的坤體，而因坤性柔順，也能接受乾陽的開化。因為東北的地形是崎嶇不平的，西南的地形是平順易行的，〈解〉卦解除蹇難，一開始宜從平易之處著手，所以說「利西南」。

　　「无所往，其來復吉」，這個「无所往」是指九二而言，九二與六五相應，二爻本來要上去跟五爻相應，但是九二以陽爻居陰位，六五以陰爻居陽位，位皆不正。二爻位雖不正，但陽剛居中，是有德而無位；五爻則是陰邪無德，而卻居於君位。這樣的卦象，是有賴九二上去，將那無君德而當權的陰險奸小解除。文王繫此卦辭，則是從反面來講，「无所往」是說現在無法上去解除這般奸小，「其來復

吉」是說那就先回到原點也行。就卦變而言，〈解〉卦來自〈臨〉卦，〈臨〉卦的二爻至上爻有〈復〉卦的體象，因爲四五上爲坤地，二三四爲震雷，合成地雷〈復〉，這是「復」自取向的源頭。來復即回復，意思是說本要上去，若又回來恢復本位即吉。當時文王尚無伐紂之時機與良策，於是回到他的本位從頭做起，施仁布政而善養陽剛，即爲吉也。

　　「有攸往，夙吉」，夙者，早也，夙興夜寐的意思。「有攸往」是說假使九二有能力，可以上去將六五的陰邪禍亂解除，那麼就要快刀斬亂麻，趁早行動，不可拖延，方能獲吉，這是文王對於武王伐紂的期許。就像身體有病痛，要及早治療，不宜諱病忌醫而把病情拖重了。曾有人提問，〈序卦傳〉說：「解者，緩也。」這個「夙」字與「緩」字豈不是相互牴觸？實則不然。「夙」是指解除蹇難，行動要儘早，「緩」是指手腕與善後要平緩。

參、爻辭

初六：无咎。

　　「无咎」是斷辭而非爻辭，初六是〈解〉卦剛剛開始，爲什麼只有斷辭而沒有爻辭？因爲〈解〉卦解除蹇難的主體，是依賴九二與九四這二個陽爻，初六雖與九二比鄰，且與九四相應，但是位在這二個陽爻底下，還沒有任何行動，當然也就沒有什麼問題，所以能夠无咎。其次，先儒認爲〈解〉卦卦辭「利西南」，係來自〈坤〉卦卦辭「先迷後得主，利西南得朋」，是說坤宜走在乾的後面，如果走在乾的前面，就會迷失方向。我們看孔子在〈乾〉卦與〈坤〉卦的

〈象傳〉中分別贊以「大哉乾元，萬物資始」、「至哉坤元，萬物資生」，也是資始在前而資生在後，可見坤應居於乾之後。〈解〉卦初六是坤陰之爻，位在九二與九四乾陽之爻底下，正合乎坤後之義，所以「无咎」。〈解〉卦初六居〈解〉之始，必須安寧自處，多觀察而少行動，只爲解除蹇難預做準備。

九二：田獲三狐，得黃矢，貞吉。

〈解〉卦九二爻辭「田獲三狐」與〈乾〉卦九二爻辭「見龍在田」，這二個「田」字都是取象於天地人三才。一卦六爻之位，上與五爲天，三與四爲人，初與二爲地，二爻位在地之上，所以有「田」之象。田在古代稱畋獵，現代稱爲打獵，「獲」字之所以用犬邊，因爲古代專指打獵所獲，現代推廣用法而有所謂斬獲。二爻居內卦坎體而坎爲弓，二三四互離而離爲箭，有弓有箭，那就是獵獲之象。

「三狐」之狐是指六五以陰爻居君位，代表陰邪小人無人君之德而操主宰之權。九二與六五相應，二爻是〈解〉卦行動之始，要上去解除五爻居君位的奸邪小人，就必須經過二三四這三爻的三個階段，所以合起來看有「田獲三狐」之象。另外根據先天八卦的佈卦次序，乾一、兌二、離三、震四、巽五、坎六、艮七、坤八，〈解〉卦二三四互離，離數三，這也有三之象。〈解〉卦九二居坎爲隱伏，爲加憂，爲盜，合而言之有狐之象；此外，二五相應而易位，則二三四互艮，艮爲狗，爲鼠，爲黔喙之屬，合起來看也有狐之象，這都屬於所謂的「廣象」。狐最猜疑奸詐，所以用狐來象徵邪氣奸佞的小人。三人爲眾，三狐就是一群奸小。

從「得黃矢」與「獲三狐」，可見古人用字，獲與得之涵義有

別。「獲」字專指打獵所獲，或指用兵而得；「得」則爲一般所謂的得到，不需用兵，信手可得也。因爲田獲三狐是用坎弓與離箭射中狐狸，既然抓到了狐狸，那射中狐狸的箭也就得以取回。「黃矢」是黃色之箭，黃是中正之色，矢是剛直之器，所以黃矢代表中正剛直。五色之中，黃色最爲尊貴，是君子文明之象，〈解〉卦二三四互離，〈離〉卦六二爻辭稱「黃離」，而在〈解〉卦九二爻辭則稱「黃矢」。〈解〉卦以九二、九四兩爻爲解除蹇難的主爻，九二以陽爻居內卦之中，正是得位之時，自有能力斬獲群小。「得黃矢」，意思是以中正剛直之陽氣解除奸小邪氣，而使正義得以伸張。「貞吉」是說二爻已經「得黃矢」「獲三狐」，這樣的做法正確穩固，當然是吉。

六三：負且乘，致寇至，貞吝。

〈繫辭上傳〉：「子曰：作《易》者，其知盜乎？《易》曰：『負且乘，致寇至。』負也者，小人之事也。乘也者，君子之器也。小人而乘君子之器，盜思奪之矣。上慢下暴，盜思伐之矣。慢藏誨盜，冶容誨淫。《易》曰：『負且乘，致寇至。』盜之招也。」孔子這段話，是引用〈解〉卦六三的爻辭。

首先談「負且乘」的取象。如果二爻上去解除五爻無德而居君位之奸小，那麼五爻就會下來居二，二五易位，則二三四互艮，〈艮〉卦卦辭：「艮其背，不獲其身。」所以艮有背之象，背就是「負」，我們通稱背負。三爻位居內卦坎體之上，坎爲美脊馬，所以三爻有「乘」之象。此外，二五易位，則內卦變成坤，坤爲輿即爲車，也有乘之象。至於「致寇至」的取象，我們看〈解〉卦的內卦爲坎，三四五又互坎，三爻正好位在兩坎之間，坎爲盜寇，三爻處在二寇之

中，有「致寇至」之象。再者，三爻位居九二之上，又居九四之下，就像是背著四爻而乘著二爻，也有「負且乘」之象。

　　一般而言，從事背負貨物的僕役勞務者，稱爲勞力者；從事思想籌畫設計經營者，稱爲勞心者。《孟子・滕文公上》說：「勞心者治人，勞力者治於人。」負是背負貨物，代表勞力者；乘是乘車騎馬，代表勞心者。勞力者僅能提供勞物，沒有籌畫經營的能力，如果讓他去治理人民，統御大眾，便是「負且乘」，這樣胡鬧一定會天下大亂。因爲惡徒盜匪看在眼裡，群起效尤，那自然就會招來匪徒，造成「致寇至」的惡果。這樣在高談什麼貞正或貞固，都無濟於事，結果必然是「貞吝」。

　　我們在初爻提到，〈解〉卦解除塞難的主體，是依賴九二與九四這二個陽爻，六三以陰爻居陽位，而位居九二之上，又居九四之下，就像是背著四爻而乘著二爻，這樣「負且乘」就是無陽剛之能與德而強出頭，結果會引來眾多匪徒覬覦。如同現在大陸共產黨主張無產階級的勞工專政，這句話在本質上就說不通，勞工如何臨政，這不就是「負且乘」嗎？主政者重視勞工利益是對的，但將勞工臨政視爲主義而信奉，還以之爲貞，結果必然是施展不開而吝。三十年來中共的竊據政權，流氓當權，奸小主政，弄得民窮財盡，赤地千里，可說是典型的「負且乘，致寇至，貞吝」。

九四：解而拇，朋至斯孚。

　　「解而拇」的「而」字與汝通，就是你的意思。拇爲大足趾，取象於四爻位居外體震卦，震爲足，同時，四爻與初爻相應，初爲震爻，是爲小趾，所以四爻又有足趾之象。「拇」趾代表匪寇惡徒佈置

的爪牙，是在其手下跑龍套的小儸儸。「解而拇」是九四解除蹇難所用的方法，就像「田獲三狐」是九二解除蹇難所用的方法，因為〈解〉卦要解除蹇難，主要依賴九二與九四這二個陽爻。二爻與五爻相應，九二「田獲三狐」，是要上去解除外卦的一群奸小；四爻與初爻相應，九四「解而拇」，則是要下去解除內卦的一群爪牙。

「朋至斯孚」的「朋」字取象於四下應初，則〈解〉卦內體坎變成兌，兌為朋；再者，凡二個陰爻或二個陽爻相比鄰，都可稱為朋，內卦變成兌則初二兩個陽爻相連，亦有朋象。「孚」是融洽的意思，坎卦有孚實之象，四與三五互成坎卦，所以稱孚。當九二「田獲三狐」解除了外卦的一群奸小，九四「解而拇」又解除內卦的一群爪牙之後，社會上的有德之士或有道君子，才會有意願出來跟我們融洽相處，大家同心協力去解除蹇難。

六五：君子維有解，吉，有孚于小人。

「君子」是指九二的陽爻代表乾陽君子，二五相應，九二上去居五，則六五變成九五，所以有君子之象。〈解〉卦本來就是依靠九二與九四的乾陽，因為解除蹇難的事，只有君子才能做到，若有小人來參與其事，則愈解愈亂。至於「維有解」之「維」字，先儒有兩種說法：一是漢儒虞翻說維是思維，這是根據六五居坎，相應的二爻亦為坎，坎為心思，所以有思維之象。二是明儒來知德說維是維繫的意思，因為五二相應，若九二上去居五，六五就變成九五，則三四五互巽，巽為繩，有繫之象。這二種說法皆有偏頗，實則維字是語助詞，沒有特別的用意，所以六五〈小象〉：「君子有解，小人退也。」就直接將維字去掉，可見維字沒有實在的內容。

　　六五「有孚于小人」的孚字跟九四「朋至斯孚」的孚字，同樣是取象於坎，因為六五居坎，相應二爻亦居坎，坎為孚。我們看二爻與四爻的爻辭只是提到狐、拇等奸匪爪牙，到了五爻始明言小人，那是因為六五是陰爻，有小人之象。所謂小人，是指六五無君德而居君位，但是因為五二相應，若九二上去居五，六五就變成九五，則五爻變成陽爻居陽位而陰爻退其位安其分，這樣陰陽往來融洽和諧，結果不但可以解除小人，降服小人，而且可以感化小人，使之信孚。這時君子的德威已經可以震服小人，能使小人心服而退，所以說「有孚于小人」。

上六：公用射隼于高墉之上，獲之，无不利。

　　這個「公」字並非指上爻自身，而是指與上爻相應的三爻，因為三爻是公卿之位，所以稱「公」。例如〈大有〉卦九三爻辭「公用享於天子」，同樣是指三爻為公卿之位。有關六爻之位，初爻是元士、二爻是大夫、三爻是公卿、四爻是諸侯、五爻是天子、上爻是宗廟，我們在「講習大綱」已有解釋，在此不再特別說明。易例：凡是爻辭中沒有「貞」字的那個爻會有變動，上爻動而應三，三爻乃三公之位，所以「公」是取應爻之象。

　　〈解〉卦的外卦原係坤體，由乾之九四進入而成震，坤為用，所以有「用」之象。上應三，三居內卦坎體又互離，坎為弓，離為箭，有弓有箭是「射」之象。離卦在後天八卦居南，四象以朱雀居南，所以離有鳥之象。「隼」是鳥類，捕禽而食，殘酷兇狠，就是取象於二三四互離為鳥。《詩經・沔水》：「鴥彼鷹隼，載飛載揚。」「鴥彼鷹隼，載飛載揚。」前兩句形容當時諸侯囂張跋扈而相互攻擊，後

兩句形容當時諸侯怠惰上朝而不朝天子。上應三，三變後內體成巽，巽爲「高」。墉就是牆，二應五，二變後二三四互艮，艮爲宮闕又爲山。上應三而三爻在半山之中，又有宮闕，就是「高墉」之象。獲是指射中了鷹隼而有「獲之」象。「无不利」是指這樣射隼獲之是有利的。

　　上六的爻象解釋之後，爻義也就清楚了。我們知道〈解〉卦是依賴九二「田獲三狐」上去解除外卦的一群奸小，又依賴九四「解而拇」下去解除內卦的一群爪牙。雖然奸小爪牙都解除了，到了上爻，還是要防範兇猛厲害的鷹隼，隨時準備射之，才能將禍根罪源徹底解除，能夠這樣當然就无不利。〈繫辭下傳〉：「《易》曰：『公用射隼于高墉之上，獲之无不利。』子曰：『隼者，禽也；弓矢者，器也；射之者，人也。君子藏器于身，待時而動，何不利之有？動而不括，是以出而有獲，語成器而動者也。』」孔子這段話，是引用〈解〉卦上六的爻辭。再回頭看〈繫辭上傳〉：「子曰：作《易》者，其知盜乎？《易》曰：『負且乘，致寇至。』盜之招也。」則是孔子引用〈解〉卦六三的爻辭。由此可見，孔子特別看重〈解〉卦。

肆、象傳

　　象曰：解，險以動，動而免乎險，解。解利西南，往得眾也。其來復吉，乃得中也。有攸往，夙吉，往有功也。天地解而雷雨作，雷雨作而百果草木皆甲坼，解之時大矣哉。

　　「解，險以動，動而免乎險，解」，這句話是說明〈解〉卦的卦

象及其意涵。〈解〉卦的外體震爲動，內體坎爲險，有「險以動」之象。卦序以〈解〉卦佈在〈蹇〉卦之後，就是要解蹇之難，〈蹇〉卦外體坎爲險，中爻二三四互坎亦爲險，可說是「險難重重」，但是內體艮爲止，這表示〈蹇〉卦自身無法脫離險境。〈解〉卦爲什麼能夠解除蹇難？因爲〈解〉卦外體震爲動，身處險難，唯有動才能脫離險境，所以說「動而免乎險」。在化解險難的同時，還要做到自身不被險難所影響，這需要具備高度的智慧。

　　「解，利西南，往得眾也」，這是解釋卦辭「利西南」，意指九四。爲什麼說「利西南」？因爲〈解〉卦是從〈臨〉卦變來，〈臨〉卦外坤內兌，在後天八卦的卦位來看，坤與兌都位在西南方。易例：乾陽居於外，謂之往；乾陽居於內，謂之來。一般的理解，是從一個卦的體象來分辨往來，所以認爲由內卦向上走就是往，由外卦向下走就是來，當然這也是往來，但若僅以內卦與外卦的往來解釋易經，實不足以盡言往來的涵義。因此，這個〈解〉卦的九四是乾陽來居於坤體，那就是「往」。所以「往得眾也」的往，是指乾陽入於外體之坤。〈解〉卦外體原爲坤，坤爲眾，乾陽一往，即得此坤眾。「眾」是群陰之集合體，「得眾」以社會現象來說，就是得到社會大眾的擁護；亦即九四陽爻鑽入坤體群陰裡面，而與群陰和諧相處，就是往得眾也。

　　「其來復吉，乃得中也」，這是指九二。二爻原本要上去解除無君德而居君位的群小狐輩，但是力量還不夠，難以向外發展，所以「无所往」。因爲解除蹇難，要靠乾陽的力量，現在陽能尚弱，就要「來復」。來即是復，因爲四爻下應初爻，九四陽爻變爲陰爻，則二爻至上爻，有〈復〉卦體象。〈復〉卦「七日來復」，來與復相

連。來是生機發起的動力；復是生機發動的成果，代表恢復了。例如
在大病痊癒之後，突然感到腹內氣機微動，這一動之後，腸胃排泄就
暢通了。那腹內氣動即是來；體能恢復正常即是復。至其涵義，就是
說在无所往之際，仍然要回復自身的常態，照舊的佈德施仁。例如周
文王，雖已三分天下有其二，但尙「无所往」，還不具備帶領諸侯往
伐商紂的條件，所以回到岐山，施行仁政，廣結諸侯，深植國力，奠
立基礎，這就是「其來復吉」。吉是指二爻乾陽居內卦之中，恰到好
處。

「有攸往，夙吉，往有功也」，這也是指二爻。初爻與四爻相
應，四爻變則二三四互震，同時四又居外體震，震居東是爲日出之
方，故稱夙，就是早。意思是如果有所往，就要趁早，這樣才吉。爲
何要趁早？因爲「往有功」，二爻與五爻相應，五爻多功，是有功之
象。意即二爻上去，可將一群竊據君位的奸小解除，所以有功。同時
二爻居內體坎卦，五爻又互坎，有重重險難之象。如果二爻上應五
爻，則兩坎俱毀，險難就解除了，所以往而有功。

「天地解而雷雨作」，根據卦變，〈解〉卦自〈臨〉卦來，
〈臨〉卦初九往而居四，將外卦之坤體之坤化爲震。乾陽爲天，坤陰
爲地，〈臨〉之初九陽爻化坤體，六四下來變成初六，是陽氣上升而
陰氣下降，有天地交通之象，故稱「天地解」。因爲天地解，所以外
卦變震爲雷，內卦變坎爲雨，乃有雷雨交作之象，故稱「雷雨作」。
就自然現象來說，當天地氣候處在陰霾鬱結之際，如果要化解鬱悶，
唯有打雷下雨，氣候才會變化，而重現天朗氣清。

「雷雨作而百果草木皆甲坼」，解除蹇難要靠乾陽，乾之最滿數
爲百，〈說卦傳〉：「乾爲木果。」所以〈解〉卦乾陽有「木果」之

象。〈解〉卦二五相應，二上居五，則九二變成六二，於是二三四互艮，〈說卦傳〉：「艮爲果蓏。」在植物分類上，樹木所結者爲果，花草所結則爲蓏。「草木」取象於〈解〉之外卦震爲木，震又萑葦，有「草木」之象。甲爲外殼，取象於乾納甲壬，草木之果蓏外殼開裂，稱爲「甲坼」。自然現象，二月時令，雷雨交作，草木之果蓏掉落地面，正好殼裂而抽芽，萬物新陳代謝，欣欣向榮。這是宇宙生命的自然法則，也是〈解〉卦天地解而雷雨作之情狀。所謂四時行焉，萬物生焉，所以孔子贊之以：「解之時大矣哉。」

再就人事社會而言，我們常說風雲際會，天下之事有不期然而然者，有不知至而至者。當一種情勢迎面而來，有如風起雲湧，萬馬奔騰，任誰都阻擋不住，這就是時勢與機遇。在時勢與機遇尚未明朗時，必定有一些朕兆可以感知，譬如古人說「一葉知秋」。同樣的，在雷雨交作之先，一定有天地解的跡象可尋，所以說「天地解而雷雨作」「雷雨作而百果草木皆甲坼」，這裡面含有許多的機遇，我們若能預見跡象，把握機宜，順應時勢，作任何事都可以事半而功倍。

伍、大小象傳

象曰：雷雨作，解。君子以赦過宥罪。

〈解〉卦要解除蹇難，最難解的是三爻，「負且乘，致寇至」是造成蹇難的主要原因。尤其是六三如果變爲陽爻，則二三四都是陽爻，初爻與五爻都是陰爻，那麼初至五就有〈大過〉卦的體象，這是「過」字取象的由來。易例：「出乾入坤」，陽向外跑是爲出，陰往裡走是爲入。〈解〉卦六三是陰爻位在內體，所以爲入，不過六三本

爲陽位，陰爻居之是有伏陽，伏陽一出，則初爻至五爻有〈大過〉卦的體象，但是畢竟〈解〉卦之六三仍爲陰爻，所以不成其爲〈大過〉體象，而稱之爲「赦過」。〈解〉卦六三居內體坎卦，三四五又互成坎，坎爲罪，六三位在二個坎卦之間，更是大罪。但若六三之陰爻變陽，那麼二個坎卦都毀了，坎罪也就不見了，稱之爲「宥罪」。三爻伏陽不出即爲「赦過」，三爻伏陽一出即爲「宥罪」，這是卦象的源頭。

　　雷雨作則天地解，而百果草木皆甲坼，意思是雷雨交加之後，所有乖戾之氣大多解除了，君子法此象，在解除蹇難的過程中，要做到「赦過宥罪」，意思是把重點放在九二「田獲三狐」、九四「解而拇」、上六「公用射隼」，能夠除去「狐」、「拇」、「隼」這三個罪魁禍首，那麼蹇亂就能解除了。我們看〈序卦傳〉：「解者，緩也。」意思是說解除蹇難固然要除奸佞小人，但不可過於猛酷，因爲壞人是殺之不盡的，所以「赦過宥罪」是不得不然。解除蹇難的君子應該盡可能感化小人，使其化莠爲良，做到六五所稱「有孚於小人」，這才是上策。總之，只須將爲首的罪魁元兇除掉，其餘依附的小人，可能會受到君子寬厚爲懷的感化，而知所悔改，棄暗投明，那我們就可以既往不究，所以說「君子以赦過宥罪」。

初六象曰：剛柔之際，義无咎也。

　　初六與九四相應，在一卦剛剛開始，初六陰柔之爻尚未往上應四，九四陽剛之爻也尚未下來應初，正是陽爻與陰爻剛開始往來相應相交之時，談不上好壞，所以說「義无咎也」，應該沒有毛病。

九二象曰：九二貞吉，得中道也。

九二剛開始著手解除蹇難，就能夠有「田獲三狐，得黃矢」的成果，那是因爲九二居內卦之中，若能穩定於這樣的狀況，即可貞吉。因爲九二居中，恰到好處而「得中道」，正是「見龍在田，利見大人」的大好時機。

六三象曰：負且乘，亦可醜也。自我致戎，又誰咎也。

〈解〉卦本是坤體，六三本是居坤，坤爲醜，「負且乘」之勞力者，粗手粗腳而頭腦簡單，如果居於高位，擔任主宰之事，豈不是自曝其短而表現醜態？所以說「亦可醜也」。九三的爻辭說「致寇至」，〈小象〉則說「自我致戎」，致寇只是盜寇來襲，致戎卻是兵戎相見，打仗的危害程度更甚於盜劫。因爲負且乘者無君德而居君位，致使政令紊亂，民心不服，先是招致盜寇紛起，進而造成干戈殺戮。如此亂局，實皆咎由自取，又能怪誰？可見六三是〈解〉卦裡頭最壞的一爻。

九四象曰：解而拇，未當位也。

九四以陽爻居陰位，是爲「未當位也」。既然不當位，又何以能夠「解而拇」呢？因爲四爻與初爻相應，初爻有「拇」爲爪牙之象。四爻以陽居陰，固然不當位，但只表示九四還不具備往上消除奸小的能力，這時必須先將下層的爪牙之徒解除，打好了基礎，再求往上發展，伸張君子消除蹇難之道。

六五象曰：君子有解，小人退也。

　　君子到了六五這個階段，終於有放手解除蹇難的機會與能力，所以說「君子有解」。小人是指以六五為首的這群奸小，君子則指二爻「獲狐得矢」解除蹇難之主，九二上去居五，六五自必然退而居二，這是陰陽往來之道。君子當政掌權，小人相形見絀，或是受到君子的感化，自然羞愧而退。

上六象曰：公用射隼，以解悖也。

　　「悖」就是亂，我們通稱悖亂。〈解〉卦六爻之中，最不妥當的就是三爻，「負且乘，致寇至」，是為禍亂之首。奸小與爪牙之得以盤據要津，都是三爻所造成。三爻居兩坎之間，是重重險難的焦點，必須將之解除。上與三應，「公用射隼」就是上爻一動，六三陰爻隨即變成陽爻，於是由初爻至五爻所構成的兩個坎險都毀而不見，悖亂現象自然解除了，所以說「以解悖也」。

第四十一卦

損卦

周鼎珩講　桂少庚記錄

損

艮　兌
上　下

—— 此係〈艮〉宮三世卦，消息七月，旁通〈咸〉，反對〈益〉。

壹、總說

佈卦的次序

　　現在報告〈損〉卦，〈損〉卦在我們人生方面是很重要的一個卦。我們過去講的是〈解〉，解是蹇難之象，蹇難到了窒息不通的地步，一定要鬆散寬弛才解決得了，可是既經鬆散寬弛，在這鬆散寬弛中，就難免有疏漏的現象，有疏漏就是有損失，所以鬆散寬弛以後一定有損失，〈序卦〉上說：「解者，緩也。緩必有所失，故受之以〈損〉。」這有一個例子：管仲為齊桓公宰相。有一次齊桓公飲酒，一高興就秉燭夜飲，管仲說：「夫厚於味者薄於德，沉於樂者反於

憂；壯而怠則失時，老而解則無名。」（《呂氏春秋‧達鬱》）可見懈怠放縱之後必有損失。赦過宥罪，有過錯把他赦掉，就是現在法院上講的緩刑，緩刑固然是國家法典，但難免有寬縱失當之時，刑有時緩的對，有時緩的錯，難免使宵小有僥倖的心理，一有此心理，就會使社會秩序混亂，因此〈解〉卦之後，繼之以〈損〉，〈損〉卦就在〈解〉卦之後，道理就在此，這就是卦序。

成卦的體例

　　〈損〉之外體是艮在上，內體是兌在下。艮為山，山的形態，本來是高的，現在在卦的上體更顯得它的高；兌為澤，兌的形態本來是低的，現在在卦的下體，愈顯得它的低。為什麼兌澤低呢？因為它的一部分移到山頭上去了，澤之所以低，就是因為山高的關係。我們往往有這個經驗：山愈高，河愈深，在深川大河周圍必有高山。深川大河在地平面之下，崇山峻嶺在地平面之上，這兩相對比，一個是有餘，一個是不足，這兩相比較下，就是有損、有餘，損就是減少一點，餘就是增加一點，那崇山峻嶺就是增加了，那深川大河就是減少了，這就是〈損〉卦的現象。其象底下是兌澤，拿這兌澤去補那上面的崇山峻嶺，多了一部分是那裡來的呢？是少了的一部分補的，所以截長補短，以多補少，損下益上。這是第一個。

　　第二個，進一步，我們研究為何崇山峻嶺下就是深川大河呢？這就是因為山澤通氣。地球上有穴道，人身上也有穴道，那穴道不是在高的地方，就是在低的地方。比方，人尾脊骨那裡有個穴道，那穴道，突出來了；太陽窩也有個穴道，這穴道凹進去了；奶旁穴是個穴道，這穴道凹下去了；腳底板也有一穴道，凹進去了。凡是穴道不

是凸出來，就是凹進去。爲什麼人構成這種現象呢？人是地球的產兒，這種現象是從地球的現象而來的。地面上的穴道，就是山與澤，山澤通氣，所謂通氣就是穴道脉絡相通。地面上有一股熱力，所謂中國堪輿講風水，就看這個熱力。這個熱力，它有管子，就和人之筋絡一樣，地底下傳氣傳熱力，也有筋絡，地震就是地球的脈絡抽筋。地底下的地氣有電，這地氣有空隙往上走，這熱力往上衝，衝起來了就變成了一座高山。那地心熱力集中在這一點，看風水就是要找這個龍頭，這個熱力在什麼地方，中國過去堪輿就找這個地心熱力所在地這一帶的熱力，熱力在這裡集中了，堪輿家就在這個地方葬墳。這個地方葬墳有什麼好處呢？這地方葬墳，骨頭不爛，永遠可以保持人形，千秋萬世，同時，還有一個好處，如果埋葬在此，不腐爛，母子有電臺，父子有電臺，他不爛，可以接收地電來傳電，有這個好處。這裡頭當然還有很多道理，我也講不完。它在這一點集中了熱力向外鼓漲，把內部的東西都鼓漲出來，把這周圍的土壤都鼓漲了，於是就變成了深川大澤，有損下益上之象，把底下的減少了，把上面的增加了。

第三個，我們從卦變上來看，這個卦是從〈泰〉卦來的，〈泰〉的初爻上去了，變成〈損〉，這是虞翻的說法。第二個說法〈泰〉的三爻上去了，上爻下來了，就變成了〈損〉。這兩個說法，在卦象上都講得通，但以第一說法較正確，爲什麼？因爲〈泰〉卦內在息成三陽，是以乾元爲根本，由初爻慢慢息成的，初爻這個乾元是它的根本，而由〈泰〉變成〈損〉，這變化的幅度很大，必須由初爻這個乾元之力才能變成，因此虞翻從「初爻」上去，這個說法比較妥當。總歸是損下益上，是拿底下的東西培植上頭。中國過去認爲拿底

下的東西培植高頭，就叫做損，損是減少，所以一向的主張是藏財於民；與〈損〉卦相反，拿高頭的培植底下的，就是根紮得厚，把底下的東西拿到高頭去，那房子會倒的。但近來西方主張藏財於國，這道理是由於產業革命以後，他們的經濟操縱在少數資本家手裡，與其操縱在少數資本家手裡，不如藏之於國，是這樣來的。話又說回來了，損下益上有個毛病，就是說你把財力集中在政府，假設管理的人得人，還沒有問題，假設管理非人，他把政府搞垮了，那整個百姓就危險了，所以過去我國主張藏財於民，要用隨時可以把百姓的東西拿來用，譬如要作戰的話，不用時百姓自由自在的經營，比放在國家穩當，放在政府手裡，若管理非人，就很危險了。西方國家把財藏於政府，損下益上，還有他的道理，但到了共產黨政權不許人民私有財產，把老百姓的財產剝光了，整個的放在高頭，並不是損下益上而是損盡了，一損盡，就等於割雞取卵，割雞取卵，雞也死了，蛋也完了，這就不是一個好辦法。

第四個，損要損其所當損。〈損〉、〈益〉兩卦比照來看，〈損〉卦二爻上去居五，五爻下去居二，就變成〈益〉卦，〈損〉卦掉過頭來就變成了〈益〉卦，〈損〉、〈益〉兩卦是這麼個情況。〈損〉是山澤通氣，就是地氣熱力向外發揮，實爲消耗的現象，就叫做損；〈益〉是雷風相搏，底下是震，震爲雷，高頭是巽，巽爲風。所謂風雷相搏，拿現在話講，就是地電和天電的接觸現象，巽爲入，震爲出，底下雷，地電出去了，高頭巽，天電下來了，就是天地電接觸的現象。雷上去了，雷一散就是風，所謂風也是熱力，雷也是熱力，不能出去，一出去就有陰氣包裹了它，它一突破陰氣，就兩電相接而成聲，雷散就變成風，風又把這股熱力交還給地底下，有恢復的

現象，就成〈益〉。山澤通氣往上走，是消耗的現象；雷風相搏，就和它相反，風把熱力帶回，有恢復之象，叫做〈益〉。這是根據情況來說明。不論宇宙或社會現象，絕不能永遠保持平衡的，總有過與不及的偏差，天氣嘛，有時冷，有時熱；社會嘛，有時繁華，有時凋零；人情，有時熱烈，有時冷淡，宇宙社會現象都是波浪形的，有起，有伏，有偏差的地方；天氣太寒了，就生爐子取暖，太熱，就要放冷氣取涼，取暖，取涼，就是要它合乎中道，這就叫做損。假設以這現象看，損其所當損，沒有什麼不好，日常生活上減耗的地方很多，從這方面看是損，從那方面看就是益。比如，太熱開冷氣，從這面看，減少了熱度是損，從那面看，增加了冷爽是益；同樣的，天氣太冷，我們生爐子取暖，減少了寒冷是損，增加了溫度是益，所以損益間是循環的，就好像調節器一樣，我們人生常有太過不及的時候，這是第四個體象。

立卦的意義

〈泰〉卦無極不「否」，無往不「復」。宇宙一切萬物，都是陰陽造成的，但陰陽沒有永遠保持平衡的道理，總有偏差，或太過，或不及，因此有晴、有陰，有寒、有暖，總有過不及之象，不及就更增加，就是「益」，太過就要消減，就是「損」，〈損〉、〈益〉卦就是這樣的。從〈乾〉、〈坤〉兩卦都是純陰、純陽，慢慢的運行，運到第十個階段變成〈泰〉、〈否〉，〈泰〉、〈否〉兩卦體就是陰陽均衡，這是上經；下經從〈咸〉、〈恆〉兩卦都是老少成卦，〈咸〉卦是少男少女，〈恆〉卦是長男長女，兩對老少，慢慢運行，就是少陰少陽，老陰老陽運行，運行必有偏差，偏差怎麼辦呢？就利用損、

益，所以損、益是中和偏差的不二法門，多的切掉一點，不足的添加一點，不然的話，宇宙的運行怎能化成？怎能繼續下去？因此損、益在宇宙間就成了平衡陰陽的不二法門。就拿我們自身來講吧，如果我們身心疲困，四肢疲軟，腳步沉重，頭部昏暈，這就是陽不足了，這裡面所謂不足，都是指陽不足。所以好的中醫，他知道你這個人如果是陰虛，它不給你補陰，他給你補陽，陽一旺，陰就旺，有陽，腸胃就容易消化，就進飲食，陰就旺了，所以《易經》裡有扶陽益陰，陽一扶起了，陰就有了，損、益都是指陽來講的，我們四肢歪軟，頭重腳輕，就要補陽，就是益。

　　小孩子他生活興趣很濃厚，玩石子、看電影，他都有興趣；到我們七十多歲了，你叫我看電影，我沒興趣，為什麼？看不動了，陽不夠了。小孩子少年，他陽旺，生活興趣就濃厚；陽不夠，生活興趣就沒有，所以當我們生活興趣不夠的時候，就要補陽。反過來，我們性情急躁，動不動就要發脾氣，做起事來不加思考，很衝動，坐臥不定，這就是太過了，就要減削一點，如何減削呢？你看中國大廟，廟的殿中間坐著如來佛，右邊站著的是普賢菩薩，手上托著個大火球，左邊站著的是觀世音菩薩，手裡拿著水瓶，印度不是這樣，只有中國是這樣。一般人不了解，這就是水火〈既濟〉，水火〈既濟〉，才不會動不動就要發脾氣。做事太急，這就要損，損，用什麼功夫呢？就要用觀世音的功夫，觀世音怎麼講？就是觀音自己靜坐在那裡，聽自己的呼吸，由很小的聲音聽到像颮颱風一樣，是損脾氣，就可以調和；觀不是看，是聽，聽自己的聲音，耳屬腎，眼屬肝，生陽用眼睛，生陰用耳朵，所以要聽自己的聲音，陽就會降下去，這是損。其次，推斷國家社會如國困民疲時，是不及的現象，就要增益；如是國

富民強，**蠢蠢**思動，日本侵華時，橫蠻無理，就要損。謀國的先生們要以〈損〉、〈益〉兩卦來調節國家社會的情況，過去的宰相，他就懂得這個道理，往往把五十年後要發生的亂子都先平下去了。

第二個意義，孔子讀到〈損〉、〈益〉兩卦，憤然而歎，曰：「事或欲與利之，適足以害之；或欲害之，乃反以利之。」（《淮南子・人閒訓》）假若有人你想利他，給他好處，結果正害了他；有人你想害他，結果反而給了好處。這就是〈損〉、〈益〉兩個卦象，彼此是往來的，從這面看來是損，從那面看來是益。如我們對孩子嬌生慣養，愛得無微不至，表面上是益，是利，實際上是損，等孩子長大了，變成太保太妹，起碼是身體弄壞了；假設懂得道理，對孩子不假辭色，不稍寬假，該孩子做的就讓他做，不怕他吃苦，縱然是有錢，用品跟普通人一樣，表面上，管的很嚴很損，但在這種家庭，才能夠成器。從家庭教養孩子來看，〈損〉、〈益〉兩卦是循環的，看著是損，是減縮了，實際上是增加了；在這一方面看著是增加了，實際上是縮減了，因此〈損〉、〈益〉在《長短略》中是個很重要的略。我們在國家方面看，歷來底下作臣子的人，善於苛徵暴斂，每年能從老百姓身上蒐集這麼多錢，都是受統治者所歡迎的，以為他是能吏能手，因為可以寬裕國家的財富，事實是割雞取卵，自己引起暴亂滅亡，自己削自己的肉，表面上是益，事實上是損。漢文帝常頒佈減省租賦的詔令，租率從十五稅一減至三十稅一，那是歷來賦稅最輕的。他曾計劃造一露臺，需用百金，他說：「百金，中人十家之產也。吾奉先帝宮室，常恐羞之，何以臺為？」（班固《漢書・文帝紀》）百金是中人十家之產，怎麼可以能供他一人之樂？於是作罷。景帝崇尚黃老之說，也減少賦稅。所以那時候，臣子不敢苛徵暴斂，表面上造

成了收入減少，事實上造成了文景之治，所以表面上是損，事實上是益。所以我們可以拿這個損益來調節身心，調節社會，調節整個國家，也可以觀察朋友。朋友對我們好啊，結果是壞的，我們就要當心了；朋友對我們嚴厲，不假寬貸，表面是壞，事實是好。朋友是好、是壞，要全盤看，不是只看一個段落，只看他說一些好話，這就是好，不一定的，要全盤看。所以我們就要用〈損〉、〈益〉兩卦，尤其是〈損〉卦。

現在講第三個意義，損，不是竭澤而漁的損，不是共產黨割雞取卵的損，把老百姓的東西都刮光，不是那麼的損，要有撙節，所以在〈損〉卦的初九：「酌損之。」損是要有調節的，太多了，要減少一點，多到什麼程度呢？應該斟酌的，這裡頭要煞費斟酌，所以〈損〉卦的各爻裡頭，對於損，都特別愼重，例如初九：「已事遄往，无咎，酌損之。」對於自己的情形已經弄清楚，應該有多少輸送配備，然後斟酌，把它減省，不是冒冒然把它節省。譬如，脾氣偏暴躁，動不動就光火，很不安詳，這個當然太過了，這個當然要縮減，要損，不是說他偏激、暴躁，就冒冒然的縮減，我們縮減到什麼程度，什麼分量，沒弄清楚，就壓他的火氣，壓的太甚了，就反而把他弄壞了，所以要很費躊躇，這個中間，不是冒冒然可以做的，這是第三個意義。

貳、彖辭（即卦辭）

〈損〉：有孚，元吉，无咎，可貞，利有攸往。曷之用？二簋可

用享。

第一，講「損，有孚」，初爻與四爻、二爻與五爻、三爻與上爻，陰陽相應，內外相應；內卦是兌，兌為少女，外卦是艮，艮為少男，少男、少女相交，其情純篤，有「孚」之象，「孚」者，就是融洽之象。其次，就整個的卦體來看，五爻一變，就變成〈中孚〉，大體之象，有像〈中孚〉。「有孚」是六爻相應，少男、少女，兩情相通；卦體大象，有〈中孚〉之象，因此，就「有孚」。此外，〈泰〉卦上去了，可以開化群陰，這也是「有孚」之象。

第二個，「元吉」，這卦是從〈泰〉卦來的，〈泰〉卦的初爻上去了，就變成了〈損〉，也就是說初爻發動了，初爻發用了，就變成〈損〉，而初爻是乾元，所以說「元吉」。「元吉」和「大吉」不同，易例裡面，「大吉」的「大」是講吉的程度，「大吉」就是吉的程度很大很大；「元吉」的「元」是講吉的本質。「元吉」是由於乾元發用而吉，乾元發用而吉，是本質吉，本質吉，所以「无咎」；〈損〉本來是損，有咎，但六爻相孚，六爻相應，元吉發用，所以「无咎」。

「可貞」，「可貞」這兩個字，從〈坤〉卦六三爻辭「含章可貞」來的，「可貞」就是可以穩定在這個現象之內。為什麼可以穩定呢？因為二爻與五爻相應，二爻與五爻都不正，二爻上去至五爻，五爻下來至二爻，就變成〈益〉，二爻、五爻一正，由〈損〉就變成〈益〉，有「可貞」之象。同時，三爻和上爻，不正，如果二爻和五爻移位相應，三爻和上爻移位相應，各得其位，就變成水火〈既濟〉，水火〈既濟〉，就可以正確的穩定，也有「可貞」之象。

「利有攸往」，〈損〉卦之所以損是二、五兩爻損，如果二爻往到五爻，變成風雷〈益〉，就不損了，所以叫做「利有攸往」。

「曷之用」是什麼意思？就是：這個損何所用呢？「用」的象從那來？因為三、四、五互成坤，坤為「用」。「曷之用」底下就是自問自答，「二簋可用享」。「二」從那兒來的呢？因為內卦是兌，兌屬「二」；同時，荀爽說：在下陽剛上去了，居上，變成了祖先、宗廟；又是祖先，又是宗廟，據二陰，也是「二」之象。「簋」，往年祭器就為「簋」，簋是盛黍稷的，簠是盛稻糧的，簋、簠是兩種祭器。「簋」是從那兒來的？《周禮・多官考工記・瓬人》：「瓬人為簋。」所以「簋」是用瓦做的，是土器，坤為土，坤為器，所以裡頭有土器之象。外卦是艮，艮為宮闕，爻位上為宗廟，這個宮闕是什麼宮闕？是宗廟的宮闕，有宗廟之象。艮為手，中爻互震，震為長子，主祭者也，長子在宗廟裡手持著盛黍稷的土器，那不是祭禮嗎？所以「二簋可用享」。這是講卦辭上的卦象，意思是什麼呢？

「有孚」就是很融洽，很信實。就是《老子・第二十一章》講的：「窈兮冥兮，其中有精；其精甚真，其中有信。」就是非常的正確信實。就是我們所減縮的程度、分量非常的適宜，非常的融洽。就拿我們的身體來說，東西吃太多了，自己衡量縮減，恰好是我們所需要的，若合符節，那就是「有孚」，非常的信實，非常的正確，裡頭一點的偏差都沒有的，就是你所需要節省的那個分量，那叫「有孚」。「元吉」，就是在本質上是好的，也就是開始是好的，「〈損〉、〈益〉，盛衰之始也」（〈雜卦〉），〈損〉、〈益〉是調節器，這個現象偏差了，經過適度的調節，就非常的興隆旺盛，調節不好，就垮了，就壞了，所以〈損〉、〈益〉是盛衰之始。本來損

是有咎的，因為你「有孚」，就「元吉」，「元吉」就「无咎」。「可貞」者就可以穩定了，不僅可以穩定了，「利有攸往」，可以朝著這個標準往前進，把需要縮減到恰好。譬如，國家太浮躁，太浮躁了，就縮減，縮減要對症下藥，下什麼藥？下恰好這國家民氣所需要的藥方子，你就根據這個標準，向前進行，沒有錯的。「曷之用？二簋可用享。」「二簋」是打個比喻，古代簋是重要的祭祀禮器，天子八簋，諸侯六簋，卿大夫四簋，士只能二簋，使用數量有嚴格的等級限制。「二簋可用享」，意思就是說，所謂損，是損其所當損，適度的，合乎標準的，要看你當時的情況，需要什麼程度，就縮減到什麼程度，這樣的縮減，就算是縮減到「二簋」，也可以祭祀祖先的。

參、爻辭

初九：已事遄往，无咎，酌損之。

現在講到爻辭，這裡頭很多爻辭，很難解釋，初九：「已事遄往，无咎，酌損之。」「已事」，虞翻本子講：「祀事」，我們還是用「已事」。虞翻為什麼用這個「祀」字呢？因為卦辭上有「二簋可用享」，有祭祀的現象。我們拿「已事」來講，「已」者是了當的意思，「事」，初與四應，四居坤，坤為「事」，「事」代表那個情態，那個情況，「已事」，那個情況已經很了當了。

「遄往」，「遄」者，有兩個解釋：一是頻頻往來，一是速也，頻頻往來是對的，不是速也。「遄往」者，初爻與四爻相應，有往來之象。初爻上去往外走，就是消耗，就是縮減，這個卦就是損下益上之象，以柔損剛，把這個剛損掉，益這個柔，減少這個陽，扶助

這個陰。「已事遄往」，就是說損要宜時，你把你那情況弄得很了當了，你的需要在什麼地方，弄得很清楚，拿得很準確，於是你可以往上走，可以損。你「已事遄往」，那就无咎。

「酌損之」，損，不能倉倉皇皇、冒冒然的去做，怕你不愼重，它加一個「酌損之」。「酌」從那兒來的呢？因爲二、五兩爻不正，二上至五，這外卦就變成巽，巽有「酌」之象，「酌」者斟酌，同時，初與四相應，四居巽，巽爲或，爲不果，也有「酌」之象，這是「酌損之」。

九二：利貞，征凶，弗損，益之。

這爻最難解釋。「利貞，征凶」，朱熹《周易本義》說：「九二剛中，志在自守，不肯妄進，故占者利貞，而征則凶也。」朱子以爲二爻要守它本位的崗位，爲什麼要守著剛中？因爲你要往前進，就凶，所以宜於剛中自守，這是朱子的說法。

「弗損，益之」，朱熹《周易本義》說：「弗損益之，言不變其所守，乃所以益上也。」一句話，就是不增不減，也不損也不益，這是朱子的解法，程傳也是這個解法。王弼以後，不是這個解法。「弗損，益之」，不是這個解法，這樣簡單，爻義便索然無味了。他們對於整個卦義弄反了，因爲這個損，要有動作，「〈損〉、〈益〉，盛衰之始也」，這個「利貞」，二爻雖是以陽居中，但其位不正，五爻以陰居中，也是失位，「利貞」者，就是利於二爻往上，二爻上去了，就變成〈益〉了，益者是增加，本來是損，結果變成益。就像小孩子嚴加管教，結果他能成人，他能成大器，損有所謂益者，二上居五，就變〈損〉爲〈益〉。

「征凶」的「征」，不是普通的行進，這個「征」者是講興師動眾之「征」，二爻居震，震為動，三、四、五成坤，坤為眾，所以講這個動，二上居五可以「利貞」，但是「征凶」，不能興師動眾，不能大動，大動就凶，初爻要了當，自己損了這個情態，二爻可以往上走，遄往，但是不能牽動太大，牽動太大，就「征凶」。

「弗損益之」這句話，中間要加個逗點，就是「弗損，益之」。若像程傳、朱義講的，「弗損益」就夠了，何必要加個「之」字呢？加個「之」字，那「之」不成了贅辭了？周公、文王用詞特別簡練，不會用這些不必要的字。「弗損」、「益之」是兩句，「弗損」是指二上去，二上去，當然是損了，往外走當然是損了，以剛補柔，損下益上，實際上是不損，是益，是增加。「征凶」，就是你上去可以，但是不能興師動眾，牽動太大，「弗損，益之」，這不是損，是益。

六三：三人行，則損一人；一人行，則得其友。

這卦是從〈泰〉卦來的，〈泰〉卦的初爻上去了，就變成〈損〉。〈泰〉卦的初爻內爻是三個陽，三個陽就是「三人」，〈需〉卦上六：「入于穴，有不速之客三人來，敬之終吉。」裡「有不速之客三人來」，底下也是三個陽，三個陽稱之為「三人」，〈泰〉卦裡頭三個陽，有「三人」之象，「三人」是指它從〈泰〉卦來的。「三人行，則損一人」，本來是三人共行，上去一個，三人裡，就損失一個，變成兩個。

「一人行，則得其友」，「一人行」，就是一個人（陽）上去了，則得其友，於是得到陰，和它調和。從卦象來看，「一人行」，

初爻上去了，內卦就變成兌，兌爲「君子以朋友講習」（〈兌〉卦〈大象〉），所以兌是「友」，「友」從此處來，這是卦象。這句話意義很深，《老子・第二十二章》有兩句話：「少則得，多則惑。」多了就迷惑，譬如，女孩交朋友，交多了，結果嫁的時候，就很困難，所以歌女、電影明星，很難嫁出去，因爲她的對象太多了；男的也是如此，相交遍天下，結果是知心無一人，濫交的人沒有朋友，愼交的人倒有眞朋友。「三人行，則損一人」，三人表示眾，眾多，就有損失，「一人行，則得其友」，一人行，單單的，就會得到幫助。就是說斟酌的損，結果還會得到幫助，底下三個陽，不能全把它損壞掉了，要斟酌的損，不能割雞取卵，將其整個損掉，要把它的原氣保住，「三人行，則損一人；一人行，則得其友」。

六四：損其疾，使遄有喜，无咎。

初爻往四爻走就是「損」，損內體的陽而補了外體的陰，補了外體的陰，而陽就有險難的現象，因爲初爻到了四爻，四爻下來到了初爻，變成坎，坎爲險難，有險難的現象怎麼辦？四爻就「使遄有喜」，「遄」有往來的意思，初爻上去了，內在有險難，可是再回來，體內又變成了兌，兌爲悅，和悅喜悅的現象，故「使遄有喜」。初爻上到四爻，變成了坎，坎爲「疾」，但是又回來了，故「損其疾」，損其疾，故有喜。譬如，我們使用民氣，把民氣提高了，盡量的喊我們要怎麼樣怎麼樣，民氣提得很高是可以用的，但盡量的提，提得太高了，就像彈簧一樣，它是很有限度的，提得太高最後就提不起來了，使用民氣到相當程度，要叫它復元，所以初爻上去了，要再回來。民力、民財都是一樣，使用要有限度，要讓它能夠復元，不可

盡量，老是使用民財，那是割雞取卵，到最後就沒有民財可以使用了，所以「使遄有喜」，就是這意思，要損其疾，還要使它回來，恢復原狀。所以謀國先生要注意民財、民力，可以盡量提用，度過那個節骨眼以後，一定要給予復元的機會，不然就無民力民、財再供使用了，「損其疾，使遄有喜」，實爲倒裝句，就是「使遄有喜，損其疾」，才「无咎」，方不至有毛病。

六五：或益之，十朋之龜，弗克違，元吉。

這一爻很有意義，但這一爻解釋很多。「或益之」，「或」，不定之辭，因爲二、五失正，不當位，二陰位應當陰居而陽居了，五陽位應當陽居而陰居了，二、五換過來呢，就當位，二上居五，外卦就變成了巽，巽爲進退，爲不果，進一下，退一下，還是進呢，還是退呢，不果斷，所以說「或」。

「十朋之龜」，「十」字從哪兒來呢？坤居十，天一地二，天三地四，天五地六，天七地八，天九地十，坤納癸，癸居十，所以坤爲「十」。「朋」字從哪兒來呢？坤爲「朋」，〈坤〉卦卦辭：「利西南得朋，東北喪朋。」所以坤有「朋」之象。「十朋之龜」，根據《爾雅‧釋魚》有十種之龜：「一曰神龜，二曰靈龜，三曰攝龜，四曰寶龜，五曰文龜，六曰筮龜，七曰山龜，八曰澤龜，九曰水龜，十曰火龜。」龜的價值很大，《漢書‧食貨志》裡說：「元龜岠冉長尺二寸，直二千一百六十，爲大貝十朋。」蘇林注解說：「兩貝爲朋。朋直二百一十六，元龜十朋，故二千一百六十也。」元龜要值二千一百六十，是很寶貴的龜。「十朋之龜」，「龜」的象從那裡來呢？龜兩旁是硬的，裡面是柔的，這個卦從二爻到上爻，有〈頤〉

卦之大象，〈頤〉卦初九爻辭說：「舍爾靈龜。」中間四個陰，兩頭兩個陽，所以有「龜」之象。「十朋」，什麼叫「朋」？兩貝為「朋」。往日的錢叫貝，我國最早以貝為貨幣。所以「十朋之龜」，第一說，就是講前面講的十種龜，第二說，就是講兩貝為朋，要十個朋才是一個龜的價值，表示龜的價值高。

「弗克違」，沒有法子違背。這是什麼意思呢？「或益之」，不在自己預料之內，忽然而來的，「十朋之龜」，有價值，這麼大的一個東西，忽然而來。〈損〉、〈益〉二卦是調節器，損到第五爻，損到最後，「或益之」，就可能有益。就是我們每一個人在社會上來往，有時有料想不到的機遇來了，這機遇就像是天造地設擺在那兒，好像伸個手就拿得到了，這就是「或益之，十朋之龜，弗克違，元吉」，沒有法子違背，想躲避都躲避不了。我們講蓍法，拿大衍五十個數來揲，來蓍，另外一種也拿蓍來揲，也拿龜來卜，或者有個機緣來了，就是價值最高的龜也沒有法子違背，龜都順從那機緣，這當然是「元吉」，大吉了。

上九：弗損，益之，无咎，貞吉，利有攸往，得臣无家。

乍看來，東一句西一句，好像句子都有點不通的味道，其實是非常貫通的。陰極陽生，陽極陰生，人是如此，國家也是如此，吃苦吃到極點，必會好轉，除非死亡，否則必能好起來，國家也一樣。上九即是損到最後階段即是「弗損，益之」，不是損而是益，因為上九是從〈泰〉卦去的，這是虞翻講的，〈泰〉卦的初爻上去了，當然不是損了；就上爻來講，它是益，因為上爻得到了這個陽，於是外體的坤才能化得了，不是損，而是益。根據卦變的由來，上爻是由初爻

或是三爻上去，有人講是由初爻上去的，虞翻講是由三爻上去的，兩個都可以講得通的，不管是由初爻或是三爻，都是損下益上，內體的陽剛補助外體的陰柔，就外體來說，它不是損，是益了，「弗損，益之」，這是象。意義就是，物極必反，損到最後階段，就變成益了。前頭各階段的損，都是很恰當的損，於是到了最後一爻，它才益呀！到了上九，就弗損了，就損而變益，那當然就會「无咎」了；如果前頭各階段的損，損的不恰當，到了最後，當然就要出毛病了。前頭卦辭上講：「損，有孚，元吉，无咎。」上九這個「无咎」，就是前面卦辭上的「无咎」。

「貞吉，有攸往」，前頭卦辭上講：「可貞。」「可貞」，損有個正規，該減多少，它有個正規，不是亂來的，合乎那個正規就是「貞」，「貞」者，正也，正是指損的正規。褂子剛剛長了一寸，那就剪掉一寸，根據你的需要，剪掉得恰到好處，那就合乎正規，要是剪掉五寸，那就不合乎正規了，損固然是壞東西，但走到這個節骨眼上，發生了偏差，不能夠不減少，不糾正它，不糾正這個偏差，那偏差就更大，更不得了啦，所以損、益不是個常道，而是個權變之計，雖是個權變之計，它裡面也有個正規，所以在卦辭上是「可貞」，可以合乎正規的，這個正規就是到了上九弗損而益了，已經「貞吉」，很正確的得到吉了。「貞吉」、「有攸往」兩個是有關連的，例如，我們的民風太放縱，太奢侈了，生活上太放縱了，我們約束一點，使大家節省一點，浪費的布匹有多少，浪費的汽油有多少，浪費的建材有多少，一切都做個統計，針對著社會所需要減少的量，我就合乎正規的，逐漸的減少，這樣的「貞吉」，就「有攸往」，可以發展下去。

「得臣无家」，坤爲臣，上爻是由底下內卦的乾陽上去，於是群陰協從，也就是乾陽得著兩個陰，於是他得到臣，「得臣」者得陰相協也。「无家」，沒有家。二爻上去，外卦變成風，三爻下來，內卦變成離，於是乎風火〈家人〉，現在二爻上去，三爻沒有下來，沒有變正，所以〈家人〉之象不成。就是說天下的人都臣服於你了，就無家了，你沒有私家了，「普天之下，莫非王土，率土之濱，莫非王臣」（《詩經・北山》），下面都是我的臣子，那還要什麼家呢？天下都是我的家了，天下都是一家，就沒有私家可言了。得到臣民，就把家沒有了，沒有了，並不壞，臣是公的，家是私的，得到公的、大的就是益，失去私的、小的就是損，損小益大，所以損呢，到了最後，就是損小益大之象。

總而言之，這個六爻，在我們人生生活中是很重要的。生活中有了偏差的時候，就要注意到損益，多的就要切除一點，少的要補充一點，損、益是權變之計，雖是權變之計，裡頭有個正規，所以是「可貞」，要注意它的正規，它的原則，在這內卦的三爻，都是講「損」，例如，初九吧，「已事遄往，无咎，酌損之」，就是把自己的事情搞的很完成了，斟酌自己的情形，切合自己的情形，那麼東西多了，就把它減少一點，恰好減到正規，損雖不是常道，損是有損的正規，損雖是權宜之計，它有它的標準，要合乎它的正當標準，而不能過於損，損得太過則不可。九三：「三人行，則損一人；一人行，則得其友。」三損一得，三人就是底下這三個陽，三陽從〈泰〉卦來的，整個的增加到高頭去，我們把所有的民財統統集中到政府來，那是三人行必有損失，把整個的陽剛之氣都集中到上頭，那就似之於人把所有的血都集中到腦子裡頭，變成了腦溢血，而全身變成了貧血，

那就是損得太過了，整個的陽都損了，損得太過了，一定有壞處；「一人行，則得其友」，表示損了一部分，那還可以得到一點交換諧和的現象，是要酌量而損。四爻外卦則不然，「損其疾，使遄有喜，无咎」，損變爲益了，過去把損集中到高頭來的，現在要恢復到底下，如民財一旦國家把民財都集中到政府，可以的，但集中以後，還要還給人民，如不交還給老百姓，是很危險的。中國的重農、重商、重工，藏財於民，集財於國，這些論題在《鹽鐵論》裡，可以看得到，討論了很久，要點是藏財於民，政府需要時隨時就可以收集來用，人民的就是國家的，集財於國有什麼缺點呢？那就是管理不易，萬一管理者有一個壞蛋不負責任，結果整個國家百姓都慘了，都受到害了，所以要藏財於民，四爻把過去所損的都收回來，回復原來不損了！五爻呢，更進一步，「或益之，十朋之龜弗克違，元吉」，「或益之」，可是這個益是或然的未知。到了上爻呢，硬是變損爲益，由此看來，〈損〉卦就是在頭幾個階段斟酌情形而損，損到相當程度，就由損而變成了益，損也不是個壞的東西，這是六爻報告完了。

肆、象傳

象曰：損，損下益上，其道上行。損而有孚，元吉，无咎，可貞，利有攸往。曷之用？二簋可用享，二簋應有時。損剛益柔有時，損益盈虛，與時偕行。

「損，損下益上，其道上行」，此爲孔子引伸「損下益上」，拿底下的去補高頭的，它是從〈泰〉卦來的，底下是三陽，或者是初陽上去，因爲高頭都是陰，把底下的陽挖上去了，就「損下益上」，

所以引伸爲「其道上行」。卦氣本來就是向上走的，〈損〉卦呢？又是把裡面的東西拿到上頭去，所以說「其道上行」。這裡面有震卦，二、三、四互成震，震爲「行」，這乾陽往上走，所以說「其道上行」，這是卦象。虞翻說：〈泰〉卦的初爻上去了；或蜀才（晉‧范長生字蜀才）說：〈泰〉卦的三爻上去了，上爻居三，都是講「其道上行」。「其道上行」是什麼呢？如地球的春、夏呼氣，往上行，河水、海水都漲水，那兒來的？地球裡面來的，〈泰〉卦的陽剛往外走，是「損下益上」，「損下益上」是什麼呢？「其道上行」。我們過去講：「財聚則民散，財散則民聚。」（《禮記‧大學》）如果把民財集中到政府，老百姓就不歸心了，除非像共黨用暴力控制，人民敢怒不敢言，所以稍微鬆一點，老百姓就跑了，所以「財聚則民散」。

「損而有孚」，〈損〉爲何「有孚」呢？因爲卦象有〈中孚〉的體象，所以說「有孚」；其次，〈泰〉卦內在的陽剛上去了，與高頭的坤陰諧合相孚，故亦爲「有孚」之象；同時，〈泰〉卦這一爻（九三）上去到上爻，內卦變成了兌，兌爲少女，外卦變成了艮，艮爲少男，底下少女，高頭少男，少男、少女，兩情相悅，非常融洽，故「有孚」。「有孚」的意義就是說，損得恰到是處，「孚」者是信實，很眞切，假使我們體內陽太旺，脾氣太暴躁，吃藥下藥，那下藥的分量，恰好減了暴躁之氣，那就叫「有孚」。損而合於標準就是「元吉，无咎」，「元吉」就是本質是好的，本質好當然就「无咎」，沒有毛病。

「可貞，利有攸往」，「貞」就是正確，「可貞」就可正確，損非常道，但有正確的標準，損不是經常的道理，損是不得已了。天

氣太熱，我們開冷氣，太冷我們開暖氣。你看宇宙的自然現象，太燥了，不是起風，就是下雨，因為風雨可以把燥氣損掉，益之以清涼，可是太寒太冷呢，就出點太陽，熱以煊之，減損寒冷，而益之以溫暖。固然損不是正道，但可以「貞」，所以叫「可貞」。如果拿正道就「利有攸往」，就是可以向前發展，因為卦裡頭有「可貞，利有攸往」之象，二、五易位，就變成了「可貞」，二爻上至五爻，就變成〈益〉卦，〈益〉卦的三爻上居上爻，就變成了〈既濟〉，就可以「貞」，可以達到正確的標準。卦象從〈泰〉卦內面的陽剛之氣，提到上面去了，向上謂之「往」。「可貞，利有攸往」就是可以合乎正確的標準了，就可以往。

「二簋可用享，二簋應有時」，就是簡單到最薄的祭禮，不是經常可以用的，表示損非常道，你節省到這個程度，不是經常的，這是有時限的。「時」是指春、秋，〈損〉二上居五變成〈益〉，〈益〉是正月卦，〈益〉的內卦變成震，震居卯，〈震〉是二月卦，正月、二月，豈不是春天嗎？〈損〉卦是七月卦，〈損〉卦內卦是兌，〈兌〉是八月卦，七月、八月是秋天。春、秋是講祭祀的，春禘秋嘗，這是春秋祭奠的名稱，「二簋應有時」，「應」，二上居五，外體變為巽，內體變為震，震、巽同聲相應，有「應」之象。「二簋應有時」，是從這兒來的，於不得已時方能用的。比方，國家遇到大的變改，碰到災害、旱潦、饑饉時，可是春秋大奠是不能廢的，可是可以損的，因之「二簋應有時」，應有個時期，需要那個標準。「損剛益柔有時」的那個「時」是講秋、冬的，因為〈損〉卦的二爻上去居五，成〈益〉，〈益〉卦上去居三，就變成〈既濟〉，〈既濟〉裡頭有坎、離，坎是冬，離是夏，「損剛益柔」是有「時」，「時」是

夏天、冬天，指的是坎、離。「損剛益柔」，本來這卦是從〈泰〉卦來的，〈泰〉卦的內卦是乾陽，乾陽過剛過猛，〈泰〉卦的外卦是坤，坤是柔，「損剛益柔」，是把乾陽的剛彌補坤陰的柔，「損剛益柔」，就是損乾來補坤，在後天就變為坎、離的現象，乾陽到了坤陰裡面去，乾陽的初、三兩爻包著坤陰，這就是損乾補坤的現象。「損剛益柔」，指秋、冬這個時令，因為夏、冬就是太剛、太柔了，夏天太熱了，有乾陽剛烈之象，應該起風下雨來調和它的剛烈之氣，冬天太寒了，太柔了，就該出太陽，日以暄之，減少它的寒冷之氣，取象於夏、冬，就是「損剛益柔有時」之「時」也。

「損益盈虛，與時偕行」，損乾乾盈，損坤坤虛，我們講納甲，甲是十五，十五月望，月望是盈，坤是月滅之時，到三十月晦，月光沒有了，所以坤虛，坤陰為什麼虛呢？坤陰是死的，比如這個毛巾是坤陰，它自己不能動，粉筆不能動，我們用手拿著它才能寫字，這是坤陰，它是虛的，它沒有什麼用，主宰者在乎人，沒有陽能摻加進去，它發生不了能力，所以坤是虛的，乾是盈的，乾是向外發展的，所以一切的動態都是乾陽造成的，一切的光明都是乾陽造成的，所以乾是盈的，陰是虛的，「損益盈虛」，就是損乾益坤。「與時偕行」，就是那個時候，應當損益的，應當盈虛的，那個時候不應當損益，不應當盈虛的，就包括「損剛益柔」，卦氣的調節，本來都是動的，往上走的，所以「與時偕行」。

伍、大小象傳

象曰：山下有澤，損。君子以懲忿窒欲。

外卦是山，內卦是澤，所以講「山下有澤，損」，就是這個澤，彌補山之高，它的底，都是到了山上去了，山為什麼高呢？澤的東西把它墊高了，所以「山下有澤，損」。

「君子以懲忿窒欲」，這卦是從〈泰〉卦來的，〈泰〉卦有君子懲忿窒欲之象，乾陽剛猛，有剛猛之氣，才能忿怒，坤柔之氣想忿怒也忿怒不了，忿怒發自剛猛，剛猛發自乾陽，慾望是坤陰，坤陰是吝嗇，慾望是從吝嗇來的，因為有吝嗇，他才會貪墨貪錢，這個〈泰〉卦的陽剛上去了，〈泰〉卦的內卦變成了兌卦，兌為悅澤，把陽剛變成了悅澤的和悅之氣，那豈不是「懲忿」嗎？豈不是把忿怒之氣壓制著了？外卦是坤，坤本來是有慾望的，地球是坤，你再多的東西他也裝得著，它慾望大的很，內在的乾陽上去了，破坤陰，坤陰變成了艮，艮為止，把它過於貪圖的慾念止著，止著就是損。

初九象曰：已事遄往，尚合志也。

初爻那個情況已經很了當了，就往上從四，斟酌自己的標準來損，得行己志，所以「尚合志」也。「志」的象從哪來的？就是初爻往上從四，三、四、五變成坎，坎為「志」，「志」是這麼來的。

九二象曰：九二利貞，中以為志也。

九二為什麼「利貞」？「中以為志也」，「中以為志」，就是以

中為志，就是以合乎正確性為自己的志。「志」的象從哪來？二上居五，上三易位，於是外卦變成坎，坎為「志」。

六三象曰：一人行，三則疑也。

一國三公，無所適從，假使一個國家三公，這麼些頭腦，底下無所適從；「一人行」呢，什麼都是一個頭，比方數目字，從一來的，由一到萬，在所有的數裡面，都有一，所以「一人行」；三就不行，「三則疑也」，上三易位，二五正位，就互為坎，坎為「疑」，「三則疑也」，就是一國三公，無所適從。

六四象曰：損其疾，亦可喜也。

初爻它上去了，居四，就是民氣集中了，但是民氣不能過於發揮，過於使用，相當期間還要使令它回來，初爻上到四爻，變成了坎，坎為「疾」，初爻到四爻，再回來，把三、四、五坎的體象就毀掉了，坎的體象是「疾」，就「損其疾，亦可喜也」。把這個內卦變成兌，兌是悅澤之形，有「喜」之象，把毛病去掉了，當然是「亦可喜也」。

六五象曰：六五元吉，自上祐也。

「元吉」者，因為二五正位，三上易位，於是變成既濟，福澤無量，那當然是好了。這個「祐」字是和「右」字一樣的，左右的「右」和保祐的「祐」字是一樣的，因為五爻與二爻相應，二爻居兌，兌居西，西為右邊，所以說「右」。「自上祐也」，六五元吉的六五，是從天上來的，天上來的六五何以吉呢？「或益之，十朋之

龜」，可以說是從天上來的，「自上祐也」的象從哪裡來的？二五居正，上三易位，變成〈既濟〉定，所以「自上祐也」。

上九象曰：弗損益之，大得志也。

初爻「上合志也」，二爻「中以爲志也」，這還是起碼的，但是損到上爻，損少益大，所以講「大得志也」，這個志飽滿極了，如願以償，「大得志也」，最後不是損，而是益了。

第四十二卦

益卦

周鼎珩講　鄺蘇安記錄　陳永銓補記

—— 此係〈巽〉宮三世卦，消息正月，旁通〈恆〉，反對〈損〉。

壹、總說

佈卦的次序

　　我們了解宇宙的萬物現象，都是由它最高的源頭—乾坤來的，可是乾坤陰陽彼此之間是互通消長的；這個長了，那個就消了；這個消了，那個就長了。所以易例裡面說「陽極則陰生，陰極則陽生」。這種互為消長的情形表現在實際現象中的是什麼現象呢？是盈虛現象。這邊盈了，那邊就虛了；這邊虛了，那邊就盈了。因為陽太旺了可以虧陰，當然就盈了，所以陽就是盈；陰太盛了可以削陽，所以講陰虛，所以說陽盈陰虛。

　　從前講過〈損〉卦是由〈泰〉卦來的。〈泰〉卦內體是乾陽，這乾陽減削了，而耗之於外，就成了山澤〈損〉。因為〈損〉卦是〈泰〉卦內體的乾陽有所消耗，而消耗了外面，所以叫「損」。因為向外消耗了就是損了。過去道家有一句話，為道損學，為學損道，為學的一定損道，為什麼為學一定會損道？因為為學的天天用精神，消耗我們內體的陽能，而我們修道就是修陽，安定精氣內斂，而為學是反其道而行，消耗陽能，所以為學損道。反之，為道則損學，假使你天天修道，把乾陽藏之餘內，不思不想，不去觀覽群書，如何能博文強識？這樣就談不上「為學」，所以說為道損學。

　　〈泰〉卦損一陽而成〈損〉，而相反地，〈否〉卦增一陽而成〈益〉。這一「增」一「損」，皆指內卦而言。否則最後一爻上九是「否傾」，否終則傾，一傾則陽跑到了下面，到了初爻而成〈益〉，是將外在陽剛之氣斂之於內的現象，由於是將外在陽剛之氣一之於內，所以它的表現是盈。這種乾坤陰陽的盈虛現象是反復循環的，虛則盈後一定漸漸盈，盈則極後就要漸漸虛，這是一定的道理。所以〈序卦傳〉裡講：「損而不已，必益。」損到了最後，不得已的時候，它一定要起來，要增強，這是什麼道理呢？我們看到很多人家，像一些窮人家就是這種情形。只要他不亂來，辛辛苦苦規規矩矩地，貧窮到了極點，最後一定有好結果，最後一定會豐隆地，即使他本身不豐隆，他的子孫當中，也有人會豐隆的。而一些太有錢太富有的人家，最後一定要淪落的，所謂「君子之澤，五世而斬」（《孟子・離婁下》），再富貴的人，他也富貴不到五代。

　　我們記得在宋朝有兩個宰相，都是五代公卿，一個是范仲淹，一個是呂夷簡。范仲淹拜相後，他還是住小房子，門前車馬都迴轉不

過來，人家說：「相爺，你的房子前不能迴馬！」他說，我當宰相，門前要迴馬，可是我的子孫不當宰相，門前誰在迴馬呢？他說用不著，還是這樣子。他有個老朋友在蘇州，當時他派兒子到蘇州去收租，遇到了這位老朋友，正值家中有喪事，舉辦不了，而且債臺高築。兒子看到了這位老伯傷心得不得了，就把他收的租幾百擔穀子送給了他，但是不夠，喪事還是辦不了。於是兒子就把還剩下的一條船也賣掉，送給了這位老伯，這才回家。父親問他收租收得怎樣，收了多少？他說我遇到某某老伯，家裡窮得不得了，太太也死了，母親也死了，喪事辦不了，父親說，你應該周濟他，把收的租贈送給他。兒子說：「我已經給他了。」父親說：「好！」，「可是還是不夠。」「那麼把船賣掉啊！」「我把船賣掉了。」所以有了這種德行，才能道五代公卿。還有呂夷簡在還宰相的時候，他有四個兒子，一天老夫妻倆個過小生日，他和老夫人講：「我四個兒子，不知哪一個可以繼承我。」於是丫頭準備了一些羹，用玉做的盤子端來，這是傳家之寶，一個不小心在庭院前倒了，把羹湯潑掉了，碗也打破了，這是傳家之寶，這時四個兒子都在，大兒子二兒子都一驚，唯有第四個兒子看見就好像沒有看見一樣，神色不動，呂夷簡這對夫人來講，將來這老四可以繼承我當宰相，因為他有量。這就表示，我們再好，再有大的德性，只能到五代，五代以後就沒有了。這表示盛極必衰，衰極必勝的一定道理，所以損到極點一定益，因此〈損〉卦之後，繼之以〈益〉。

　　又拿天時來講，無往不復，冬天再冷的天氣，冷到了極點一定回陽，殘冬過後一定是春天來了。拿地形來講，無平不否，沒有一塊地是一片平坦到底的，平坦到了相當程度，一定會出現坑坑凹凹，上

下不平的地方，所以損極必益，益極必損，因此〈損〉卦之後佈之以〈益〉，道理在此。

成卦的體例

〈益〉的外卦是巽、內卦是震，巽爲風，震爲雷。風和雷的行程，都是陽氣化的鼓動。雷是陽氣化往上衝，要衝出外面所包圍的陰氣化，故此而爆發形成雷聲。所以雷的氣化是上引的。風的形成也是陽氣化的鼓動，不過它的氣化是向下引的，就沒有風。所以氣下旋就謂之風，風之來是太空中的氣化經下走，因此〈說卦〉上講：「巽爲風。」又說：「巽，入也。」什麼是「入」？就是往裡頭鑽。巽卦本來是乾體，坤陰鑽入乾體而成巽，陰是向內收斂的，坤陰向下收縮，而把乾陽往下踐，因此有「入」之象。它的氣化是下引的，與雷的氣化方向正好相反，雷的氣化是上引，是向外變動的，〈說卦〉講：「帝出乎震。」所以震爲生，雷是一股陽氣化，一經向外擴散，即因消耗，若不停消耗，就會枯竭。但是〈益〉卦上頭有個巽，巽爲入，是收斂的，它的特性是把周圍的陽氣化收聚而藏之於內，因此〈益〉卦的卦體是震雷不停地發動擴散陽氣化，而巽風又把發散的陽氣化收回來，如此一收一放，一放一收，才能保持陽氣化在太空的綿綿不絕。

第二，從卦變上來看，〈益〉卦是從〈否〉卦來的，〈益〉卦外體爲乾，內體爲坤。外體上九一傾，傾到底下來了，於是就變成〈益〉。外體乾爲天，內體坤爲地，由〈否〉傾而變至〈益〉，是「天施一陽於地，地得一陽而生」，呈現的是「生機恢復」之象。「天施一陽於地」，是說〈否〉卦外體的上九一陽下來，至於內體之

初爻：「地得一陽而生」，是指坤獲得此一陽爻，而能化生萬物。本來乾坤生六子，坎離艮兌震巽六子都是化生萬物的。而獨取震巽（〈益〉）是什麼意思呢？因為震體原是坤卦，由於一陽鑽入而成震，而這一陽是乾元，是開始的陽。而巽卦原為乾體，由於一陰鑽入而成巽，而此一陰是坤元，是開始的陰。「大哉乾元，萬物資始；致哉坤元、萬物資生」，〈益〉卦的震巽的往來，正是乾元與坤元的往來，這一陰一陽的往來，是生機的最高樞紐，故呈現一片欣欣之象。〈益〉卦是正月的卦，正月是萬物生發之時，也就是乾元坤元來往交會的時候、所以定〈益〉為正月卦。〈說卦〉中說：「帝出乎震，齊乎巽，相見乎離，致役乎坤，說言乎兌，戰乎乾，勞乎坎，成言乎艮。」特別把震、巽兩卦列之於首，正因為震巽兩卦是乾元坤元的往來。因為有震巽中乾元坤元的來往，而助長了萬物的化生，使大地回春，現出一片欣欣向榮之象，所以稱之為〈益〉，這是第二個。

　　第三，就卦氣來講，〈損〉卦是其道上引，〈益〉卦是「自上下下」。〈損〉卦的卦氣是由底下經高頭跑，是底下的陽跑到了高頭，而〈益〉卦自上下下，它跟〈損〉卦相反，是把高頭的陽減損了，填補底下，所以稱「益下」（損上益下），這個體象顯示了對於下層的看重。為什麼說是對於下層的看重？剛才我們曾說到，乾元坤元都是從底下開始的，坤下生陽而為震、乾下生陰而成巽，都是以底下為主，所以〈益〉卦的體象，是損減上初而來貼補底下，是以底下為重。這以底下為重會發生什麼情形呢？做修持的人可以體會得到。一般修持自己的人，比方是打坐、靜坐，多半都是把腦中的意識移到肚子裡去，道家是如此，佛家也是如此，這就是「自上下下」，他們在做工夫時，頭腦不想，而去觀小腹、觀小肚子，觀丹田，也就是把整

個的意念，由上部移到丹田，把高頭的陽能，陽氣化，移到底下的丹田之中；打太極拳也是如此，太極拳在練習時要氣沉丹田，也就是把陽氣化集中在丹田之中。陽氣能沉丹田才能氣通全身的經脈，才有氣力，如果不是這樣，把血氣升到高頭，就成了腦充血了，腦充血就是其氣上引，頭腦充血，而四肢貧血。這種情形拿政治來做比方，假使我們一切財富都集中於國家的話，那麼老百姓窮的不得了了，個個面有菜色，而政府、朝廷都有很多錢，這就是四肢貧血、頭腦充血，那還不生病呀？共產黨的政權就是如此，它是四肢貧血、頭腦充血，所以我們講經濟政策，完全講國家經濟集中，這是錯誤的。所以中國過去主張藏財於民，如此才能用之不竭，這是「益下為主」，這是第三個。

第四個，以我們的身體來看，〈益〉高頭是風，底下是雷，我們體內的器官一動，或者是嗝氣，或者是放屁，都是氣機的發動，這氣機的發動是什麼呢？震為雷，是震。可是氣機動了之後又呼吸，把外界的氣候吸入體內，把髒氣吐出來、呼吸就補足了裡面的氣機動，這是什麼呢？「帝出乎震，齊乎巽」，這是「齊乎巽」，齊者，搞的很整齊，把它支配得很均衡，呼吸把陽氣化引進體內，使腑臟內補充了均衡的陽能，這一均衡，氣機就不容易發動，這兩個是相互循環，相益而成的。巽在自然界是風，它把陽氣化吸入地心，在人體，巽是呼吸，把陽氣化吸入腑臟，均衡分配，於是腑臟裡頭都得到陽氣化，氣機不容易動了，氣機生機得更強，這樣一進一出就叫做益。

人的生命之維繫是靠氣化，所以人死了叫做斷氣。三天不吃飯不會死，十分鐘不呼吸必死無疑。因為氣化是生命的最高源頭，生命的存在，就靠人體氣機的不斷發動和呼吸的均衡不息，氣機的發動是

生機的所在，而此生機之維繫是靠呼吸，呼吸是對於氣機的調理，也就是說人的生機的助長是靠呼吸，所以從人的身體看，這就是益的現象。假使裡面的氣機不能動了，外頭的呼吸又太均衡，人體就要出毛病了。道家對於呼吸的調整是很講究的，務必使它保持一貫的均衡，不像一般人的呼吸有時候會亂。假如呼吸不亂，很均衡，是什麼情況呢？我們可以看人睡眠的情形，可以看看嬰兒，在他熟睡之後，安詳平穩，呼吸聲有如音樂一般，整齊得很，那是呼吸均衡的情形，如果拍子一亂，呼吸不勻了，他不是翻身，就是醒來，足見呼吸不能亂。可是人在白天工作滋養環境中，就不能那麼均衡，就是要亂，因此道家講修養、講養生，他就是拿這修養來調理白天呼吸爛亂的虧損。

立卦的意義

剛才講過，損、益都看重在底下，益是益下，損也是損下。把底下的東西損了是損，而把高頭的東西拿下來充實底下是益。重點都是在底下。因此我們學〈益〉卦，首先應認識「重點在底下」的道理。為什麼重點在底下呢？比如造房子，一定要牆角牆基打得很穩，房子才能牢固。如果牆基打不好，即使整棟雕梁畫棟，不久就會垮掉，有什麼用呢？所以重點是在底下。因此國家的一切措施，重點應在下面，而不在上面。底下是基礎，著重基礎就是益，壞了基礎就是損，這是第一點我們要認識的。因此行政措施的重點，著重於老百姓，每個老百姓，我們都使令他對行政措施欣欣然而嚮之，覺得我們的措施是對的，老百姓很高興，這就是益。假使有些措施，大多數老百姓認為不對，這就是損，不是益。

其次是卦氣上引與卦氣下引，氣化上引就是損，氣化下引就是

益。夏天氣化，木樹的枝葉繁茂，可是根卻乾虛了；冬天氣化下引，枝葉雖是凋落，可是根卻營養充實。所以冬天不久之後，樹木又欣欣向榮，而在夏天不久，枝葉會有凋零脫落的現象。從這些自然現象，我們可以體會到，「氣化收之於內」的重要。就人生來說，曾國藩主張「勁氣內斂」，也就是「氣化收之於內」相同的道理。人要有成就的話，必須如此，要埋頭做自己的，絕不能向外浮華誇大，假如一個人只是向外浮華誇大，他不會有什麼成就的，而一聲不響，埋頭充實自己的人，倒是可畏的人。因此要想有所成，一定要要求內在的充實成長，內在的充實，才是真正的益。我們學〈益〉卦，要注意這點。

　　第三，益，是增益其所需，益其所益，比如一個人他口渴了，你給他饅頭吃，那有什麼用呢？這不是他所要的，他要的是飲水；可是他肚子飢餓，我們給他水喝，那又錯了，他是胃空虛，不是口渴，這不是益其所益。又比如童子智識未開，我們就教他《易經》，乾坤陰陽……他搞得莫名其妙，表面是益，助長他的東西，事實上他消化不了，沒有用，這是益其所益，這是第一點，其次，益要恰如其分，比方，他所需要的是一百斤，我們只是給他十斤，當然不夠，無濟於事。反之若增益的東西過分，他所需要一百斤，我們給他一千斤，太過了，他承受不了，反而有害，所以益要按他需要的分量去增加才是真正的益，不是增加就無限的增加。比如兒童受教育，我們希望孩子好，天天給他教，今天教這個，明天教那個，像填鴨子一樣，盡量給他填完，結果小孩子頭腦受不了，沒有辦法，所以多了不行，少了也不行，要恰如其分。我們學習〈益〉卦，要明白這兩點。

貳、彖辭（即卦辭）

〈益〉：利有攸往，利涉大川。

　　〈益〉卦二五兩爻是主爻，兩爻都當位，六二是陰居陰位、九五陽居陽位，不像〈損〉卦，二五均不當位，所以〈益〉卦和〈損〉卦的卦辭，就有點不同。〈損〉卦卦辭是：「有孚，元吉，无咎可貞，利有攸往。」而〈益〉卦卦辭是：「利有攸往，利涉大川」。這「利有攸往」，是同為二五得位，可以往前進，初四也得位，只有三上兩爻不得位；卦體上講，六爻大半是當位的，所以說「利有攸往」，卦氣是可以向前展的。「利有攸往」是什麼意思？益是增加，損上益下，是培元固本的工作。比方秋冬時候，所有生物都把生命力收了回去，來培元固本，所以冬天就是益下之象。因為地球在春天、夏天發揮出來的東西多，用來長育萬物，像地下水，地下的氣化，總說往外噴射，所以地球肚子空虛，到了冬天，就通通收回去了，水、氣化，又回到了地下，冬天陽氣下引，這是為了培元固本。所以在秋天以後，秋高氣爽，好像天空都空闊一點，為什麼道理？因為地球放射的氣化都收回去了。沒有中層的障礙，所以我們看天空，好像很空闊的樣子。這就是益的象徵。益既是培元固本，也就是促成內在的充實，內在充實，即生機一勃，自然是可以向前發展的，所以說「利有攸往」，宜於向前發展。

　　其次，〈益〉卦是正月卦，正月的卦是天氣下降，地氣上升。它的卦體是從〈否〉卦來的，〈否〉卦上九下來居初，象徵天氣下降，天氣下降把坤體變為震。「帝出乎震」，帝為主宰，主宰的作用漸漸顯現，這情形當然是「利有攸往」，可以往前發展。

第二個「利涉大川」，〈益〉卦中只有兩爻不正，若三爻變正，二至上有〈渙〉卦體象，〈渙〉卦上爲巽，巽爲木、下爲水，是木引水上，有「舟」引之象。孔子〈繫辭下傳〉：「舟楫之利，以濟不通，致遠以利天下，蓋取諸〈渙〉。」又〈益〉卦外實而中虛，亦有舟象。有「舟」，可渡大川。又〈益〉卦上三易位，外卦爲坎、二三四互坎，兩坎象徵「大川」，故曰「利涉大川」，這是象的源頭。

「利涉大川」是什麼意思？平時的益，或經常之益，像讀書進修，充實自己，雖也是益，但只是益的小巫者也，眞正進益之道，是非常之益，是要經過非常的事情，非常的變故，這非常的益就是險難。凡是能度過非常的險難，像國家的災荒、饑饉、兵戎等等大難，才說得上眞正的進益，凡能夠度過大川，這益才經得起考驗。所以文王在卦辭中指出：「益，利有攸往，利涉大川。」這是表示，必須要勇於進取、冒險犯難，從艱苦奮鬥中，獲取眞正的益。再者，就卦氣看，「帝出乎震」，震的卦氣上引，而巽的卦氣下引，陽氣上升、陰氣下降，兩氣交會則通，故曰「利有攸往」。

參、爻辭

初九：利用爲大作，元吉，无咎。

〈益〉由〈否〉卦來，〈否〉乾下來居初而成〈益〉，〈否〉內卦原爲坤，坤爲「用」，又乾爲「利」，〈乾〉卦〈文言〉：「乾始能以美利利天下。」故爲「利用」。又乾爲「大」，坤爲「作」，〈繫辭上傳〉：「乾知大始，坤作成物。」故言「大作」。又震爲

足，爲作足，也是「作」，所以說「利用大作」。

　　元吉，這兩字在易例尙有一說法，「乾陽居初，乾元居此」，故陽居初有乾元之象，所以說「元吉」。過去講〈履〉卦的上九爻辭是：「視履考祥，其旋元吉。」而〈小象〉是：「元吉在上，大有慶也。」這表示上九是元吉，我們既然說乾元在初爲元吉，上九怎麼也「元吉」呢？而且《易》卦的五爻也是「元吉」？這上九、九五的元吉道理何在？我們可以這樣說，凡是乾陽，雖不居初、但它所居位置，能統攝一卦，而爲一卦重點之所在，它也具有乾元的功能，可以以「元」稱之。而〈履〉之上九、〈益〉之九五正是這種情形。所以《易經》各卦中稱「元吉」的，不是乾居初而有乾元之象，就是乾居一卦之重點所在，可以統率一卦，講「元吉」者，不外乎這兩種情形。又「元吉」與「大吉」不同，元吉是車賈，是基於乾元而吉的。

　　「利用爲大作」，往年「大作」指的是穗事耕作，在《周易》的時代，是以農業爲主，不過過去在春秋以前對於這點有過辯論，我們中國一向認爲農業利益是第一手的利益，工業方面的利益是第二手的利益，商業方面的利益是第三手的利益，何以故？因爲農業是無中生有的，與車賈無關，所以一切工業商業都要很依賴農業。農業無中生有，一切原料要農業生產出來，工業沒也原料，從哪裡產生工業？所以中國過去的辯論中主張「重農」，就是這個道理。第一，農業是第一手的利益；第二，農業社會可以養人的樸厚之風。到了工商業社會就講求技巧，而中國過去最忌諱的是奇技淫巧，當然這跟現代的潮流不會，不過中國過去最忌諱這些，因爲有識者認爲，老百姓的腦筋都用在技巧上面，挖空心思來創造這稀奇古怪，民風就不厚了，人情也就淡了，於是社會會波動不安，而發生殘殺鬥爭。過去春秋以

前，這套理論的基礎已經很成熟了，在那個時候，所謂「大作」一大的作爲，就是講農業。孔子〈繫辭下傳〉上說：「耒耨之利，蓋取諸〈益〉，舟楫之利，蓋取諸〈渙〉。」「耒耨之利」就是農業。耒耨是耕地除草的農具。「耒耨之利，蓋取諸〈益〉」，是指〈益〉卦中的哪一爻呢？就是初爻，爲什麼初爻當耒耨之利呢？因爲初爻天氣下降，乾體的一陽下來，把整個坤陰開化了，這是耒耨之利。「利用爲大作」就是「利用爲耕種」，這是最基本的益。因爲有糧食吃，有衣服穿，這是益民生之利，當然是最基本的益。初九是體乾天氣下降，而促使地生萬物，故當「耒耨之利」。「元吉」是象乾元之始，是開始的吉。无咎，沒有毛病，這是第一爻。

六二：或益之，十朋之龜，弗克違，永貞吉。王用享于帝，吉。

　　〈益〉卦六二和〈損〉卦五爻的爻辭同是「或益之，十朋之龜，弗克違」，不同的是，〈損〉卦五爻下面是「元吉」，而〈益〉卦六二下面卻是「永貞吉，王用享於帝，吉」。爲什麼會有這樣的不同？因爲在〈損〉卦裡面，「或益之，十朋之龜」是損下益上的，是二爻上去益五，而〈益〉卦中的「或益之，十朋之龜」是損上益下的，是五爻下而益二。

　　「或益之，十朋之龜」的「或」，因二與五應，五居巽，巽爲或爲不果，「或」是不定之辭，「十朋之龜」在〈損〉卦卦象中講過，朋爲古貝貨名，兩貝爲一朋，值二百一百六，十朋二千一百六十，「十朋之龜」是最貴重的寶貝；龜有十種，過去寫過，「十朋之龜」是最貴重的龜，拿「十朋之龜」做利益來解釋，那是最大的利益。拿「十朋之龜」做卜筮的解釋呢？那是最靈的卜筮。不過此處解釋爲利

益較適當。「十朋之龜」，二居坤，坤象十，坤又爲朋，五下居二或
兌，〈損〉卦二爻居兌，兌是朋友講習，有「朋」之象；坤陰爲朋，
也有朋之象。「龜」，〈益〉卦有離卦體象，「離」爲龜，所以是十
朋之龜。「弗克違」，不能夠違背。

「或益之十朋之龜」是什麼意思？或是或許，益是使他獲益，
使他得到，這是說「或益之，十朋之龜」這樣的利益，這樣的好事臨
到他頭上，「弗克違」，他沒有辦法違背。在此處「或益之」，是表
示此種利益或此種好運的來到，不是事先安排的，甚至不是事先所能
預料得到的，所以用「或」字。年歲大的先生一定知道，往往在我們
找工作、謀發展的時候，很多情形是不期而然的，你沒想它，它就來
了，好像準備好在那裡，而且不是你始料所及的。那就是「或益之，
十朋之龜」的現象。「弗克違」是說無法違背，無法躲過。因此這句
話的意思是說：或許有像十朋之龜那樣的好機運來到，你想逃都逃不
掉。

「元吉」和「永貞吉」，〈損〉卦講元吉，因爲是二上應五，
五是陽位、五爻可以統率整個卦氣，〈損〉以五爻爲主，因此它有乾
元的功能，所以叫「元吉」。而〈益〉卦的「永貞吉」是五爻下而居
二，五怎麼能下來呢？若你自己守著陰爻的身分，很順眼的，自自然
然地它就下來了，假使你自己變動，這東西就不會來。這在人事社會
中是什麼情況？比如我們找工作，或是在官場上來往，有機會升遷的
時候，本來這個職位高頭預備給你的，你自己在過去做的很好，上頭
覺得你做的很好，就要提拔你，讓你升一升，假使你這個時候還是跟
過去一樣，嚴守本位，矻矻不已，悶聲不響，自己做自己的，像二爻
一樣，二爻陰居陰，穩定而正確；那麼上方就會提拔你了。可是這個

時候，你自己開發一下，挑東檢西，不能安靜，上方原來的計畫就會改變了，想給你的職位又收回去了。因爲你是二爻，五下益二是損上益下，這「十朋之龜」是上方發落下來的，你是受到上級提拔而升遷的，所以要繼續在本位上有好的表現，這樣才能獲吉。

「王用享于帝」，王是指五爻，天子居王位，在上的天子才可以拿你這種永貞的表現去享祀於帝，去發配天帝。換句話說，這表示「十朋之龜」不僅你獲得了，同時王也受益，他甚至可以拿賜予你的這項安排來享祭祖先、享祭天地。也就是說，這「十朋之龜」不僅是十朋之龜，這種利益的來到，不僅你獲益，而且還可發揮很大的公益。上下都同時受益。那麼，這個卦象是從哪裡來的呢？〈益〉卦的三爻與上爻都不當位，六三變成九三，則有火雷〈噬嗑〉的體象，噬嗑者食也，二五相應，互異其位，則二互兌爲口，也有食之象；〈益〉卦三四五互艮爲手，又爲宗廟，二三四互坤爲牛，以手持牛在宗廟之前，有享祭之象；二居內卦震爲帝，合起來看，有「王用享于帝」之象。

六三：益之用凶事，无咎。有孚中行，告公用圭。

〈益〉卦只有三爻與上爻不當位，所以九三爻辭有「凶事」。就《易經》的消息往來而言，〈益〉卦消息正月，它是正月卦，就是天氣降下而地氣升上，這樣才能化生萬物，但是天地化生萬物有一定的規則，〈益〉卦的初爻、二爻、四爻、五爻都合乎規則，只有三爻與上爻不合規則，六三以陰居陽，是處於剛猛的陽位，又居內卦震動之極，這就是本身陰柔無能，卻面臨剛猛的形勢，所以說「用凶事」。大凡災荒饑饉或兵荒馬亂等等天災人禍，都是不正常的大事凶事，易

例：「三多凶，四多懼」，坤爲用又爲事，所以有「用凶事」之象。爲什麼用凶事可以无咎？因爲處理非常的大事，動作要快，可以用並不符合正常規則的方式去救治，這是非比尋常的行動，所以无咎。

「有孚中行」的「有孚」是取象於坎，〈益〉卦的三爻與上爻都不當位，六三與上九互異其位，則二三四互坎爲有孚。三爻與四爻居內卦與外卦之中，三居內卦震爲行，所以有「中行」之象。「告公」取象於內體震爲言，有告之象，三居三公之位，有公之象。「用圭」取象於〈益〉卦來自〈否〉卦，〈否〉卦內體坤爲用，外體乾爲玉，圭就是玉器，所以有用圭之象。古代天子用圭與諸侯用圭，尺寸有所不同，天子以尺二寸元圭事天，上公執桓圭九寸，諸侯執信圭七寸，其下伯子男各有等差。

九三爻辭的意思是，處理凶事，可以反乎尋常，不必遵守平常的規則，但是要合於有孚融洽的條件，也就是說雖然是剛猛行事，但是要與災荒饑饉或兵荒馬亂等凶事的危害程度相當融洽，必須恰如其分地向前行進，並且要告公秉命而行，用很誠信的態度來告諸於公衆，先告之而後行之。用圭代表眞誠信實，《周禮·春官》說：「珍圭以征守，以恤凶荒。」就是說帶著天子用圭做爲信物，可以到處征戰救災。

六四：中行告公從，利用爲依遷國。

我們在六三爻辭提到，三爻與四爻居內卦與外卦之中間，有中之象。四與初應，初居內卦震爲行，所以有「中行」之象。「告公從」取象於四與初應，初居內體震爲言，有告之象，震又爲諸侯，又爲從，所以有「告公從」之象。二三四互坤，坤爲用，又爲邦國，四

往應初，有「遷國」之象，意思是利用諸侯護衛的力量來遷國。三爻「用凶事」，是用來處理災難饑饉的大事，四爻「用遷國」，是用來處理遷徙國都的大事，例如周平王遷都，將國都從鎬京東遷到雒邑（今爲洛陽）。

天子憑據諸侯的武力來遷徙國都，遷國也是益下的大事，歷史記載，周平王之所以遷都，主要是鎬京曾因地震受損而殘破不堪，又因接近戎狄而有外患威脅。〈益〉是以陽益陰，而非以陰益陽，就是〈象傳〉所說的「損上益下」。六四的「中行」跟六三的「中行」一樣，都是配合大事的需要，恰如其分的採取必要行動，不同的是，三爻只有「告公」，四爻則是「告公從」，因爲三爻救災雖是大事，只要告公用圭就行，而遷國更是重大事件，所以除了告公，還要得到同意從之才能行動。由此可見，六三賑災，六四遷國，都是具體的益下大事。

九五：有孚惠心，勿問，元吉。有孚惠我德。

九五是〈益〉卦的主爻，〈益〉卦的三爻與上爻都不當位，三上互易其位，則外體變爲坎卦，五居坎爲孚，所以稱「有孚」。坎又爲心志，有心之象，〈益〉卦之外體巽爲木，五爻與二爻相應，二居內體震亦爲木。後天八卦之震巽位在東南，是木旺之象，木主仁，仁者惠也，所以稱「惠心」。五爻與二爻相應，二居震爲言，言者問也，「勿問」就是無須詢問。〈益〉卦初爻稱「元吉」，是指乾陽居初，是爲乾元之始；五爻稱「元吉」，則是指九五爲〈益〉卦之主爻，能夠統攝一卦而有乾元之德。「惠我德」是指五二相應，五下應二，代表二爻受惠於五爻之仁德。

九五先稱「有孚惠心」，又稱「有孚惠我德」，一個爻辭用二個「有孚」，這在《易經》三百八十四個爻，是絕無僅有，這強調九五是至情至性而真誠流露，所以「勿問元吉」，當然大吉，無須再問。除此之外，〈益〉卦初爻稱「元吉」，五爻亦稱「元吉」，這在其他卦也沒見過。還有〈益〉卦的卦辭：「利有攸往，利涉大川。」利上加利，也有別於其他的卦。由此可見，〈益〉卦可稱得上是大吉大利的卦。

那麼，九五爻辭又是什麼意思？「有孚惠心」是說只要有至情至性的誠意，在上者發動仁者之心來施之於下，自然就吉，無須多問，所以「勿問元吉」。因為功而不居，善而不伐，不表露自己的功勞與善行，有這樣的本質，當然是吉。而且因為我施仁於下，在下的人也以我之仁德而受惠。也就是說，人君以仁者之心普施於人民，損上益下，無須表彰自己的功勳，自然元吉，人民也會以至情至性惠我之德，所謂「為政不在多言」是也。

上九：莫益之，或擊之，立心勿恆，凶。

「擊」取象於〈益〉卦外巽內震，有大離體象，離為戈兵，上爻與三爻相應，三四五互艮為手，手持戈兵，有擊之象。「立心」：上爻居外卦巽為木，有立之象，上九變正為上六，則外卦變巽為坎，有心之象，所以稱為立心。「勿恆」，〈益〉卦旁通〈恆〉卦，若是〈益〉卦的陽爻變陰而陰爻變陽，則變成〈恆〉卦，但在未變之前，則不見〈恆〉卦，所以稱為「勿恆」。

根據漢易虞翻的解釋：「上不益初，則以剝減乾。」這是講卦變，〈益〉卦是從〈否〉卦變來，如果〈否〉卦上九不下來居初六之

下，就是上不益初，則〈否〉卦下卦仍為坤卦，陰爻一直往上長，則成〈剝〉卦，有坤陰擊傷乾陽之勢。至於宋《易》《易程傳》的說法是：「上九以剛而求益之極，眾人所共惡。」這樣不但無益，而且會招來擊傷之害。我對於「莫益之，或擊之」則有不同的見解，因為〈益〉卦是以陽益陰，而且是以益下為重，上與三應，上九之陽有益於六三之陰，六三之陰卻無益於上九之陽，而且六三手持戈兵有擊傷之害。

至於「立心勿恆，凶」，先儒的說法是，益要有恆心，到了上九卻失掉恆心，不守恆道，就會招凶受害，因為益在道理上講，是我益人而人益我的，如果我不益人，只求人來益我，是得不到好處的。我們看〈益〉卦上九是居高位而無應，因為上九是以陽爻居陰位，六三是以陰爻居陽位，雖然說上與三應，卻是應而無應。這就像我們觀察一個現象，表面上看是有益的，實際上卻是有害的，當事人認為是好的，旁觀者卻了解其害。

〈繫辭下傳〉有一段文字，是引用〈益〉卦上九的爻辭，來談論君子應有的三種修養：子曰：「君子安其身而後動，易其心而後語，定其交而後求。君子修此三者，故全也。危以動，則民不與也；懼以語，則民不應也；无交而求，則民不與也；莫之與，則傷之者至矣。《易》曰：『莫益之，或擊之，立心勿恆，凶。』」。安頓身行、平易心思、奠定交情，這三種修養確實有益於人生。

肆、象傳

象曰：益，損上益下，民說无疆，自上下下，其道大

光。利有攸往，中正有慶。利涉大川，木道乃行。益動
而巽，日進无疆。天施地生，其益无方。凡益之道，與
時偕行。

「損上益下，民說无疆」，根據卦變，〈益〉卦是從〈否〉卦
變來，〈否〉卦外卦乾體上九下來居內卦坤體初六之下而成〈益〉
卦，就是「損上益下」。所謂：天施一陽於地，地因一陽之來以化生
萬物。〈否〉卦上九爻辭「先否後喜」，說通悅即是喜。〈否〉卦變
成〈益〉卦，則內卦坤變成震，坤為民，〈震〉之卦辭「笑言啞啞」
亦為喜，所以有「民說」之象。坤為邦國，有疆之象：〈否〉卦變成
〈益〉卦，則內體坤變成震，所以稱「无疆」。

「自上下下」是「損上益下」的另一種說法，取象與意義都相
同。「其道大光」，〈益〉卦來自〈否〉卦，〈否〉卦外體是乾卦，
〈乾〉卦〈象傳〉有「大明終始」「乾道變化」，所以乾卦有「其道
大光」之象：〈乾〉卦上九自上來居〈坤〉卦初六之下，是以〈乾〉
卦的光明照亮〈坤〉卦的幽暗，於是坤之死體變成震動的生機。

「中正有慶」是解釋卦辭「利有攸往」，「木道乃行」是解釋卦
辭「利涉大川」。九五是〈益〉卦的主爻，既居外卦之中，又以陽爻
居陽位，所以稱「中正」，九五居中得正，可以統攝〈益〉卦，這樣
子當然有利於向前發展。前面說「民悅」，是內在由衷的喜悅；這裡
說「有慶」，是發之於外的慶幸。「木道乃行」的木道一作益道，因
為〈益〉卦外巽內震，巽為木，震亦為木，木之道就是仁之道，木道
是春天的氣化，萬物都生機蓬勃，木可成舟，所以說「利涉大川」。

「益動而巽，日進无疆」，〈說卦傳〉：「帝出乎震，齊乎

巽」、「雷以動之，風以散之」，而〈益〉卦的卦體就是外巽內震風雷〈益〉。〈益〉卦損上益下，當然有所動作，就是「雷以動之」，但是損益之間能否均衡分配，則有賴「風以散之」。「帝出乎震」只是集中一陽從內發動，不見得能夠分配給萬物，「齊乎巽」就是要靠風的力量把陽分散到各地，入到每個角落，使萬物都能得到陽能的化生。「益動而巽」，巽者齊也入也順也，順著現象的物性，均衡分布入於萬物，則可以無限制的進展，所以說「日進无疆」。

「天施地生，其益无方」，乾為天而坤為地，否終則傾，〈否〉卦上九之陽下而居初，是為「天施」，坤地得到乾陽開化，變為震動而化生萬物，是為「地生」。「无方」有二種解釋，一是沒有一定所在，二是看不出方向，簡單地說就是沒有極限。〈繫辭上傳〉：「範圍天地之化而不過，曲成萬物而不遺，通乎晝夜之道而知，故神无方而《易》无體。」這個「神无方」跟「益无方」的意思相近。

「凡益之道，與時偕行」，〈損〉卦內體兌為秋，〈益〉卦內體震為春，〈益〉卦三上易位則成水火〈既濟〉，坎水為冬，離火為夏，這樣春夏秋冬四時皆備。益是要合乎一定的時間去益，所謂「與時偕行」，才是益之之道。

伍、大小象傳

象曰：風雷，益。君子以見善則遷，有過則改。

益萬物者，莫大於風雷，由震雷發動，再由巽風散布，萬物始

得生長，巽風震雷，正是〈益〉卦的〈大象〉。「君子」是指〈益〉卦來自〈否〉卦，〈否〉卦外體乾有君子之象。「見善則遷」之見取象於離，〈益〉卦上三相應，上之三則內卦由震變離，有見之象。乾元爲善之長，所以乾有善之象，虞翻說：「坤三進之乾四，故見善則遷。」乾爲善，則坤爲不善，所以坤有過之象，〈否〉卦外體乾之上九下居內體坤之初六，則坤體不成，是「有過則改」之象。君子從風雷有益於物，體認到「見善則遷，有過則改」有益於人，而且要遷善如風，改過如雷，這跟《論語·雍也》所謂「不遷怒，不貳過」立意相同。

初九象曰：元吉无咎，下不厚事也。

〈益〉卦初九是來自〈否〉卦外體乾之上九下居內體坤之初六，上九下來居初，有「下」之象。既爲損上益下，則反而言之，就是下不厚上，而且爻辭「大作」是指農耕之事，〈小象〉「厚事」則是奉承之事，所以說「下不厚事」。

六二象曰：或益之，自外來也。

「或益之」是指非始料所及的助益，「自外來也」是指九五下來助益於六二。六二是以陰爻居陰位又處在內卦之中，九五是以陽爻居陽位又處在外卦之中，五爻與二爻爲正應，六二若能固守其位，九五必然不待六二之求，欣然自外而來助益之。

六三象曰：益用凶事，固有之也。

易例：「三多凶，四多懼」，坤爲用又爲事，所以六三本身就有「用凶事」之象，這樣的凶事是必然固有的。六三以陰居陽是爻不當位，然而面對災荒饑饉之凶事，只好用逾越正常規則的方式去救治，因爲這是六三固有的職責。

六四象曰：告公從，以益志也。

「以益志也」是說〈益〉以益下益民爲志。六四以陰爻居陰位，又能以損上益下爲其志向，必然告公而獲從。

九五象曰：有孚惠心，勿問之矣。惠我德，大得志也。

九五居外卦之中，又與六二爲正應，是居中正之尊位又有相應者，這樣至情至性地發揮仁者之心，不必占問就能確定吉祥。人民普遍能夠感念我損上益下的仁德，那麼我的志願就能充分實現了。

上九象曰：莫益之，偏辭也。或擊之，自外來也。

人與人之間是相互爲益的，若我不能益人，如何求人益我？不思自己無益於人，只問他人無益於我，那是一偏之辭。〈益〉卦上九居高位而無應，因爲上九是以陽爻居陰位，六三是以陰爻居陽位，上與三皆不當位，雖然說上與三應，卻是敵應，六三反而會來突擊，那就變成上九的外患。

第四十三卦

夬卦

周鼎珩講　陳素素記錄

—— 此係〈坤〉宮五世卦，消息三月，旁通〈剝〉，反對〈姤〉。

壹、總說

佈卦的次序

　　〈夬〉卦在〈損〉卦、〈益〉卦之後，我們上次講〈損〉、〈益〉是個調節器，〈損〉、〈益〉二個都是就宇宙間的陽來講，〈損〉是損陽，〈益〉是益陽；陽氣化經過不斷的益，就飽滿豐隆，陽氣化到了飽滿豐隆的時候，陰氣化一定要受傷。我們拿人來講，陽旺的人，在家裡一定坐不住的，做起事來，劍及履及，他外在的身體，一定是行動不停的，內在呢？思慮也在那動盪不停的，頭腦子沒有一會子歇的，不是想到這兒，就是想到那兒，你叫他安靜一下子，

休息一下子，他不習慣，陽到著最高的程度，這個人會變成這樣，他動作不停，思考不停，做起事來斬截了當，事情做得很多，這當然是好囉！但是，從另一個角度來看，他身體一定要受損傷，皮膚就會有點乾枯，頭髮就有點枯燥，這就是陽旺到極點，陰就要受損。我們再看春潮、夏潮爆發的時候，江湖河漢的水都滿了，滿到最後就氾濫成災，所以〈卦序傳〉上講：「益而不已必決，故受之以〈夬〉。」這個陽氣化就和江湖河漢的水一樣，增加！增加！增加不已的話，一定要「夬」的，〈象傳〉上解釋這個「夬」就是「決」的意思，夬是夬什麼呢？「陽夬陰也」，因為這個卦底下五個陽，高頭只有一個陰，「陽」不斷往上長，於是乎就把這個「陰」夬去了，所以〈益〉卦之後就繼之以〈夬〉。

　　我們明白這個道理，就可以安頓自己，這話怎麼講？我們知道人從娘胎下來，有兩種不同的體質：一種是陽氣化很旺，陰氣化不夠；一種是陰氣化很旺，陽氣化不夠；至於陰陽很平衡的，很少，所謂「六脈調和，非仙即怪」，總是有偏差的。我們地球在太空運行，今年的氣化、去年的氣化、與前年的氣化，各年的氣化都不同：有時候，陽氣化多，陰氣化少；有時候，陰氣化多，陽氣化少，總有個陰陽多寡的偏差。假使我們本身陰陽平衡了，那我們在地球上生長，地球運行的氣化，參雜著我們生理的狀況，就使令我們不能平衡了。唯其我們本身陰陽不平衡，我們在地球上生長，才能夠有所謂的「行運」、「倒運」。比方，陽氣化不夠的人，遇到地球今年陽氣化多，就「行運」，陽氣化多的人，遇到地球今年陽氣化也多，那陽氣再加陽氣化，就「倒運」，所以就得高血壓、腦充血、半身不遂，這些毛病。我們知道這個情況，我們就想法子安頓自己，我們前面講過，陽

氣化多的人，在家裡一定坐不住的，一定要思考不停的，一定要行動不停的。假使不找一個出路的話，就和江湖河漢的水一樣，就氾濫成災，讓他自己自動的發洩，他就走到不規則的路上去了，有多少人吃喝玩樂，都是因為這個緣故。假使我們曉得我們本身陽氣化太重，宇宙運行，今年又是陽氣化最旺的時候，我們要想法子找一個比較辛苦吃重的工作來做，這樣子就可以把自己這個陽氣化消耗掉、發洩掉，所以我們讀書明理，就在這個地方。

成卦的體例

〈夬〉卦是以兌卦和乾卦兩個成卦，外卦是兌，內卦是乾，兌的主象是澤，乾的主卦是天。籠統的講，凡是地面上最低漥的地方，水匯聚的地方，無論是湖也好、江也好、河也好、海也好，統統叫做澤。乾為天，天是最高的地方，可望而不可及，當然是「高」啦！是不是？乾天本來是最高的地方，現在反而居在兌澤最下的地方，兌澤本來是最低的地方，現在反而居在乾天最高的地方，所謂兌澤是水匯聚的所在，把它搬得很高，那當然就容易潰決了，所以夬者決之象也，這是第一個體象。

再就卦的性能來看，乾陽的氣化是最乾燥的，乾在後天卦位上居在西北，我在西北住過，西北蘭州、迪化這一帶的空氣最乾。今天一根香菸，如果不把它密藏起來，到了半夜，這一根香菸，就變成粉了，一捏粉碎，那裡頭水分都被吸收掉了。我初到蘭州，我不知道，我把一件兔子呢的衣服掛在衣架子高頭，我沒有理會它，掛了一個禮拜，再把那衣服拿下來穿，不行了，它衣服掛著什麼樣子就什麼樣子，拉開來，就破了，就變成粉碎了，那裡頭水分統統被吸收掉，所

以西北的氣候最乾燥。我到過西北，我就知道乾陽的位置是在西北。乾陽的氣化既是最乾燥的，而兌澤那個水居在最乾燥的氣化上面，慢慢的蒸，當然水就熬乾了；同時乾陽在後天就是離卦，離為火，這個兌澤的水，在離火之上，天天把它熬！熬！自然就熬乾了，熬枯了，陽來夬陰，就是這個象徵，第二個體象是如此。

其次，第三個我們再談到這個〈夬〉，本來是坤體，一息成〈復〉，再息成〈臨〉，三息成〈泰〉，四息成〈大壯〉，五息成〈夬〉，〈夬〉雖是坤陰的本體，可是經過五次的陽息以後，這個陽在坤陰裡面已經長壯了，已經長旺了，可以和它坤陰的本體相抗衡了，它不再畏懼坤陰了；同時陽息到五，〈乾〉卦五爻「飛龍在天」，乾龍本來在水裡頭、地下生長，慢慢的一躍躍到天上，在天上可以任意馳騁；本來陽的性能就是向外奔放的，它這樣子右轉，愈轉愈大，愈轉愈向外，它的性能是向外擴張的，它現在已經息成飛龍在天的位置了，已經到了這個程度了，高頭孤陰在上，那個陽還是繼續向外擴張，一定要息到上面，這個孤懸在上的陰爻，自然被它消滅，因此夬者決也，陽決陰也，陽把這個陰決掉了，第三個體象是如此。

第四，陽旺當然可以決陰，可是陰盛也可以決陽，〈夬〉卦的旁通是〈剝〉卦，〈剝〉卦是五陰剝陽，就是五陰向上浸長，只有一個陽孤懸在上，這個情勢勢必為陰所剝，存在不住的；〈夬〉卦的情形也是如此，五陽向上浸長，只有一個陰孤懸在上，當然到了最後一定為陽所滅，毫無問題。這二個形勢是相同的，可是裡頭有不同的地方，有什麼不同的地方呢？陰剝陽比較容易，陽決陰比較難，何以見得？我們打二個比喻，第一個，陽氣化在後天就是離火，陰氣化在後天就是坎水，這個〈剝〉卦，等於底下的巨水去滅高頭那一點火，這

一點火馬上就滅掉。這個〈夬〉卦，等於高頭一點水，底下拿大火去熬，當然大火熬水，熬到最後，水也是枯乾，但是絕沒有水滅火那樣子容易，火滅水是慢慢的熬，水滅火是突然的驟滅，因此陰決陽比較容易，陽決陰比較難，這是就自然現象來說明。其次，就人事社會來說明，陽代表君子，陰代表小人，這個〈剝〉卦，等於小人害君子，小人害君子容易得很，他不問三七二十一，無所不用其極，甚至陷阱重重，馬上要你死，你就死，君子沒有法子抵抗的，逃避不了的。這個〈夬〉卦，等於君子去小人，君子要去小人，就比較難，歷來拿武王伐紂代表這一卦，為什麼拿武王伐紂代表這一卦呢？因為上爻這一個陰卦，雖是孤懸在上，它究竟是在「上」啊！它居位最高，可以影響底下陽剛正氣的伸張；同時每一卦卦體到著最上一爻的變化，就變成第二卦，那麼這一卦上爻如果決去，就是從這一個卦體要過渡到另一個卦體，凡是卦體要過渡的時候，一定很困難，等於改朝換代一樣，武王伐紂就是改朝換代，所以歷來拿武王伐紂代表這一卦。武王伐紂是由文王三分天下有其二，發政施仁，培養基礎，到了武王，諸侯不期而會者八百，費了很大的事，才除掉商紂這一陰，所以陽決陰比較難，不像陰剝陽那麼容易。

第五，〈夬〉卦陽夬陰比〈剝〉卦陰剝陽難，唯其如此，所以它卦體的布置，乾卦在內，兌卦在外，它這樣布置是什麼意思呢？我們知道乾是一種剛健之德，兌是一種和悅之情，意思就是我內在雖有剛健之德，有足夠的力量，可以決去小人，但是外在要表現和悅之情，你不能和小人直接的衝突起來，你要是很早就和小人直接衝突起來，不但小人除不掉，你自己還有危險，所以內在雖是具有很大的剛健之德，外在還是要表現和悅之情。

立卦的意義

　　這個卦很有意思，尤其對於國家政治方面，非常的關切。〈夬〉卦是五陽浸長而一陰在上，凡是一個陰邪的東西，臨之於上，五陽伏處於下，伏處於下的五個陽，就沒有伸張。我們拿我們人體來講，就曉得，假使我們身體外感「陰邪」，他裡頭「元陽」不能昇華，於是乎就發冷發燒，那麼在這個情況之下，我們應當怎麼樣呢？那良醫只有扶持其元陽而固其本，就是所謂「扶陽固本」。首先，把這個元陽扶持住了，不要「元陽」再虧下去，固守中宮，本一固守，元陽一扶持，慢慢地，外感陰邪自己就抵抗不了，自己就會消。可是，決不能夠拿那個燥藥去攻治那個陰邪，那一攻就會發生其他併發症，那一發就不可收拾，那個人我們就救不起來。因此，治外感陰邪的時候，決不能夠用猛藥、燥藥進攻，只宜從他中宮裡頭慢慢地「固本培陽」，把他本身的元陽固定住了。身體既如此，國家也是如此，比方你現在在大陸，陰邪小人，臨之於上，你要馬上拿燥藥、猛藥進攻他，不但是攻擊不倒他，自身都不能存在。那麼假使社會國家有小人臨之於上，我們怎麼辦呢？我們只有「固本扶陽」，只有大量的啓用在下的賢人志士，使令賢人志士都能出頭，不至於蟄伏在底下，不至於壓迫在底下，等到正氣一聲養足了，那些陰邪的勢力，不攻而自退，不打而自倒。過去有些朝代，有些宵小盤據要津，於是乎有些忠臣，陳列六軍，把左右的宵小去掉，但是左右的宵小沒去掉，想除去宵小的人，反而被拿掉了，就是沒有明白這個道理。[1]過去還有些

1　按《史記‧袁盎鼂錯列傳》：「吳、楚七國果反，以誅錯為名，及竇嬰、袁盎進說，上令鼂錯衣朝衣，斬東市。」此以鼂錯為例，似不妥當，故未予記錄。

朝代，借重蕃邦的力量，來撲滅自己朝廷的宵小，那結果宵小沒有除掉，自己國家就完了，所以這都不是一個方法。社會到了這個地步，只有固本培陽，從賢良方正之士，慢慢培養起，自然就好了，決不能兵戎相見，更不能藉重異國的力量，這是第一個。

　　第二，孔子說：「君子有諸己而后求諸人，無諸己而后非諸人。」（《禮記‧大學》）這兩句話是怎麼講呢？現在有多少很有頭有臉的人家的小孩子，變成太保、太妹，什麼道理呢？因為他自己常常打牌、在外頭逛、看戲、言不及義，小孩子耳濡目染，當然就變成太保、太妹，所以「有諸己而后求諸人」。我們自己有慷慨好施的這種德性，三餐廢了一餐，把那一餐的錢來救人，才能夠要求人家：「你為什麼這麼多錢，不拿出一點錢來做好事呢？」我們假使慳吝得不得了，一個錢看的比月亮還大，怎麼要人家慷慨解囊？自己從沒有賭錢的嗜好，才能勸告朋友戒賭；自己好賭的不得了，怎麼能夠勸告朋友戒賭呢？所以「有諸己而后求諸人」。至於「無諸己而后非諸人」，就是說我們要自己站得住，才能夠影響別人，〈夬〉卦以陽決陰，更是如此，應當要求自己站得住，對於在上的一陰，不可以輕忽。在武王伐紂之先，儘管商紂王那麼樣子殘暴不道，但是文王還是盡君臣之理，不發作，只是自己在家裡發政施仁，漸漸擴張而已，並沒有馬上就之於兵戎。他不敢這麼樣子做，那是什麼意思呢？就是一定要等到自己各方面的水準都夠了，而對方面無隙可乘，然後才能夠見之於兵戎。所以在文王一生沒敢做這個事情，這是第二個意義。

　　第三，我們從自然界可以看出來，我們知道颱風都是低氣壓造成的，就是天氣很燥，而燥中帶著有濕氣，那種氣候就是坤陰的東南氣候，那種氣候，就可以產生颱風。可是，如果要造成颱風的時候，

遭遇到一股子有力量的高氣壓，這個颱風漸漸就會消滅，這什麼道理呢？一般以爲高氣壓和低氣壓兩個打仗，高氣壓把低氣壓一沖沖散了，事實上，那裡頭有一點「和」的作用，因爲高氣壓一來了，這個低氣壓，就變了型，低氣壓變型，颱風就沒有了，這是我們拿自然現象來看。至於我們爲國家社會驅逐小人，也可以拿這個例子做一個榜樣，我們除去陰邪的小人，並不一定要見之於兵戎，也是一個手段，但並不是惟一的手段。正常的呢，就是要扶助陽剛之氣，從正面充實社會正氣，社會正氣一充實，陰邪之氣，就和那個低氣壓一樣，站不住了，所以孔子在〈象傳〉上講：「決而和。」陰邪固然要「決」，但是要「和」，很平和的，不動聲色的、就把這個陰邪除掉了。比方裴度當宰相，三年之後，強盜沒有了，爲什麼呢？裴度說他不會是強盜，那是他家裡母親沒有飯吃，或者害病，他不得已，他不會當強盜的，所以以後強盜沒有了。這就是拿這個陽剛之氣，把宵小消滅了，和高氣壓消滅低氣壓是一樣的，從這樣看來，陰邪的共匪不難消滅了，這是第三個意義。

貳、彖辭（即卦辭）

〈夬〉：揚于王庭，孚號有厲。告自邑，不利即戎，利有攸往。

「揚」是怎麼來的？〈夬〉卦是由〈坤〉卦息成的，一息成〈復〉、二息成〈臨〉、三息成〈泰〉、四息成〈大壯〉，〈大壯〉以後，五息就成〈夬〉，五息，陽已經生長到第五一爻了。〈乾〉卦二爻「見龍在田」、四爻「或躍在淵」、五爻「飛龍在天」，這個陽到了五爻已經很旺了，「飛」者，「揚」也，乾陽息到五爻，就有

「飛揚」之象。我們常常講：「飛揚跋扈」，就是這個「飛揚」。五居君位，有「王」者之象。「庭」，這個卦通〈剝〉卦，這個五爻在〈剝〉是居艮，艮為門庭，所以有「庭」之象。同時陽息到五，五爻之外，一個陰爻，五爻是個門，一個陰爻在門外，所以有「庭」之象。

　　「孚」，這個卦，五爻是主爻，五是坎位，而且五爻、上爻構成半坎之象。同時，這個卦只有二、四兩爻不正，凡是卦裡位不正的爻都會變的，任何現象，它擺得不正，就會變化。比方一個機關上用人，那個人擺得不正，當然做不下去，當然就要變了。這個二、四兩爻位不正，都居於變動之位，那麼四爻一變，外卦是坎，二爻一變，二、三、四互成坎，坎為孚，孚者信實也，就是至情至性。「號」，這個字歷來解釋《易經》的有二派：一派講這個「號」是「呼號」；一派講這個「號」是「號令」。拿現在來講，「號令」也好，「呼號」也好，站在社會來講，就是「呼籲」的意思；站在政府來講，叫老百姓要這麼做、那麼做，是「號令」。所以這個「號」呢，就是「呼籲號令」，就是我們覺得社會有不正確的地方，趕緊來「呼籲」啊！我們大家要及時警覺啊！這是在社會立場來「呼籲」。至於在政府立場呢，馬上「號令」，不要這樣偏差啊！歷來治《易》的人，有這二派的爭執，其實用不著爭執的。二、四兩爻不正，二變為巽，巽為申命—申誠告命。這個卦是從〈坤〉卦息來的，在沒有息成〈夬〉卦以前，先息成〈大壯〉，〈大壯〉外卦為震，震為言，有「呼號」、「呼籲」的意思。同時這個卦體，由乾來息坤，乾為言；同時外卦兌為口，口也是出聲音的，號之象也。「厲」是危險、危厲，這「厲」字的象是從哪兒來的？我們剛才講二、四兩爻不正，二爻、四

爻一變，二、三、四互坎，四爻一變，外卦爲坎，坎爲險難，屬之象也。

「告」字從哪兒來的？就是從這個「號」字來的。取象於震，震爲言；取象於乾，乾爲言；取象於兌，兌爲口；取象於巽，巽爲申命。「自邑」，因爲這個卦體本來由〈坤〉卦息成的，坤爲自，坤爲邑。

「不利即戎」，「戎」字從那兒來的呢？我們剛才講二、四兩爻不正，要變，二變互離，四變也互離，離爲戈兵，有「戎」象；同時，這個卦是從〈坤〉卦息成的，〈坤〉卦初息成〈復〉，〈復〉卦上爻裡頭講：「用行師，終有大敗。」〈復〉卦有「行師」之象，因爲〈復〉卦是坤，坤爲眾，有師之象。〈復〉卦，剛剛在〈坤〉卦裡頭息成一個陽，這一個陽就帶著這些群眾，往外推動，可是坤體這個體太大了，不是這一個陽所能推動的，你假使拿這個態度，去行師用兵，一定大敗，所以「用行師，終有大敗」。這個〈夬〉卦是從〈復〉卦息成的，它的前身就有「用行師，終有大敗」的意味在裡面，所以「不利即戎」，不宜於馬上見諸戈兵。

「利有攸往」，乾陽本來是向外發展的，現在發展到這個程度，高頭還剩了一個陰邪凌駕於上了，你不要見之於兵戎啊！要「利有攸往」，你還要照常的從你的正面發展自己，你不要從消極方面打擊對方，你打擊對方，假使力量不夠的話，你怎麼辦呢？你打擊對方，對方是〈坤〉卦上爻，〈坤〉卦上爻是「龍戰于野，其血玄黃」，那就會兩敗俱傷，所以你還是「利有攸往」，從正面發展自己，那個陰邪自然就會消滅了。

那麼整個的意義呢？來知德《易經》的本子，這個「揚于王庭」，解釋錯了，他講「揚于王庭」是在王室之前飛揚跋扈，我們不取，事實上，這個「揚于王庭」什麼意思呢？「揚于王庭」，就是說這個爻已經長到第五爻，飛龍在天、居於五位了，所以「揚于王庭」應當解釋爲「鞏固主宰中心」。這個五爻是主宰中心，可是這個主宰中心高頭還有陰邪壓著，現在你想除掉這個陰邪，只有鞏固這個主宰中心，這個就是「揚于王庭」。「孚號有厲」，「決陰」非常之難，先是鞏固主宰中心不行，還要「孚號有厲」，以至性至情的態度，戒愼恐懼的心情，呼籲他們要扶植這個陽剛正氣。「告自邑」，告者呼籲、告誡、警覺的意思；邑者是自己的基本所在；告自邑，就是從自己的基本所在警覺起。「不利即戎」，不宜於馬上和在上的陰邪，見之於兵戎，馬上就打仗啊！因爲自己還沒有發展得了。「利有攸往」，宜乎照著原來的一息成〈復〉、二息成〈臨〉、三息成〈泰〉、四息成〈大壯〉、五息成〈夬〉，還是這樣子向上發展，向上發展到最後，當然這個陰爻就完了。你不能馬上就拿陽和陰邪衝突，和陰邪衝突，就是「龍戰于野，其血玄黃」，二敗俱傷，這是卦辭的意思。

參、爻辭

初九：壯于前趾，往不勝爲咎。

這個卦講「壯」的很多，爲什麼講「壯」呢？因爲它沒有息成〈夬〉前，先息成〈大壯〉，〈夬〉既在〈大壯〉之後，所以還有「壯」的意思在裡面。「壯」就是「陽壯」、「陽剛」，也有的講壯

者傷也，就是陽剛太過狠了，就傷了。「壯于前趾」，「趾」是什麼呢？我們過去講六爻，初爲震爻，二爲離爻，三爲艮爻，四爲巽爻，五爲坎爻，上爲兌爻。現在講初爻，初爻是震，震爲足、爲行，趾之象也。

「往不勝爲咎」，「往」就是向上走；「勝」字讀平聲，「勝」者是勝任。「往不勝爲咎」，就是向前走，就走到四爻，但是初爻是陽，四爻也是陽，二個根本不相應，要走到四爻，根本走不過去。以上是象，接著解釋意義，「壯于前趾」，初爻不僅是「腳」，而且只是前面一個「腳趾」，「腳」力量已經很弱了，「腳趾」力量更弱，這就表示陽才息成初，初爻在〈乾〉卦裡頭，是「潛龍勿用」，陽的力量還不夠，等於我們「腳趾」一樣，這一個腳趾，往前走、走不動，不能勝任，所以說「往不勝爲咎」。那個意思就是說以初息之陽，潛龍勿用的時候，來決去這個在上的陰邪，根本辦不到。就是我們位卑的人，想要決去在上的陰邪小人，那是雞蛋和石頭打，那不行的，所以「壯于前趾，往不勝爲咎」。所以假使我們處在這個位置很卑、潛龍勿用的時候，只好自己扶植自己的陽氣，不要去決陰，決陰決不動的，這是初九。

九二：惕號，莫夜，有戎，勿恤。

「惕」，二爻位不正，當變，變成離，伏坎，坎爲險難、爲疑懼，「惕」之象也。「號」，呼籲的意思，取象是二爻變，變爲巽，巽爲申命，「號」之象；本卦是以乾息坤，乾爲言，也是「號」之象。「莫夜」，「莫」通「暮」；暮夜，就是夜晚、就是黃昏。因爲這個卦是從〈坤〉卦來的，「坤納乙、癸，月沒於己，滅藏於癸」，

所以有「莫夜」之象，這是第一個取象。

　　第二個取象，就是二爻不正，變成離，離爲日；外卦兌爲西方；日落西方，「莫夜」之象。「戎」，二爻變爲離，離爲戈兵，有「戎」之象。「勿恤」，不要憂慮，因爲二爻變爲離，離爲戈兵，有「戎」之象。「勿恤」，不要憂慮，因爲二爻變爲離，伏坎，可是二爻還沒有變，還在乾，坎象還未見，所以講「勿恤」。以上是象，意思是什麼呢？「惕號」就是說二爻與初爻不同，初爻「往不勝爲咎」，初爻不能往前發展，不能有所行動，初爻根本是腳趾，還在「潛龍勿用」的時候，怎麼能夠有所行動呢？二爻「見龍在田」，陽已經壯了，有決陰的能力了，可是雖是決陰，要「惕號」，要很警惕的呼籲大家齊心協力來決陰。「莫夜，有戎」有兩個說法：第一個說法，就是即使到了夜晚休息的時候，也不能懈怠，也要「有戎」，有兵戎戒備，這樣子就「勿恤」，不必憂慮。第二個說法，就是這個陰邪小人趁著暮夜來見諸兵戎，你也「勿恤」，不用憂慮。這二個說法可以並存。

九三：壯于頄有凶，君子夬夬，獨行遇雨，若濡有慍，无咎。

　　「壯」，〈大壯〉是〈夬〉的前身，所以講壯。「頄」是面顴也，《九家易》：「（外卦是兌）兌爲輔頰。」輔頰就是「頄」。同時，乾爲首，九三與上相應，上爻居在乾首之前，是「頄」也。

　　「君子夬夬」，「君子」取象於〈乾〉卦九三「君子終日乾乾，夕惕若厲」之「君子」。「夬夬」，陽爻是講三、五同功，決陰是靠著這兩個爻，五爻承了上爻，五爻上去把上爻這個陰化了，而三、上相應，三爻上去居上爻，把上爻這個陰化了，三、五兩個同心

協力決陰，所以「夬夬」，決而又決。

「獨行遇雨」，為什麼講「獨行」呢？三爻雖是陽爻決陰，可是它和這個陰相應，就是說這個陰小人對它另眼相看，兩個還有點情意在，三爻一個人上去和上爻相應，五爻不相干，所以有「獨行」之象。「雨」，兌為澤，兌澤有雨水之象，三爻上去和那個兌爻相應，就「遇雨」。

「若濡有慍，无咎」，濡者沾濡也，上去遇雨，於是滿身就沾濡了水，有「沾濡」之象。「慍」就是不高興的意思，外卦是兌，兌為說，是很高興的，現在三爻上去，把兌就毀掉了，就不悅了，所以「有慍」。以上是象。

這一爻意義是什麼？「壯于頄有凶」，「壯于頄」，為什麼「有凶」呢？因為「壯」已經到了面頰，已經到了首部，就是說三爻已經涉及到了這個陰邪小人了，這個時候，你要決陰，就是劍拔弩張，刀兵相見，當然「有凶」。同時，我們前面說過，在《九家易》裡頭，認為兌卦的主象是輔頰骨，輔頰骨就是兩顴，因此三爻上去和上爻相應，就是「壯于頄」。我們這一個〈夬〉卦是決陰的，不能夠輔助陰，三爻上去有「扶陰」的現象，這個現象，恰好和〈剝〉卦三爻相反，〈剝〉卦六三：「剝之，无咎。」〈剝〉卦三爻上去，為什麼「无咎」呢？三爻是陰爻，上去是「扶陽」的；這個〈夬〉卦三爻是陽爻，上去是「助陰」的，就是說三爻乾體已成，力量夠了，在上的陰邪，極盡拉攏之能事，被它一拉攏，就「有凶」，所以「壯于頄，有凶」。在這個決陰的過程中，有這個可能的現象，遇到這個現象，君子怎麼辦呢？君子要「夬夬」─決而又決，不能因為陰邪小人對我們有一點恩惠，我們就軟化了，不行！我們要「夬夬」─決而又

決。「獨行遇雨」這個卦五陽夬陰，是群陽並決，現在三爻是陽居陽位，上爻是陰居陰位，三、上有正相應之情，三爻一個人上去和上爻正相應，遇到上爻對我們施恩澤，所以說「獨行遇雨」。「若濡有慍，无咎」如果遇到上爻這個陰邪小人對我們施恩澤，我們不高興，就沒有毛病；如果一高興、一軟化、一同情，那就出毛病。

九四：臀无膚，其行次且，牽羊悔亡，聞言不信。

「臀无膚」，二爻一變，二、三、四互巽，巽爲股，四居巽之上，是「臀」之象也。〈夬〉卦四爻，在反對卦〈姤〉卦，就是三爻，〈姤〉卦三爻居內卦巽之上，巽爲股，也是「臀」之象。這一卦的錯卦是〈剝〉卦，〈剝〉卦外卦爲艮，四爻居艮，艮爲「膚」；〈剝〉卦錯成〈夬〉卦，艮象不存，就看不到「膚」了，所以講「臀无膚」，就表示這個底下坐的沒有皮、沒有肉，坐不穩，坐不安。

「其行次且」，這個卦的前身是〈大壯〉，〈大壯〉四爻居震，震爲足、爲行，「行」之象也；本卦四與初相應，初爲震爻，也有「行」之象。「次且」通「趑趄」，「趑趄」就是走不動路，二、四兩爻在卦裡頭不正，四既不正，又與初爻相應，初爲震爻，震爲足，所以足不正。足不正，怎麼走路呢？「其行次且」之象也；同時，二、四兩爻位不正，應當變的，四變居坎，坎爲跛，坎爲搖曳，腳不正、又有點跛，又搖擺不定，也是「其行且次」之象。

「牽羊悔亡」，外卦爲兌，兌爲「羊」；二爻不正，二爻一變爲巽，巽爲繩；四在旁通卦〈剝〉卦居艮，艮爲手；手拿著繩子，「牽」之象也。「悔亡」，我們過去講過〈大壯〉九三「羝羊觸藩」，羊子有剛鹵之性，現在牽著羊子，就使令它不亂觸，不亂觸，

就不壞事，所以講「悔亡」。

「聞言不信」，因爲二爻、四爻一變，二、三、四互坎，四爻一變，外卦也是坎，坎爲耳，有「聞」之象也。這個卦本來是由乾卦來息坤的，乾爲「言」；這個卦的前身是〈大壯〉，〈大壯〉外卦是震，震亦爲「言」。現在這個卦沒變坎，坎爲耳，耳朵沒有了，聽不清楚，所以「聞言不信」，這一爻的象是如此。

意思是什麼呢？〈夬〉卦是拿陽夬陰的，陽的作用是那幾爻呢？一、三、五，這三個爻，陽居陽位，陽的作用才大，但是初爻「潛龍勿用」，只有三爻和五爻代表陽，它能夠發揮陽的作用，所以決陰就靠這個三爻和五爻。可是在三爻的時候，固然它有作用決陰，可是上爻拉攏它，它上去可能助陰去了，助陰就有凶。所以眞正發揮陽的作用的，只有五爻。至於四爻呢？以陽居陰，不當位，這就表示固然它是陽，但是還沒達到那個地位，力量還不夠，羽毛還不豐滿，它想決陰，高頭陰壓著，它就搞的「臀无膚，其行次且」，坐也坐不穩、走也走不動。在這個時候，應當怎麼樣呢？應當「牽羊」，「牽羊」才「悔亡」。羊子歡喜拿角觸，決陰就等於羊子拿角觸，「牽羊」就是把羊子牽走，使令不要發生角觸的作用，這樣才沒有悔。這就表示在這一個位置裡頭，要忍耐，不要去決陰，因爲位置還沒到，力量還不夠。歷朝高頭陰邪主政，底下忠臣烈士，想把高頭陰邪除掉，往往因爲位置還沒到，力量還不夠而死亡。比方滿清入關，在晚明七子訓練下來一股子民族正氣，在康熙，有人要決康熙；在雍正，有人要決雍正；在乾隆，也有人要決乾隆，但是都不成功。因爲這個時候，是「四」，固然滿清在上頭壓制，這一股子民族正氣還沒有法子決他，一直到國父孫中山先生才能夠把高頭這個陰決去。從前在

「四」的時候，桐城戴南山是反滿清的，此地的延平郡王也是反滿清的，但是都不成。所以要忍耐，不要像羊子一樣，拿角觸，拿角觸，是自取滅亡；不拿角觸，還可以免去災害。「聞言不信」，在這個時候，因為所處的位置不正，你所呼籲的，人家不相信，所以講「聞言不信」。這一爻就告訴我們固然有滿腔的正氣熱血，但是力量不到就不行。

九五：莧陸夬夬，中行，无咎。

「莧陸」這二個字，根據李鼎祚《周易集解》：「荀爽曰：莧謂五，陸謂三。兩爻決上，故曰夬夬也。莧者，葉柔而根堅且赤，以言陰在上六也。陸亦取葉柔根堅也，去陰遠，故言陸，差堅於莧。莧根小，陸根大。五體兌，柔居上，莧也。三體乾，剛在下，根深，故謂之陸也。」「莧」是我們吃的「莧菜」，前頭是紅的，「陸」是「商陸」[2]，不論是「莧菜」也好，「商陸」[3]也好，這二種菜的根部都是牽牽絆絆的，很牢固的，但是它葉子很柔，所以「莧陸」是上柔而下剛。這個〈夬〉卦五爻所居的位置，下面是剛，上面是柔，同時，如果二爻一變，底下是巽，巽為草，它的前身卦是〈大壯〉，〈大壯〉外卦為震，震為木，有「草木」之象，所以講「莧陸」。至於馬融則認為「莧陸一名商陸」，那是把莧菜當成商陸看。

取象講完了，至於意思是什麼呢？「莧」、「陸」不容易除，你把它拔掉了，它又長起來了，這就表示決陰非常之難，決不完的，所

2　錄音帶不清楚。

3　錄音帶不清楚。

以只有「夬夬」，決而又決。按馬融的說法，「莧陸」是二種草，爲什麼解釋爲二種草呢？因爲這一卦是以陽決陰，二爻不是陽所在的地方，四陽也不是陽所在的地方，不能發揮作用。陽的位置是一、三、五，但是初爻是潛龍勿用，發揮不了作用，三、五同功，只有三爻和五爻可以發揮作用，三爻比較剛猛，五爻居中，比較和諧，「莧」比較好除，「陸」比較難除，所以三爻除「陸」，五爻除「莧」。這就表示陰邪小人有各種不同的性能，我們決小人，要分別性能，然後「夬夬」，一個個的個別解決，該用剛猛的就用剛猛，該用柔和的就用柔和。

李鼎祚《周易集解》另外提到虞翻的不同見解，虞翻認爲「莧陸」不是草，而是古字「莞睦」，我們看虞翻是這麼說的：「莧，說也。莧，讀夫子莧爾而笑之莧。陸，和睦也。震爲笑言，五得正位，兌爲說，故莧陸夬夬。大壯震爲行，五在上中，動而得正，故中行无咎。舊讀言莧陸，字之誤也。馬君荀氏皆從俗言莧陸，非也。」虞翻解釋「莧」通「莞」，「陸」在《說文》通「睦」，所以「莧陸」就是「莞睦」，不把它當作「草」名，而是當二個「字」解，「莞睦」就是內和而外悅的意思。五是坎爻，坎爲孚，孚者是很信實的、很融洽的，有「和睦」之象；同時，五爻又居於兌卦裡面，兌爲悅，也有和睦之象。這是虞翻的取象。至於意思呢？就是〈象傳〉裡所講的「決而和」，我們決小人，要很和諧、很和睦的、兵不血刃而把它除掉，這是虞翻的解釋。

「中行，无咎」，五居「中」，這一卦的前身是〈大壯〉，五在〈大壯〉居震，震爲行，所以有中行之象。這一卦由這個初爻的陽，慢慢發展到五爻，發展到五爻，是行動到了中間了，也有「中行」之

象，這是象。意思是什麼？前面說「莧陸夬夬」，就是不同的陰邪用不同的手法去決，但是要中行才能无咎。「中」是代表恰到好處，「行」是作法，就是三爻除「陸」，五爻除「莧」，不管你是用剛猛也好，用柔和也好，要恰到好處，剛猛要剛猛的恰到好處、柔和要柔和的恰到好處，才无咎。

上六：无號，終有凶。

卦辭講：「孚號有厲。」巽爲命、震爲鳴、乾爲害、兌爲口，所以有「號」之象，這個上六的「號」字還是根據這個象來的。那麼爲什麼講「无號」呢？因爲所謂「呼籲」，是「陽」去「呼籲」，「孚號」就是陽用至情至性去呼籲群陽──一切的君子志士統統起來，協力同心去決那個在上的小人，「號」本來是這個意思。可是現在上六已經走到「陰」了，誰去「呼號」呢？已經走到陰邪小人的集團中間，那還談什麼「呼號」呢？「呼號」是正氣的呼籲，它沒有正氣，談什麼「呼號」呢？所以「无號」。既沒有正氣的呼籲，就「終有凶」，最後一定有凶的。「終」，上六居一卦之「終」，同時，這個卦本來是〈坤〉卦，因爲陽息到第五，坤只是外在的那麼一點皮毛，但是它是個坤，坤「代有終」，所以有「終」之象。因爲它是陰邪，沒有陽去呼籲，裡頭一片漆黑，所以「有凶」。這是「終有凶」的象。

肆、象傳

象曰：夬，決也，剛決柔也。健而說，決而和，揚于王庭，柔乘五剛也。孚號有厲，其危乃光也。告自邑，不利即戎，所尚乃窮也。利有攸往，剛長乃終也。

「夬，決也，剛決柔也；健而說，決而和」，這一段是解釋「夬」字的。「夬」就是「決」，《說文》：「夬，分決也。」就是那東西滿了，把它分開來，分成二半；《孟子·告子上》：「告子曰：『性猶湍水也，決諸東方則東流，決諸西方則西流。人性之無分於善不善也，猶水之無分於東西也。』」這個「夬」字，就是《孟子·告子上》的那個「決」字。「剛決柔」，剛就代表乾陽，柔就代表坤陰。「剛決柔」就是乾息〈坤〉卦：陽一息成〈復〉，決掉第一個陰；陽二息成〈臨〉，決掉第二個陰；陽三息成〈泰〉，決掉第三個陰；陽四息成〈大壯〉，決掉第四個陰；陽五息成〈夬〉，決掉第五個陰。原來都是坤陰，「剛決柔」，陽一直往上息，於是把陰消滅了，這是「剛決柔」。

但是「剛決柔」有個附帶條件，「剛決柔」怎麼決法呢？這個「決」不是拼死拼活的那個意思；「剛決柔」要「健而說，決而和」，「健而說」是就卦體而言，卦體內卦是乾，乾為健，外卦是兌，兌為說，所以講「健而說」。卦體既是「健而說」，所以「剛決柔」要「決而和」，「決而和」意思就是說剛固然是決柔，但是這個決是和諧的、和緩的，不是馬上見之於兵戎的。古代講政治，當然也用兵，不是不用兵，「兵」是最後一個厲害的藥，到著不得已的時候，才用兵，為什麼呢？第一個，「大兵所至，民必有傷」，那一定的道理，不管怎麼打法，老百姓總是受損失的，這是為老百姓著想。第二個，為君子自身著想。假使君子力量不夠，馬上見之於兵戎，結果把自己損失了。損失了小人，無所謂；君子損失了，價值就很大。君子自己損失了，那還有什麼本錢去決小人呢？這是孔子在〈象傳〉上指示我們對待小人用這種方式—「決而和」，並不是不用兵，決到

最後還是要用兵的啦！但是能夠不殺伐，就少殺伐。

「揚于王庭，柔乘五剛也」，王庭的象是從哪兒來的？這個卦旁通〈剝〉卦，〈剝〉卦五的位置是在艮的底下，艮為宮闕，在宮闕之下，豈不就是庭院嗎？但是這是誰的庭院呢？因為五居王位，所以是王者的庭院，「王庭」的象如此。王庭就是主宰中心的所在，發縱指使的，國家社會靠他發號施令。「揚」者是生氣活潑、飛龍在天之象，「揚于王庭」就是我們要鞏固主宰中心。為什麼要鞏固主宰中心呢？「柔乘五剛也」，高頭有個陰邪小人，臨之於上，使令底下陽剛正氣不得伸張；如果這個主宰中心不鞏固，很容易被他消滅，所以要「揚于王庭」。

「孚號有厲，其危乃光也」，前一句講「柔乘五剛也」，這一句講「其危乃光也」，「剛」、「光」是押韻的。「孚號」是指這個〈夬〉卦的五陽。三、五同功，「孚號」就是三爻、五爻拿至情至性來呼籲全國的正義之士，同心協力，決去在上的陰邪。但是「有厲」，「有厲」就是「心所謂危」，內心裡覺得很危險。為什麼至情至性的呼籲，還要內心覺得很危險呢？所謂「居安思危」，思危就不危，這是孔子做事的方法。任何事情本來很平安的，但是你在做的時候，總是覺得裡頭有危險，那麼就把危險免除了，就不會有危險；假使你太大意了，以為沒有關係，很容易出毛病。本來一切的現象向前頭發展都有危險的，沒有個沒有危險的，吃飯、飲水，這是極其平常的現象，但是你要不小心，吃飯可以吃哽著，飲水可以飲噎著，可以弄得疾病出來，不以為危險，就有危險。因此孔子教人做人、做事的方法，總是戒慎恐懼的，「其危乃光也」，那個「心所謂危」，正是光明的前途。什麼道理？這「光」從哪裡來的呢？「陽」為「光

明」，因爲你「孚號有厲」、「心所謂危」，這個「陽」就不會爲陰消滅了，「陽」不爲陰消滅，然後才可以發揮「光明」，所以「其危乃光也」。

「告自邑，不利即戎，所尙乃窮也」，「告」者，就是二、四不正，二爻變，二、三、四互成巽，巽爲命，外卦是兌，兌爲口，合起來，就是「告命」之象；內卦是乾卦，乾爲言；前身卦是〈大壯〉，〈大壯〉外卦爲震，震爲言，也是「告命」之象。「邑」這個卦本來是坤體，坤爲邦，坤爲國，有「邑」之象。「自」，坤爲「自」。「不利即戎」，二變爲離，離爲戈兵，有「戎」之象。這個卦體本來是乾陽息坤，第一息就成〈復〉，現在〈夬〉卦上六一爻就等於〈復〉卦上六一爻，〈復〉卦上六：「用行師，終有大敗。」〈復〉卦內卦是震，震爲行，〈復〉卦原來是〈坤〉，坤爲衆，有「行師」之象。〈復〉卦初爻那一個陽，還是潛龍勿用的陽，那個陽很嫩，拿那個嫩陽，就去行師，最後一定打敗，毫無問題，因此有「不利即戎」之象。爲什麼「告自邑，不利即戎」呢？因爲「所尙乃窮也」，在開始決去小人的時候，馬上就以兵戎爲尙，那個會窮的。〈復〉卦本身就不主張「用行師」，〈夬〉卦如果行師動衆，結果就變成〈復〉卦的上爻—「用行師，終有大敗」，所以一定先要用種種方法，然後不得已才輔之以兵戎；不是不主張兵戎，而是不宜於馬上見諸兵戎，不得已的時候，才用兵戎這一著。所以「告自邑，不利即戎」。

「利有攸往，剛長乃終也」，爲什麼「利有攸往」呢？因爲「剛長乃終也」。乾陽息坤，本來是從初爻息起的，息成二，息成三，息成四，息成五，還要繼續的向前發展，繼續的向前發展，那就

變成〈乾〉卦了，既變成〈乾〉卦，那個陰爻自然終了，所以「利有攸往」。總而言之，在孔子的精神裡面，他並不是反對用兵，主要的還是扶持陽剛正氣，而最後出之以兵戎；你不把陽剛正氣扶持起來，就見之於兵戎，你就是把陰邪打掉了，陽剛正氣還是不伸張，就是打了一仗，還是白費。所以先扶持陽剛正氣，把社會上陽剛正氣搞得很豐滿；這個陰邪小人，如果還不去，然後出之以兵戎。不是根絕兵戎，是「不利即戎」。〈夬〉卦決陰，主要的宗旨是在此。

伍、大小象傳

象曰：澤上于天，夬。君子以施祿及下，居德則忌。

　　根據《易經》的解釋，地、水、火、風一切的東西都是從地底下出來的。地下水怎麼出來？地面上有這個孔竅，有穴道，穴道多半是在山邊上，從穴道冒出氣來，氣升到高空，經高空的陽電一壓迫，就變成水，雨是這麼來的。「澤上於天，夬」，澤是種水，水上於天，一聲經過高頭那個乾陽給他一壓迫，它就潰決，變成雨，雨就下來了，所以「澤上於天」就「夬」。

　　「君子以施祿及下」，「君子」是取象於乾陽，乾為施，「祿」為「養」也，「養」就是營養的東西，我們常常講某先生「不祿了」，「不祿」就是不吃東西了，不吃東西，就是死了嘛！足見「祿」就是「養」。這個卦是由乾陽的德性到了坤陰裡面，「乾以美利利天下」，乾是養陰的，有「祿」之象，坤為「下」，所以「施祿及下」。

　　「居德則忌」，〈夬〉卦旁通〈剝〉卦，〈剝〉卦外體是艮，艮為「居」，乾為「德」，「忌」者是不好。以上是象。這個意思就是說「澤上於天」，就被高空的陽壓迫，它就變成雨「潰決」下來了。我們君子法這個象，要「施祿及下」，要把底下這個賢良志士儘量的培養起來。你要決去高頭的陰邪，當然要在底下培養陽剛正氣的基礎，基礎培養好了，這個陰邪就可以除掉了；要不然，這底下基礎是空的，你縱然是一仗把陰邪打敗了，陽剛正氣還是伸張不起來。「居德則忌」，假使你培養底下賢良志士，自以為自己了不起，這是我的德性，那就壞了。所以主持決陰的人，培養社會的正氣，要自己忘了自己，決不能為自己謀出路，有一點點小功勞，就自己巴到身上，講：「這是我的功勞」，這樣子，這個正氣就扶植不起來，自身要卑躬屈節的才行，這是大象。他重要的是：「施祿及下」—培養底下的賢良；輔助的是：「居德則忌」—培養賢良的態度，不能夠自己居功，自以為不得了，那不行。

初九象曰：不勝而往，咎也。

　　這個初九本來是潛龍勿用，才一點點嫩陽，等於小孩子的聰明、小孩子的力量，怎麼能和大人打仗呢？那不是自取滅亡嗎？因此「不勝而往，咎也」，力不勝而往前發展，當然是自遭其咎。

九二象曰：有戎，勿恤，得中道也。

　　爻辭：「惕號，莫夜，有戎，勿恤。」意思就是說要很警惕的呼籲大家齊心協力來決陰，即使到了夜晚最容易出毛病、敵人最容易偷襲的時候，還有所戒備，就不至於憂患。「莫夜」是代表空隙的意

思，代表我們國家政治措施的空隙，「有戎」就是我們把這些敵人可乘的空隙，統統的彌縫起來，有了這個戒備，就「勿恤」，不致於憂患。為什麼「惕號，莫夜，有戎」就「勿恤」呢？因為「得中道也」。「中道」的象哪兒來的呢？二爻居「中」，乾為「道」，這個陽一直往上升，就等於行路行到這兒一樣，所以乾為「道」，這是象。「得中道」是什麼意思呢？就是有空隙的地方，都戒備了，而且是「恰到是處」，不是草草率率的，就算完事，才能夠「勿恤」，不致於憂患。

九三象曰：君子夬夬，終无咎也。

我們前面講〈夬〉卦的旁通卦是〈剝〉卦，〈剝〉卦的三爻上去與上爻相應，主「无咎」；〈夬〉卦的三爻上去與上爻相應，主「凶」。理由何在呢？因為〈剝〉卦的三爻是陰，與上爻相應，就扶陽，扶陽就无咎；〈夬〉卦的三爻是陽，與上爻相應，就助陰，助陰就凶。《易經》的原理是扶陽抑陰，所以道家做工夫、佛家做工夫、儒家做工夫，都是扶植自己的「陽氣」，所以王守仁號「陽明」，朱子稱「紫陽先生」，呂洞賓號「純陽子」，都是講「陽」。「陽」是發展的主力，宇宙一切現象的發展，就靠著陽的力量，才能發縱指使。如果沒有陽在裡頭發縱指使，這個現象就散板，這個木頭沒有陽，這個木頭就解體，所以宇宙一切現象固然是需要陰，可是以陽為主宰。《易經》的原理就是扶陽抑陰，形成我們中國文化「心重物輕」─著重精神，輕視物質；不像西洋是「物重心輕」─著重物質，輕視精神。這個卦到了三爻，乾體已經完成了。就表示你已經成為楷模了，有個力量中心了，大家看得起你，於是乎高頭陰邪小人要拉

攏你，有點小恩惠給你。君子在這個時候，要「夬夬」－「決而又決」，毅然決然的，不和他來往，不敷衍、不扶陰，這樣的話，就「終无咎也」，最後沒有毛病。

九四象曰：其行次且，位不當也。聞言不信，聰不明也。

爲什麼「其行次且」呢？因爲「位不當也」。四爻以陽爻居陰位，「位不正」；同時，這個〈夬〉卦的前身是〈大壯〉，〈大壯〉四爻居震，震爲足、爲行，它行路就搖搖擺擺的、走不動，有「其行次且」之象；同時四爻一變互坎，坎是搖擺不定，也是「其行次且」之象。所以「其行次且」是因爲「位不當也」。爲什麼「聞言不信」？因爲「聰不明也」。二、四兩爻位置不正，凡是卦體不正之爻，終究這會變的。不正之爻，在這卦沒行完之前，走到這兒（不正之爻），它會變。假使二爻不正，走到二爻，二爻會變；假使四爻不正，走到四爻，四爻會變。這就是表示氣化發展，那個氣化所居的那個階段不正確，那個氣化終究會變的，陽會變陰，陰會變陽。比如話，本來陽是這樣轉（右轉），可是位不正，也就是空間不許可它這樣轉，它這樣轉，轉不過來，它就反過來轉（左轉）。所以任何一個卦體，它的各爻如果有位不正，一定會變的，那麼這個二爻不正，二爻一變，內卦變成離，離爲「目」；四爻不正，四爻一變，外卦變成坎，坎爲「耳」。現在還是〈夬〉卦，外卦之坎與內卦之離，兩個卦象不存，耳朵還是閉塞的，眼睛還是瞎的，不聰不明。所以「聞言不信」是因爲「聰不明也」。

九五象曰：中行，无咎，中未光也。

五爻這麼好，它決陰啦！爲什麼只是消極的講「无咎」，沒有毛病？它「中行」，居中運行，應當講「吉」啊！因爲它雖是居中運行，高頭還有陰邪在那兒，還沒有光大。所以「中行」爲什麼只講「无咎」呢？因爲「中未光也」。

上六象曰：无號之凶，終不可長也。

這卦到上爻是「陰」，呼籲是「陽」來呼籲，現在在陰邪的圈子裡頭，呼籲什麼東西？所以說「无號之凶，終不可長也」。

第四十四卦

姤卦

周鼎珩講　陳永銓記錄

—— 此係〈乾〉宮一世卦，消息五月，旁通〈復〉，反對〈夬〉。

壹、總說

佈卦的次序

「姤」這個字，在《易經》的古本或是漢《易》的版本，都是用「遘」字，是邂遘相遇的意思，但是這種二個會頭的相遇，是不期而遇，並非預料所及的遇合；凡是非屬始料所及的會合，我們都稱之為「姤」。

為什麼〈姤〉卦會佈在〈夬〉卦的後面呢？〈夬〉卦是五個陽爻位在一個陰爻之下，有陽決陰之象，如果五陽浸長，再決其上之一陰，那麼〈夬〉卦就變成〈乾〉卦。但是，在後天的宇宙裡面，是不

會有純粹的乾陽，也不會有純粹的坤陰，因為陰陽的發展，各有其飽和點，超過這個飽和點，陰與陽相互會合，所以無法達到純陽或純陰的階段，我們只能從後天的離火與坎水，來體會與想像先天的乾陽與坤陰的情境。所以〈坤〉卦到了上六，則「龍戰于野，其血玄黃」，這是陰極而陽生；〈乾〉卦到了上九，則「亢龍有悔」，這是陽極而陰生。也就是說，當〈夬〉卦五陽浸長，眼看就要變成〈乾〉卦之際，自然會有一陰生於下，所以〈序卦傳〉說：「夬者，決也。決必有所遇，故受之以〈姤〉。姤者，遇也。」

　　我們拿人身的現象來講，比較容易想像〈姤〉卦的境界。〈夬〉卦是陽決陰，〈姤〉卦是陽遇陰，乾陽在人身的部位來說是頭部，因為乾為首，乾陽是代表動能，在人來說是精神意志與思想靈能，但是人類的頭腦思想不能空洞，佛家打坐是為了淨化思想，使頭腦淨空，但極不可能，道家就搞觀想，使令頭腦單純，就能少消耗思想動能。我們用頭腦思考，只能有一個思想的對象，陽就是思想，陰就是思考的對象，例如一個人在研究《易經》，如果有一件突發的事情插進來，思想就轉移了，自然就會排斥或拋棄原來思考的《易經》。回過頭來看，我們研究《易經》，就是〈夬〉卦五陽決上爻之陰；突然有事來轉移思考對象，就是〈姤〉卦五陽下生初爻之陰。〈夬〉決上之一陰，再生〈姤〉下之一陰，故〈姤〉繼〈夬〉之後，文王佈卦之序，理由在此。

成卦的體例

　　無論自然或人事社會現象，在發展的過程中，過度偏於一面，必生相反的結果，例如天氣太燥，必生颱風下雨，一個人生活得太放

縱，奢侈豪華必招身敗名裂，天道如此，人道亦乎如此。〈夬〉卦陽息陰，至五而只剩一陰，乃偏於陽，於是終必陰來消陽，而下生一陰之〈姤〉。〈復〉卦雖只一陽，但能一直息上去而成〈乾〉，故〈復〉卦卦辭「剛長」。〈夬〉卦偏於陽，再息陰必成〈姤〉，〈姤〉雖只一陰，但能消乾，故〈姤〉卦卦辭有「女壯」。女是代表陰氣化，卦氣是自下而上，一路往上長的，故「女壯」是就卦氣而言。從另一個角度來看，六畫之卦以內三爻爲主體，外三爻爲客體，〈姤〉內巽爲風，旁通〈復〉內震爲雷，聚則爲雷，散則爲風，一聚一散乃雷與風不同之處，震爲雷，表示陽凝聚於內；巽爲風，表示陽消散於外。所以說，雷是陽氣化凝聚而稱剛長，巽是陰氣化外散而稱「女壯」，陰壯則傷陽也。

〈姤〉卦一陰上承五陽，陰氣化是成形成體的，萬物之所以生，是因有陰氣化在內凝結，〈坤〉卦初六爻辭：「履霜堅冰至。」〈小象〉：「履霜堅冰，陰始凝也。」體之所以能成，是因有凝聚作用，這是坤陰的德行使然，在現代稱之爲「地心引力」。〈姤〉卦的體象是一女而馭五男，這只能算是苟合，故「勿用取女」。此陰不純而分散，非專心一致也，因爲一夫一妻始能成家，一妻五夫如何成家？

〈姤〉卦雖一陰五陽，在節氣爲五月夏至，在後天八卦，五月居離卦卦位，離爲日，日正中天之時也，萬物皆茂發也，無論飛禽走獸，動植草木，一切生物皆活潑飛舞，欣欣向榮。冬至一陽生，夏至一陰生，此〈姤〉卦下生之一陰也，〈姤〉卦節氣五月爲日正中天，在人生來說，就像四十多歲是一個人精神與事業最飽滿之階段，而人在夏至，外頭環境熱，體內腑臟則氣化冷，所以人在夏天飲食減少，

體型清瘦，而且容易著涼。〈姤〉卦旁通〈復〉卦，〈復〉卦代表冬至一陽生，腑臟內熱能昇華，冬至進補乃趁此機會，更加益其熱能之增長，從人體在冬至夏至之時，身體內臟腑熱能涼熱之別，我們可以體會〈姤〉卦之象。

在十二辟卦中，〈姤〉是五月卦，節氣是往前推移，變動不居的，五月雖〈姤〉，六月則成二陰之〈遯〉，七月則成三陰之〈否〉，八月則成四陰之〈觀〉，九月則成五陰之〈剝〉，故〈姤〉最後必成〈剝〉，這是宇宙法則，凡人皆不能得免。所以在更年期之後，人身逐漸衰弱，可是在〈姤〉乃天地陰陽相遇，正是萬物茂發之時，雖然最後終必成〈剝〉，但只要在〈姤〉時處之有道，則日正中天，萬物茂盛，也未嘗不是很好的境界。然而如何處〈姤〉呢？要設法使令盛陰不再往上長，這樣就對了。就謀國主政來說，當一陰盛而剝陽時，要平衡陰陽的偏頗；就人身養生來說，一過了中年，精氣神逐漸衰弱，要平衡身心二界。

立卦的意義

〈姤〉卦的卦象是人情浮薄，物慾高張，物質文明之陰逐漸上長，人情道德的精神文明必將低落。〈姤〉是目前的大運卦，所以現代人多追求物質，輕忽精神，追求物質的慾念高過追求道德方面的，此為〈姤〉卦對人世社會的影響。人類的物質文明過度發展，必然道德低落，讓此趨勢再延續下去，必到陽被陰剝盡的境地。故君子處姤之道，在人身更年期後，要加強身體活動，講究內在修養；在國家當人民競逐奢華，物欲高張時，謀國者必須平衡之，使令回頭。當物質文明發達，精神空虛之時，要設法引導社會百姓往清淡或淡薄的路上

走，這是謀國者燮理陰陽之道。

〈姤〉雖一陰，終必要〈剝〉，物盛心衰，終將敗壞。但若在〈姤〉時能處之有道，仍是太平盛世的美好境界，因為物質昌明是也。孔子〈彖傳〉曰：「剛遇中正。」離日中天，萬物茂盛，社會的物質文明已登峰造極，陰很盛時，極盛之陰應有控制之方法，否則陰不會為我們所用，物質文明要加以適當運用，否則國家社會反為物質所馭，不能馭物則反馭於物是也。「剛遇中正」的「剛」是指陽而言，也就是人的精神意志，或是國家之行政措施。若為物質文明所眩惑，則反馭於物也。所以人應中正自持，不為物馭，這樣才能使登峰造極之物質文明合乎中正。「中」就是射中雀屏之中，是搔到癢處而恰到好處的意思；「正」乃不偏不倚、不左不右，如船行水中應當不左不右才能穩定，又如國家工業紡織業太多，就要挪出一些資金作為他用。

姤乃遘，所以孔子〈彖傳〉說：「姤，遇也。」又說：「剛遇中正。」歷來解《易》者不求甚解，不知道這二句話是〈姤〉卦的主要精神所在。宇宙萬有現象有其整體的秩序，可說是井然有條，但是個別部分會有此消彼長的狀態。萬有現象如此，而人只是萬有現象之一種而已，當然也是如此。現象與現象的接觸是一種機遇，人的智慧能力所能改變者，極其有限，換句話說，人生的窮通成敗非預料所及的機遇佔絕對多數，可想見的東西只是極渺小的一部分。姤遇就是指這樣的機遇，一個人之所以窮通成敗，大多是機遇使然，若能掌握機遇，人生必然豐隆飽滿；如果機遇來了，卻錯過或把握不住，那就是失敗者。比如說，某人中了彩票，是為姤遇，但他卻把彩金拿去花天酒地，結果反而戕害自己的身體，這就成了一陰埋葬五陽。反之，如

果能將彩金用在有益於社會的事業，那麼於己於人都有好處，這樣就是陽不爲陰所眩惑，還能駕馭機遇之陰，所謂「剛遇中正」，就是說陽剛中正是駕馭盛陰的處姤之道。

貳、彖辭（即卦辭）

〈姤〉：女壯，勿用取女。

「女壯」的女是代表陰，〈姤〉卦內巽爲長女，長女者老婦也，有壯之象。《老子‧第三十章》：「物壯則老，是爲不道，不道早已。」老子所講的道，是宇宙生生之道，但是物一壯就容易變老，這樣生機運行的生生之道就停止了，所以稱之爲「不道」。歷來學者解釋〈姤〉卦都說「壯者傷也」，因爲〈姤〉卦以一陰駕馭五陽，就是一女子遭遇多位男子，所以先儒大多認爲女壯是淫婦傷風敗俗。再就卦氣由下而上運行來看，〈姤〉卦雖然一陰生於下，但此陰終究會一路往上長，最後陰壯而能消陽傷陽，所以說女壯傷陽。

「勿用取女」的取通娶，意思是這樣女壯的女子不能娶。這是以男女來做比喻，因爲壯陰能消陽，若陽與此女壯之陰接觸，陽必受傷。我們看孔子在〈彖傳〉說：「勿用取女，不可與長也。」就是說不可與此陰長久相處，而助長此陰，因爲處在〈姤〉卦之時，陽容易被陰所用，而陽剛易傷，所以陽在此時絕對不能爲陰所用，若陽去助陰，會更壯盛陰之氣勢。畢竟一女能夠承受五男，這不是個平凡女子，娶之不利於男，所謂「女壯則失男女之正，家道敗矣」。

參、爻辭

初六：繫于金柅，貞吉。有攸往，見凶。羸豕孚蹢躅。

「繫于金柅」的繫字是取象於〈姤〉卦內體巽爲繩，繩子是用來繫物的，所以有「繫」之象。在《周易集解》中，馬融釋「柅」爲止車之具，是木頭做的；王肅釋柅爲織績之物，絡絲具也，即是紡紗錠，這木頭有鑲金，所以稱爲「金柅」，至於「金」字是取象於乾，因爲初與四相應，四居外體乾爲金。《九家易》曰：「絲繫于柅，猶女繫于男，故以喻初宜繫二也，若能專心順二則吉，故曰『貞吉』。」

至於「有攸往，見凶」是說如果初爻執意向上發展，因爲初爻與四爻相應，但非正應，若初之四，則三四五互離爲見，離又伏坎爲凶，所以有「見凶」之象。這二句話的重點是：止則吉，往見凶。因爲初六之陰再往上長，則有剝陽之勢，但因初六與九二親近相比，若二爻能將初爻維繫住，九二之陽就像止車具或紡紗錠一般，能夠卡住初六之陰，就能「繫之貞吉」，但是如果初六之陰執意向上發展，則爲「往見凶」。

「羸豕孚蹢躅」之羸字讀若累，「羸」爲瘦弱，又通縲，縲者縲洩也，就是用繩子套住犯人，所以羸爲大索，取象於〈姤〉卦內體巽爲繩。「豕」就是豬，取象於坎，初與四相應，六四陰爻變陽爻，則三四五互離伏坎，所以有豕之象。坎卦有孚之象，「孚」是融洽的意思，指的是初六與九二相親近，彼此陰陽比鄰而融洽相處。「蹢躅」是散散漫漫且搖搖擺擺的樣子，就是徘徊不前的意思。巽爲繩又爲

風，其象搖擺不定；震爲行，巽反震是不良於行，合而言之有躓躅之象。因鑒於「繫之則吉，往則見凶」，所以要用九二之大索，繫住初六之瘦豬，同時還要做到陰陽諧和，這樣初六就不會有豕奔而躁進的顧慮。

九二：包有魚，无咎，不利賓。

「包有魚」的包字是包容的意思，九二之陽乘初六之陰，有陽包陰之象。我們在〈蒙〉卦講解九二爻辭「包蒙吉」的包字，曾引用《說文》：「包，象人裹妊；巳在中，象子未成形也。」認爲裹妊於巳，是「包」的字義。「魚」是取象於〈姤〉卦內體巽爲魚，魚是陰類，代表初六陰爻，因爲初六與九二相近，初六之陰要找陽，則九二之陽是近水樓臺，所以初與二陰陽和諧，二繫初是「包有魚」。雖然初爻與四爻相應，但是見二忘四，誠如宋儒程頤所說的：「姤，遇也，二與初密比相遇者也，在他卦則初正應於四，在〈姤〉則以遇爲重。」

「无咎」是指九二之陽能夠包容初六之陰，使令初六坤陰不會往上長而消耗乾陽，這樣於陽無傷，所以无咎。至於「不利賓」的「賓」字，是說〈姤〉卦是以初六之陰爻爲主，其上五個陽爻都是賓，尤其是指與初六應而不應之九四而言。其次，根據「十二律呂隔八相生圖」（見下圖），支辰五月爲蕤賓，〈姤〉卦消息五月，所以有賓之象。再看〈觀〉卦六四爻辭：「觀國之光，利用賓于王。」是說〈觀〉卦九五居王位，而六四以臣位如賓承之，有君臣融洽之象。〈姤〉卦九二爻辭則是「不利賓」，是說九二之陽能夠包容，而能繫住初六之陰，是「包有魚」之象，這樣對於初六相應之九四來說，是

不利的。易例：「內卦爲主，外卦爲賓」，六四居外卦，故曰「不利賓」。

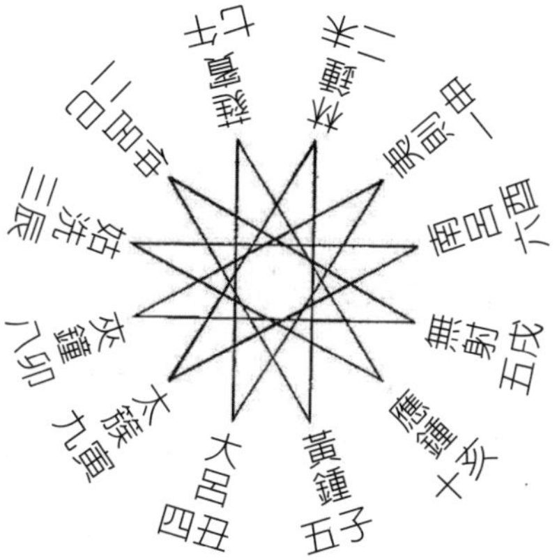

律呂隔八相生圖

九三：臀无膚，其行次且，厲，无大咎。

〈姤〉卦與〈夬〉卦互爲反對卦，〈夬〉卦九四的反對就是〈姤〉卦的九三，所以〈姤〉卦九三的爻辭幾乎與〈夬〉卦九四的爻辭相同，〈夬〉卦九四爻辭是：「臀无膚，其行次且，牽羊悔亡，聞言不信。」其前半段就是〈姤〉卦爻辭的前半段。「臀无膚」的臀字是取象於內體巽爲股，九三位居巽股之最上一爻，是在大腿之上，所以有「臀」象；此外，九三若由陽爻變爲陰爻，則內體變巽爲艮，艮爲溝洫，又爲隱伏，同樣也有臀象。艮又爲膚，九三尚未變陽爲陰，則艮象不見，所以有「无膚」之象。「其行次且」的次且之讀音爲茲居，這二個字與「趑趄」相通，就是難行的意思。至於「行」是取象

於〈姤〉卦旁通的〈復〉卦，〈復〉之內卦震爲行；其次，〈姤〉卦反對〈夬〉卦，〈夬〉的九四不正，陽爻變陰爻，外卦就變成坎，坎爲險阻艱難，搖擺不定，合起來講就是「其行次且」。〈姤〉卦九三是陽爻居陽位而得正，不像〈夬〉卦九四是陽爻居陰位而失正，所以雖然「厲」而有危險，卻「无大咎」是沒有大毛病。

九三爻辭的爻象已經解釋了，那麼這個爻辭又是什麼意義呢？整個〈姤〉卦的目標，是要駕馭在最下的初六之陰，因爲宇宙萬有的現象，陰與陽都有接觸的機會，〈夬〉卦是五陽決一陰，〈姤〉卦是一陰遇五陽，但若五個陽爻不能駕馭這個陰爻，這個陰爻反而會傷陽呢！難怪到了九三這個階段，會「臀无膚」，坐也坐不安，也會「其行次且」，走也走不動。我們在前面舉例說有一個人中了彩票，他坐在家裡就發了一筆橫財，這是多麼美好的機遇啊！但是這個機遇是盛陰，盛陰是會消陽的，你能將盛陰駕馭得住，算是個好的機遇，但是如果你駕馭不住，散盡橫財於聲色犬馬，結果人生就毀滅了。

一般人遇到這種現象，他在家裡坐不安、睡不著，不曉得怎麼辦？這是氣度不夠，陽能太弱，駕馭不了這個局面；進一步說，我們中國這麼大的一個局面，要有相當的才華氣度才能統馭得住，如果才華氣度不夠，拿到手裡不曉得怎麼辦，《老子・第六十章》：「治大國若烹小鮮。」是說把一個大國拿在手中，等於拿著一條小魚來烹煎，這個氣度真的好大！表示這個人的精神才華能夠罩得住。但是，假使那個陰你拿不住呢？就會發生「臀无膚，其行次且」的現象，有如手上拿著燙手的洋芋，不曉得怎麼辦。九三雖然陽爻居陽位，但是九三與初六的關係，既非如九二之相近，亦非如九四之相應，因而駕馭不了初六這個盛陰。不過，九三若能以「厲」自處，就是戰戰兢兢

的，戒慎恐懼的，小心翼翼的，有這樣的德性，有這樣的念頭，還是能勉強駕馭這個盛陰，所以「无大咎」。

九四：包无魚，起凶。

九二「包有魚」，九四「包无魚」，這二個爻辭一個說有，另一個說無，二者應該對照來看。過去我們常講陰為「魚」，例如〈剝〉卦六五爻辭：「貫魚以宮人寵。」從初爻往上數，一個陰、二個陰、三個陰、四個陰，這四個陰都是宮人，到了第五個陰則是皇后，皇后就帶著四個宮人來服侍上九陽爻的帝王。五個陰爻相連有如「貫魚」，就是把五條魚串起來，從前賣魚的是用草繩從魚鰓穿進去，從魚嘴穿出來，一尾尾串起來賣，此外，〈姤〉卦內巽也有魚之象。九二講「包有魚」，「包」就是包容，如同女人懷孕是包住胎兒，就是把這個陰包住了，這個盛陰如果包不住，一直往上跑，陽就被它剝完了，所以二爻一定要設法把它包住。

二爻和初爻是相比的，四爻和初爻是相應的，二爻和初爻既然相比，近水樓臺先得月，所以「包有魚」，然後到了四爻，因為初爻之陰已經被二爻包了，所以九四「包无魚」。「起凶」的「起」字取象於〈姤〉卦旁通〈復〉卦，〈復〉卦的四爻與初爻相應，初居內卦震為行，震又為動，行與動有「起」之象。「起」代表有所作為，但是〈姤〉卦九四「包无魚」，表示它的內容物是空的，空架子怎麼能夠有所作為呢？先儒認為：「陽在上為君，陰在下為民，二有其魚，四失之也，無民而動，失應而作，是以凶也。」本身沒有基礎，卻想有所作為，那當然是凶！

究竟陰陽相應或不相應，是什麼境界呢？比方說，年輕的男孩子

看見年輕的女孩子，兩個眼神一接觸，彼此都有好感，於是相見恨晚而一拍即合，那就是陰陽相應。反之，如果男女雙方互相看不順眼，那就是陰陽不相應。九二與初六陰陽相比鄰，就是客觀的現象與我主觀的意志很融洽，所以「包有魚，无咎」。九四與初六則是陰陽彼此應而不應，表示客觀的現象與我主觀的意志不相融洽，所以「包无魚，起凶」。

九五：以杞包瓜，含章，有隕自天。

明末清初學者王夫之的《詩經稗疏》提到《詩經》「豐水有芑」之「芑」就是「杞」，也就是《孟子》「性猶杞柳」的「杞柳」。這種柳樹的枝條細長柔韌，可編織繩索箱筐。所以「以杞包瓜」的杞字就是杞柳編織的繩或筐，用來「包瓜」或「包魚」，〈石鼓文〉：「其魚維何？維鱮維鯉；何以包之？維楊與柳。」可見古人習慣用楊柳枝條編成的繩筐來包魚。「杞」取象於五爻與二爻相應，二居巽爲柔木，杞柳屬於柔木。九二陽爻居陰位，若變正爲陰爻，則內卦巽變爲艮，〈說卦傳〉：「艮爲果蓏。」木質植物結實所生的稱「果」，例如蘋果；草本植物結實所生的稱「蓏」，例如西瓜，所以蓏就是「瓜」。《說文解字》：「在木曰果，在地曰蓏。」。

「含章」就是〈坤〉卦六三爻辭的「含章可貞」，要把光彩含蘊在裡面，也就是「以杞包瓜」。虞翻解釋：「含章謂五也，五欲使初四易位，以陰含陽，己得乘之，故曰含章，初之四體兌口，故稱含也。」五居乾陽有光彩爲章，五變則三四五互兌爲口，有含之象，五爻變陽爲陰，則陽之光彩不見，是有含章之象。我認爲這樣解釋不妥，因爲〈姤〉卦的主體是要治陰，不能將含章解釋爲自我韜光養

晦。〈坤〉卦三爻含章而光彩未露，所以可貞；四爻仍應括囊，到了五爻黃裳元吉，表示陰體成熟而光彩奪目。

南洋大學有一位鄭先生認爲這一爻是講爻辰星斗的，他說「以杞包瓜」，杞者杞柳也，那個柳樹葉子怎麼包得住瓜呢？這個不通嘛！他是根據「有隕自天」，有個星辰從天上落下來，他也根據鄭玄爻辰之說。實際上，「有隕自天」是講二五相應，二包有魚，能夠把初爻的魚包容得住，那麼五爻的瓜也能包在裡面。但是因爲九二以陽爻居陰位，若陽變陰，則魚與瓜都露在外面包不住了，這時位居天子的五爻必須下去幫助二爻包有魚，並且以杞包瓜而含蘊其光彩，這樣就形成五爻與二爻一起駕馭初爻之陰，才不會讓陰張狂。所謂「乾爲天，隕者落也，五下助二，有隕自天」。

三爻「臀无膚，其行次且，厲无大咎」，陽已經有控制不住陰的現象，照理說，九三的陽剛之氣已經成熟，卻還駕馭不了初六之陰，《老子‧第九章》說：「揣而銳之，不如其已。」當我們接觸的對象很有點棘手，則不如趕快丟掉算了，不要進一步接觸。但是五爻之陽居中得正，若也控制不了陰，那就完了，所以要「有隕自天」，五爻要下去助二陽駕馭初陰，拿國家來說，這就是分層負責，二爻「包有魚」是能善盡其責，但若「包无魚」則控制不住，這時在上位者要集中所有力量，去協助基層控制或駕馭。

上九：姤其角，吝，无咎。

上九位居一卦之最上一爻，易例：「上爻爲角，初爻爲尾」，這是「角」字取象的由來。「吝」是羞澀而施展不開的樣子，上九孤懸在〈姤〉卦之上，它所能接觸的客觀現象，就像角那樣只是那麼一

點，當然談不上全面的接觸，更談不上駕馭或控制初爻之陰，所以稱之為「吝」。所幸有九二「包有魚」以及九五「以杞包瓜」，分別把守在內卦與外卦之中，這樣初爻的盛陰就不會一直往上消陽而將陽剝盡，可以說沒有大毛病，所以「无咎」。總之。〈姤〉卦告訴我們一個人的精神意志如何駕馭所遭遇的現象，一個國家的精神文明如何控制物質文明。

肆、象傳

象曰：姤，遇也，柔遇剛也。勿用取女，不可與長也。天地相遇，品物咸章也。剛遇中正，天下大行也。姤之時義大矣哉。

「姤，遇也」，姤是一種機遇，遇有二種現象，第一，姤就是遇，以坤交乾謂之「姤」，以乾交坤謂之「復」，但是為什麼只有〈姤〉卦與〈復〉卦稱之為乾坤相交呢？因為這二個卦是以乾元與坤元用事，坤元入乾體而為〈姤〉卦初六，乾元入坤體而為〈復〉卦初九。第二，姤是不期而遇，陽交陰，陰交陽，宇宙萬有都是陰陽二種氣化偶然相遇結合的現象，雖然是不期而遇，卻能發生作用。現代人學非所用或用非所學的現象，屢見不鮮，似乎也算不期而遇。我們通常會稱不期而遇為「機遇」，這是人生的轉折點，能夠把握機遇而有所作為者，會有比較飽滿的人生。

「柔遇剛也」，人的精神意志是陽剛，外來的現象是陰柔，因為〈姤〉卦是以陰為主，陰是主動的，乾陽在〈姤〉卦是客體，是被動的，外來的現象是主體，人的精神思想是客體，易為外來之陰柔所駕

馭，客觀現象的力量大於人的精神意志，則意志容易被環境所誘惑，於是紙醉金迷而墮落繁華，所以「柔遇剛也」，就是提醒我們小心不要被環境迷惑，這也是君子處〈姤〉之道。

「勿用取女，不可與長也」，是說這一個能夠承受五男之女，其女之壯可想而知，所以絕對不能娶這個女的，因爲陰剛陽柔，相處不會長久，「與」就是處，「長」就是助長，如果我們變更不了環境，反而隨著環境轉移，這樣跟著環境走，只會助長其女壯之勢，所以「不可與長」，不可以與其相處而助長其女壯，否則此陰會逐漸增長而剝傷乾陽。

「天地相遇，品物咸章也」，天地相遇是在冬至與夏至這二個節氣，爲什麼冬至與夏至是天地相遇呢？因爲冬至一陽生，夏至一陰生，坤元入乾體而爲〈姤〉卦初六，正是乾天坤地初相遇。夏至一陰生，蟄蟲起而飛舞，這些都屬於陰類，顯見萬物蓬勃發展。夏至在「四監司卦」是離爲火監（見下表），而在邵康節的《皇極經世》正值午會，如日中天，萬物皆相見，所以說「品物咸章」。品是指種類，俗稱品種，「品物」就是種種萬物；章是光彩奪目，「咸章」就是萬物都已成熟而彰顯光彩。盛陰固可消陽，但陽沒有陰也不行，所以道家修持要觀象，利用外物來維繫思想而使之穩定，這也可以用來說明天地相遇，陰陽接觸，才能夠品物咸章。

四監司表

〈坎〉爲水監
- 初爻冬至　二爻小寒　三爻大寒
- 四爻立春　五爻雨水　上爻驚蟄

	初爻春分	二爻清明	三爻穀雨
〈震〉爲木監			
	四爻立夏	五爻小滿	上爻芒種

	初爻夏至	二爻小暑	三爻大暑
〈離〉爲火監			
	四爻立秋	五爻處暑	上爻白露

	初爻秋分	二爻寒露	三爻霜降
〈兌〉爲金監			
	四爻立冬	五爻小雪	上爻大雪

　　「剛遇中正，天下大行也」，如果遇到此種盛陰的現象，而能不爲繁華所動，就是能夠把握或駕馭盛陰，所謂「剛遇中正」是也，能夠不爲紙醉金迷所動搖，不爲環境現象所左右。〈姤〉卦外體乾爲天又爲大，成卦之主初六陰爻位在卦之最下，內卦巽伏震爲行，所以有「天下大行」之象。〈大象〉說「天下有風」，〈象傳〉說「天下大行」，重點在於「風行」二字，風行天下是爲大行。風是指風教，也就是風俗教化，俗稱風化，風化本是最好的，學校才是風化區；現在臺灣卻將娼妓雜處交易色情的地區稱爲風化區，又將娼妓色情列爲妨害風化的不法行爲，這是錯誤兼矛盾的怪現象。

　　「姤之時義大矣哉」，這是孔子在〈象傳〉最後總結〈姤〉卦之辭。〈姤〉卦的九二與九四都是陽爻居陰位，以陽居陰終須變正，於是二三四互坎爲冬，三四五互離爲夏，坎冬離夏，所以有「時」之象。意思是說，如果能夠掌握住〈姤〉卦消息五月，正是萬物茂盛的時機，只要盛陰不再上長而變成六月之〈遯〉卦，甚或七月之〈否〉

卦，而能始終維持在〈姤〉卦的茂盛時期，那麼在這時仍然大有可爲。換句話說，如果身處〈姤〉卦之時，而能處之有道，因爲正値自然界萬物茂盛，人世間物質昌明之時，如果精神意志能夠駕馭盛陰現象，那麼這個國家社會仍有太平盛世的美好境界。

伍、大小象傳

象曰：天下有風，姤。后以施命誥四方。

「天下有風」換句話說就是風行於天下，表示行進很通暢的現象，這樣乾陽就能把握得住盛陰。「后」在古代是君主帝王的尊稱。爲什麼〈姤〉卦〈大象〉稱「后」？孔子繫〈大象〉，最常用的是「君子」，例如〈乾〉卦：「君子以自強不息。」〈坤〉卦：「君子以厚德載物。」其次有稱「先王」，例如〈比〉卦：「先王以建萬國，親諸侯。」至於稱「后」的，除了〈姤〉卦，還有〈泰〉卦：「后以財成天地之道，輔相天地之宜，以左右民。」易例：「陰卦多陽，陽卦多陰」，凡是陰卦主政則稱后，陽卦主政則稱王，若陽已過則稱先王。帝是表示那個朝代最清明的時候，王者其次。

「施」取象於〈姤〉卦本乾體，乾爲施，坤爲受，因爲易例：「陽施陰受」，例如雷電爲乾陽，花木爲陰，春雷一聲震動，則萬物草木花朵都向上茁長。「命」取象於內卦巽爲命，乾陽施之而坤陰受之，這就是命。巽反兌爲口，巽伏震爲言，外卦乾亦爲言，口言就是「告」。〈姤〉卦旁通〈復〉卦，〈復〉爲十一月卦，是冬居北方；〈姤〉卦本身爲五月卦，是夏居南方；〈復〉卦內體爲震卦，震爲二月卦，是春居東方，〈姤〉卦內體爲巽卦，巽爲八月卦，是秋居西

方；因爲〈姤〉卦與旁通的〈復〉卦，合起來看具備春夏秋冬與東西南北，所以有「四時」之象。

　　〈姤〉卦的大象是風行天下，君主帝王效法這個體象，要「施命誥四方」，就是宣達政令要像風行天下一般，讓四方人民無分遠近都能知所遵行。這些政令都是要人民遵守規範而有所作爲，規範就有警戒的意思，所以稱命稱誥。〈姤〉卦的特色是物盛心衰，社會的物質文明已登峰造極，陰很盛時，極盛之陰應有控制的方法，否則物質不會爲我們所用，還會傷害我們的精神意志。〈姤〉的現象能掌握得住則爲太平盛世，掌握不住則爲環境所傷，因此，君主帝王要告誡四方子民處姤之道。

初六象曰：繫于金柅，柔道牽也。

　　把初六之陰像絲線一般，纏繞在九二之陽有如紡紗錠，那麼九二就能穩住初六，是爲「繫于金柅」，這是乾陽用柔和之道牽制盛陰。〈姤〉卦內體巽爲柔，巽又爲繩有牽之義，所以稱「柔道牽也」。一個上軌道的政治體系，對於社會現象有一定的規範尺度，這樣的社會現象就不會太過或不及，這也是一種柔道牽制。但是，資本主義的社會，政府卻將這種規範的權力交由商人自由裁定，這種錯誤的政策是社會亂象的根源。

九二象曰：包有魚，義不及賓也。

　　九二之陽把初六之陰包容住了，就是「包有魚」，代表乾陽的精神意志能夠駕馭坤陰的社會現象，不會被環境所左右。「賓」是指九四位居〈姤〉之外卦而言，本來初六與九四相應，初往應四是理所

當然，但因九二與初六是近水樓臺先得月，就〈姤〉卦而言，相比優於相應，那麼初爻就不會往上應四，也就不會剝傷到外體的乾陽，這反而是好事一樁，事之宜也，所以稱之為「義」。

九三象曰：其行次且，行未牽也。

九三「行未牽也」要跟初六「柔道牽也」對照來看。我們前面說過，整個〈姤〉卦的目標，是要駕馭在最下的初六之盛陰，初六「柔道牽也」，是指九二乾陽能用柔和之道且很篤定地牽制初六盛陰；九三「行未牽也」，是指其面對初六盛陰時，「臀无膚」而坐立難安，「其行次且」而猶豫不決，顯然駕馭不了，因為初六對九三而言是個燙手的洋芋，實在不知所措。所幸〈姤〉卦九三是陽爻居陽位而得正，所以雖然有危險，卻沒有大毛病，所以卦辭說「厲，无大咎」。

九四象曰：无魚之凶，遠民也。

九二與初六之盛陰相近相比，所以能夠包容初六而「有魚」；初六之魚既已被二爻包了，就算九四與初六為正應，卻是應而不應，終究「无魚」。根據易例：陽在上為君，陰在下為民，初六之陰在一個國家來說，就是基層的人民，所以「无魚」代表在上位者沒有受到老百姓的擁戴，這根本談不上親民，而是遠民。如果沒有群眾基礎，卻想要有所作為，那當然是凶！

九五象曰：九五含章，中正也。有隕自天，志不舍命也。

「含章」是把光彩含蘊在裡面，也就是「以杞包瓜」使令這陰瓜的光彩不會外露。因爲九五居外體之中，而且以陽爻居陽位是爲得正，所以有「中正」之象。意思是不會有競尚奢華，玩物喪志的偏差行爲，這樣盛陰就不會傷陽。「有隕自天」是講二五相應，必要時，九五就會下去幫助九二，一起駕馭初六之陰，絕對不能讓陰張狂而將陽剝盡。二爻居內體巽爲命，五爻爲坎爻而坎爲志，所謂「志不舍命」是說，五爻以下助二爻爲天命，而且不改其志。

上九象曰：姤其角，上窮吝也。

上九位居〈姤〉卦之最上一爻，上爻有「角」之象，所以說「姤其角」。上九孤懸在〈姤〉卦之上，有「上窮」之象，上九根本無法駕馭初六之陰，所以稱之爲「吝」，亦即施展不開的樣子。因爲上九掌握不住現象，也無法抓住姤遇的機會，而且上九位在一卦之末，這個卦就要變了，所以說「上窮吝也」。

第四十五卦

萃卦

周鼎珩講　海嘯記錄

萃

兌坤
上下

—— 此係〈兌〉宮二世卦，消息八月，旁通〈大畜〉，反對〈升〉。

壹、總說

佈卦的次序

　　鄭玄：「乾成於巽而舍於離，坤出於離，與乾相遇。」在十二辟卦，正月建寅為〈泰〉卦，二月建卯為〈大壯〉卦，三月建辰為〈夬〉卦，四月建巳為〈乾〉卦。先天八卦卦位之乾卦，為後天八卦之離卦，而後天八卦之坤卦，是出於離卦。「相見乎離」（〈說卦〉），坤與乾相通，此陰陽相遇而變成〈姤〉之天地相遇之象。陰陽相通時，萬物發生而茂盛，日正中天，時當夏至，飛禽走獸皆飛躍活潑之時，而各以類相聚，在〈姤〉卦之後成了萬物聚集的現象，故

〈序卦傳〉：「姤者，遇也，物相遇而後聚，故受之以〈萃〉，萃者，聚也。」故在〈姤〉卦之後，繼之以〈萃〉。但是〈姤〉卦之遇與〈萃〉卦之聚，有所不同，如男女相遇可能結合，亦可能隨遇隨散，〈姤〉是「天地相遇，品物咸章」，但是這只是相遇的段落（交會的剎那）要能把握得住，故孔子在〈彖傳〉曰：「〈姤〉之時義大矣哉！」，聚則相濟相援的力量，宇宙萬物之間的混合狀態，有物理與化學兩種，化學的合是融成一體的合，必先有「姤」之遇合，才能有「萃」之聚，如沒有「姤」之聚，則不能憑空而來「萃」之聚。

成卦的體例

〈萃〉以坤、兌成卦，〈坤〉初爻〈小象〉曰：「履霜堅冰至，陰始疑也。」由此可看出坤的德性是凝聚的，地球是坤德，故地面所有東西都能為地所凝聚而不飛散，地之德性除能凝物外，亦能載物。外卦之兌，是和悅的現象，有和悅的情感而加之以凝聚的德性，故能交融成體而成萃聚之象，〈萃〉卦外卦為澤，內卦坤為土，則是水匯聚所在，內在之坤土德性本是凝聚的。內在本質是坤土，外在又是有水分凝聚它，而成水土交融密切相濟的萃，自然人世物理諸現象皆是如此。

先天卦位，坤之前是震，震之前是離，離之前是兌；〈萃〉卦之坤兌成卦，坤由震之一陽到離之二陽分離，再到兌之二陽相聚（☷→☳→☲→☱），這是陽聚集的情況（過程，現象）。

從後天卦位來看，坤出於離而之乎兌，陰陽相見乎離之後，萬物以萃然茂盛，經過「致役乎坤」，以坤之勞役去培陽，而到了「說言乎兌」，萬物這時候以豐盈飽滿，表現最成熟之象，此為百菓豐收之

時也。這說的是陰陽相聚集的情況。故〈萃〉卦說明有陰陽二種氣化相聚集的情況，表現宇宙間陰陽二氣化相聚集的狀態故曰萃聚，陰的萃聚是物質的萃聚，陽的萃聚是精神的萃聚，而以陽的萃聚為主，精神意志萃聚起來才能成大功，立大業，陽能集中陰就能集中。

〈比〉卦九五一陽居中得正，〈萃〉有九四一陽輔助，〈萃〉卦與〈比〉卦很相似，但是〈萃〉不僅是九五居中得正，還有九四一陽輔助，對社會國家來說，〈萃〉卦下到〈比〉卦，即明君在上而下有賢相輔政也，故陰更能表現萃聚。比者輔也，比之輔是大家都來輔助，比是兩個以上的東西，有親切的比輔，但卦數是二而不是一，〈比〉之初爻「有孚盈缶，終未有吉」，上爻「比之无首凶」，因此〈比〉之九五應二乘四承上，把三四之陰照顧了，才能照顧初爻，而上爻「不寧方來，後夫凶」照顧不了也；〈萃〉二陽在一起，二五相應，初四相應，四乘三、五承上，群陰皆為陽所吸引得乾淨俐落，故咸萃，此聚合是化學之化合而成一體，故在卦數是二而不是一。我們從〈比〉、〈萃〉兩卦相較之下，可見〈萃〉之德行，所謂陽的居中得正，有兩種意義：一、當位也，位置好，即有位有權也。二。居中得正，不僅要有權有位，還要能發用指使，且合乎民情道理才是。

〈萃〉之所以能凝成一體，除了兌為和悅，坤為順勢，情悅而順勢，當然能緊密具成一體而外，還有另外的因素，〈萃〉來自〈觀〉，〈觀〉上爻之四爻而成〈萃〉，〈萃〉初至五亦有〈觀〉卦體象，〈觀〉卦卦辭：「盥而不薦，有孚顒若。」孔子〈象傳〉曰：「大觀在上，順而巽，中正以觀天下。」大觀在上，指九五居中得正也，底下萬民景仰都來觀摩他，在上位者「盥而不薦」，以最高的誠意，不重特質而特重內在的誠意也，（孔子謂顏子曰：齋戒要重心

齋），在下位者「有孚顒若」，誠敬地景仰，在上位者能以最高的誠意，來居正臨民，在下位者必能以最大的誠敬之心擁戴，故能成可觀之勢，〈萃〉卦之所以能凝成一體，是〈觀〉卦已成水土交融一體的形式而然也。

立卦的意義

　　〈萃〉從表面上看是陽聚陰，如坤要「先迷後得主」，陰必須在陽發動後才能有主宰，而陽之所以能聚陰，是要有兩個必備條件：一、陽的力量要夠，宇宙間之物，凡有東西能夠吸進來，必有東西能夠推出去。清末義和團，所稱刀鎗不入的功夫，就是利用這個原理—拒鐵丹，但是吸進與排出這兩方面的力量，要能相稱才行，故不能拒砲彈也，陽的力量夠才能聚陰，要成熟，如〈乾〉卦九四，只能「或躍在淵」，或許還能躍進一步也，到九五才有飛龍在天的才勢，九五對人事社會來講，即統治者之位也，光是居統治者之位仍不夠，還要德行仁厚，軌道正確的陽才能聚陰。二、陽的本身，除要能聚陰而外，陽自身也要能聚集得住，精神集中、意志集中，才能成就事業，也才能聚集得住陰。

　　〈萃〉卦是以陽聚陰，陽在人身是精神動能，陰在人世是物質資產，一個社會，如果物質資產畸形發產，致精神動能聚集不了的地步，則社會反遭受害，現在社會流於人情淡薄，物欲高漲，人役於物之形式也，物質越發展，精神越縮小，則殘殺鬥爭接踵而至，此情勢如不挽救，而任其發展下去，其人類必遭滅絕。

　　先天卦位由坤而震，而離而兌而乾，是由陰轉陽，是自下而上的運轉，也是物質向精神的發展現象，由乾而巽，而坎而艮而坤，是放

棄精神趨向物質的情況，無論何者發展到極點都是要變的，坤陰成體時，一陽下生成震；乾陽成體時，必一陰下生成巽，目前世界情勢，物質發展已到極限，今後再不顧精神文明，最後必淪於死體之坤，人類的生機，精神、意志、情感都發揮不出來，變成一個冷冰冰的世界；不過由宇宙的法則來看，現在已到極限之陰，必有陽自下起，如老師三十年前，在臺大講《易經》，被誣爲陰陽怪氣，現在則風氣已開，海內外蔚成研究《易經》的熱潮，可見當年是陰已增長，現在則是陽自下生。

貳、彖辭（即卦辭）

〈萃〉：亨。王假有廟，利見大人，亨。利貞。用大牲吉，利有攸往。

「萃，亨」，古本《易經》無此亨字，孔子曰：「既富矣，又何加焉，曰教之。」（《論語・子路》）故聖人設教必於富蔗之後，而設教之道。

「王假有廟」，王，〈萃〉來自〈觀〉，〈觀〉爲〈乾〉宮四世卦，乾爲王，〈觀〉之九五亦爲〈萃〉之九五，爲王者之位，故稱王假。虞翻釋爲至也大也，其實不然。假，古通格，感格也，九五爲乾陽，代表最大最飽滿的精神，且居中得正，又五爲坎爻四不正，初四異位，四變成坎，坎爲孚，孚爲至情至性感格也。廟，〈萃〉旁通〈大畜〉，〈大畜〉外艮爲宮闕爲鬼門，上爻是宗廟，九五是王，五入初當爲「王假有廟」。

「利見大人」，〈萃〉來自〈觀〉，〈乾〉九五：「飛龍在天，利見大人。」〈萃〉卦以五爻爲主，故稱大人也。〈萃〉三四兩爻不正，終是要變的，如三四互巽成離，離爲是見，故曰利見大人。

「利貞」，三四不正，應易位居正，宜乎居正故利貞，〈萃〉卦五爻爲主爻，宜乎穩定也。

「用大牲」，用，〈萃〉內坤爲用。大牲，牛是太宰是大牲，羊是少宰，漢高祖以太宰祭孔子，乾馬坤牛，內坤爲牛，三不正巽位而互離巽爲黃牛，用大牲來祭祀，三四變正成離爲戈兵，三四易位而內卦坤體破，有宰牛之象，又外兌爲毀折，內坤爲牛，牛被毀折宰牠。

「利有攸往」，宜乎這樣子向前發展也，虞解三四不正，三易上之四，利有攸往也。〈萃〉王假有廟，是說王至廟祭感格之誠也，格即感格之誠，往年國家大典，一爲祀，二爲戎，祭祀練兵爲最重要的，一定要用最高的誠意，〈萃〉來自〈觀〉，〈觀〉有祭享之意，故〈萃〉亦有祭享之象，意即最高統治者，有最高的誠意，要致國家於富強康樂，物民阜風的境界，「人聚則亂，財聚則爭」、「一家富貴千家怨」，利見大人，乃因王能假有廟，底下坤陰都來趨附，誠心悅服。利見大人，乃人皆能歸附之意也。

「利貞」，底下能誠心歸附，高頭能誠意統治，水土交融相合而亨也，聚集物資是要養民的，具有高誠意才能感動天地鬼神，所謂修德迓天也，心地坦白光明地念茲在茲，顛沛必於是，造次必於是，精神意志集中，是爲得天下蒼生之福利，是利聚集於正，利貞也。有聚聚集的功夫，才能貫徹了得，在〈損〉卦時，二簋可用享，因爲損之時應當淡薄，二盤祭物，就可以享祀祖先了，但是到了〈萃〉卦則不

然，〈萃〉卦時聚集的已經夠了，物質聚集得很豐富飽滿了，所用來祭祀東西就要多，講求均衡也，要用這樣豐富的才能表示誠意之大，故用大牲吉也，當以上的三個條件「王假有廟」、「利見大人」、「利貞」都已齊備了，在這種情況之下，可以發展下去，可以用大牲而利有攸往也。

參、爻辭

初六：有孚不終，乃亂乃萃。若號，一握爲笑，勿恤，往无咎。

「有孚不終」，〈比〉之初六：「有孚盈缶，終來有他吉。」蓋〈比〉初四相應，四互坎爲有孚也。〈萃〉四居坎，坎爲孚，故有孚，坤作成物而代有終，初四易位則坤體破而不終也。

「乃亂乃萃」，一會是亂，一會又是萃，坤陰削剝乾陽是亂，坤又有聚之德行，初至四有〈剝〉卦體象，坤剝陽乃亂也。

「若號」，初四應四，互巽爲坤命，有號之象也，號令即呼，號即呼籲之義也，警覺之義也。若號乃有所警覺而趕緊想個辦法，進而有所主張得更變也。

「一握爲笑」，坤陰居初爲一握，初四相應，四居艮爲手，初上應四有一握之象也，初應四，四爲外體之兌悅，和悅而爲笑也，初變互震爲笑語啞啞。

「勿恤，往无咎」，初四相應，外卦互成坎爲恤，初四互易亂也。

六二：引吉，无咎，孚乃利用禴。

「引吉」，二五相應，二為五所引也，五互巽為繩，二又居艮為手，以手執繩有引之象。

「孚」，五為坎爻，同時〈萃〉之三四不正互巽，五又居坎，坎為至情至性的融洽，孚也。

「用」，坤為用。「禴」，夏祭曰禴，乃祭享之最薄者，〈萃〉卦旁通〈大畜〉，〈大畜〉外艮為宗廟，《乾鑿度》曰：「上為宗廟，五為天子，四為諸侯，五之天子，至上之宗廟，主祭祖而興之，諸侯陪祭也。」二獨上與五相應，為脫離內體群陰相聚，五乃二爻這一點物質，因五惟與二應，只能從二爻這極少的祭祀來享祭祖先，三四不正之正應離為夏。到了二爻引吉，〈萃〉之聚乃群陽來聚陰，且是靠陽本身能聚使能聚陰，如人須先精神意志集中，才能集中人力、物力、財力，去發揮事業，這點物質（二爻）是要精神意志（五爻）的引導而向前發展的，這樣子物質文明，才能有利於人類，否則人類反遭物質文明之禍害，只要有至情至性的最高德性為主宰，即使祭祀薄也，也可以通神明，若人之精神意志主宰不了物質文明所聚者，亦有咎也。

六三：萃如嗟如，无攸利，往无咎，小吝。

「萃如嗟如」，到了三爻坤陰聚集的現象已經非常明顯了，故萃如。上三相應，上居兌口，用嘴嗟嘆，嗟如也，三互巽為號，令亦嗟如也。

「无攸利」，沒有什麼好處，往无咎，往上走沒有毛病。

「小吝」，艮爲小石，兌爲少女，少者陰的方面施展不開的現象，精神力量足夠了才聚集物質，若大家庭沒有賢明的大家長，則會群龍無首而亂生其間，有小吝也。三居坤體之上，陰已極矣，而所應之上爻又爲陰，有凝聚復凝聚的萃如之象，但是凝聚的越多，精神愈感到苦惱，因凝聚人力、物力是要消耗精神意志的，古來歷史上許多創業垂統的明君，如唐太宗從前半截的貞觀之治精神生命用得太過了，而到後半截的天寶之治，已顯得力量不夠了，於是嗟聲嘆氣天可奈何也！不會統治者，老百姓愈多，愈感到棘手。愈統治者百姓愈感到有辦法，端視其才聚之大小而定，但是只要能往陽的方面去發展，及涵養精神意志，則沒有毛病，如國家在物質鼎盛時，就要積極發展教育文化，則暫且有施展不開的現象而已。

九四：大吉，无咎。

「大吉」，〈萃〉九四通〈大畜〉九四，〈大畜〉九四「元吉」，〈萃〉九四「大吉」，爲何？〈大畜〉九四互震，震前是艮，先天八卦由震至艮，獨獨沒有坤陰爲陽一周。〈萃〉九四互巽，巽前是兌，先天八卦由巽至兌，獨獨沒有乾陽爲陰一周。這是陽長陰消之現象，在〈大畜〉畜陽，陽繞一周，整個美滿了，故元吉。在〈萃〉聚陰，陰繞一周整個美滿了，故大吉。五爻天子入上爻宗廟祭祀，四爻諸侯陪祭，但初四相應，四不乘三，初三爲不正之陰，皆靠四爻來統治。可見統治者聚集人力、物力、財力不是獨所能爲，尤其是偏遠非常棘手的刁民，是要靠左右來去聚集統畜的，但是左右手從事聚集這件事，只許成功不許失敗，即使成功也只是獲上信賴有加，做不好則可能遭遇殺身之禍，故要大吉才能无咎，歷來得天下之君王必先殺

有功之臣，是因爲不大吉之故，無分宇宙自然現象、或人事社會現象。居輔助地位上，事情就一定要做好，才不會有任何毛病。

九五：萃有位，无咎匪孚，元永貞，悔亡。

「萃有位」，九四能影響初三兩爻，初爲偏遠之民，三爲刁難之民，但身爲左右手之九四无位。到了九五則居中得二爲天子之位，故曰「萃有位」也。

「匪孚」，這種至情至性的德性上尉昭著，因五與二相應，其他初三與兩爻仍要靠四爻來輔助。

「元永貞」，〈比〉卦卦辭原是「元永貞」，因〈比〉卦爲九五一陽統治群陰也。元者乾元，陽五爻也；乾陽居五有乾元之德，一陽若要統治群陰，陽要能永遠穩定住。〈萃〉之九五有九四之陽來幫忙，較比之九五獨陽略勝一籌，但陽要永遠穩定住才不會有任何毛病。

上六：齎咨涕洟，无咎。

「齎咨」，齎，持也。咨，一做資，賻也。上三相應，上坤財富，互居艮爲手，手拿物資財富，齎資也。

「涕洟」，三至上有〈大過〉體象，〈大過〉有棺槨裝死人之現象，要贈奠儀，拿物資弔傷也。三四不正，變正則爲坎離，離爲目，坎爲水，三艮爲鼻，眼睛流水爲涕，鼻子流水爲洟，人到哀傷悲痛之時，涕洟之交流也。〈萃〉至上爻，陰聚至極點，物質盛聚也，人的精神主宰也就消耗盡了，變成像大棺木裝死人，沒有作用了，於是搶

著屍體來哭，人至此時聚集物質太多了，反把陽剛精神傷害了，只有偷偷擁抱死人，哀傷罷了，但因爲自己已經了解到物質再多也沒用，已知道哀傷則无咎。

　　六爻之精神所在即爲陰（物質文明），要靠陽（精神意志）來領導。否則反而形成殘忍鬥爭而有害。萃，主要靠統治者之德性，至情至性的融合，而陽剛精神夠。〈萃〉之對象爲：一、爲聚人；二爲聚財，但主宰的還是人的精神意志，人聚則亂生，一如在大都會內藏垢納汙，財聚則爭起。〈萃〉說明精神文明領導眾於聚人，聚財的一切現象。

肆、彖傳

彖曰：萃聚也，順以說，剛中而應，故聚也。王假有廟，致孝享也，利見大人亨，聚以正也。用大牲吉，利有攸往，順天命也。觀其所聚而天地萬物之情可見矣。

　　「萃聚也，順以說，剛中而應」，萃是聚集的現象，而順以說。剛中而應則是講萃的兩種條件（情況）。〈萃〉外兌爲說，內坤爲順，故曰「順以說」，整個卦的坤陰都要順應著乾陽的，即在上位的統治者們聚集人力、財力、物力而底下的人要能順著他的統治，不但在上位者含顏悅色地聚及民力、財力，在下位者也很願意地受其聚集，這不是一個獨行其是之事，是要大家能融洽和悅地聚集，才能有所成就。

　　〈姤〉剛遇中正，乃在物質豪華紙醉金迷之時，不爲其所惑，而中正自持，現在〈萃〉「剛中而應」則更進一步，在上位者一本乾陽正氣，剛者天德，完全出自至誠至性，沒有一點人情世故的虛僞，這樣子坦白鮮明，至誠的發號施令，而使普天下之人，都認爲這種發證指使的天德正合我意。所謂我所想的正是他所想的，上下不謀而合，爲剛中而應，但是這種境界太高，不是一般人所能達到的。

　　「王假有廟，至孝享也」，王指九五，〈萃〉通〈大畜〉，〈大畜〉外艮爲宮闕，爲宗廟，九五天子入宗廟之內，王感格老百姓就像在宗廟裡感格祖先一樣，其至誠是一致的。孝享，卦辭曰：「用大牲吉。」天子祭享上帝祖先，有謂祭上帝以享天，祭祖先以致孝。《禮記・祭義》：「惟聖人爲能饗帝，孝子爲能饗親。」（孝字來自宗廟祭祀祖先），要萃聚天下人民物質，要像在宗廟內祭祀祖先一樣，拿出那種感格的誠意，在上位者能拿出這樣的態度，底下的人必然「利見大人亨」，人民不約而同的都來歸附，因爲聚集人力、物力完全是一片正道的做法，聚人爲國，聚財爲人，一本天德而無私心，正而不邪，統治者領導國家步向富強康樂之正道也，故曰「利見大人亨，聚以正也」。

　　「用大牲吉，利有攸往，順天命也」，卦以乾陽爲主宰，卦內坤陰爲順從，中爻互體巽爲命，順天命也。用太宰才吉，因富而好禮，聚集德多了，祭饗之禮就要豐隆，故「用大牲吉，利有攸往」。底下坤陰往前走則能歸順在上之五四二陽，古今創業垂統之天子，並非有心想得天下，做法也多不是預定的，好在冥冥之中有主宰鬼使神差，這就是指的天命，再者，如宇宙萬物運行各自有序，大的運行與我小的結構能相配合則爲天命，「順吾之所有，盡吾之所能」，天命之謂

性，率性之謂道也。能夠聚集得多而且很有大魄力來使用，本應當這位發展的，故「順天命也」。

「觀其所聚而天地萬物之情可見矣」，〈萃〉來自〈觀〉，〈萃〉之四不正，互易成離為日為見，亦有觀之象也。情，宇宙一切東西能聚集都是靠情，情聚則聚，情散則散，人類以致物質皆然，萬物皆有情也，觀所聚集之現象（狀態），則可洞悉其情，觀政府對人民使用的是淡薄的還是濃厚的、是真誠的或是虛偽的，即可知其所聚集的人民是可以長久的還是短暫的。

伍、大小象傳

象曰：澤上於地，萃。君子以除戎器，戒不虞。

「澤上於地」，《老子・第二十二章》曰：「窪則盈。」澤乃最低窪的地方，現在卻冒出於地之上來，表示低窪的地方萃聚集得太過了，大家都看得出來。

「君子」，指乾陽，卦以乾陽為主宰也。

「除」，修除也。《周禮・地官・山虞》：「若祭山林，則為主而修除且蹕。」

「戎器」，〈萃〉三四不正之正，變成坎離，離為戈兵，坎為弓矢，兵器也。

「戒不虞」，如何能聚？一定要事先有一翻整理，修持之義也。「戒」，三四五互巽為告誡之義，戒也。「不虞」，三四互巽則外坎為隱憂，虞也，三四位之正則坎象不成，不虞也。

　　澤在眾目睽睽之共睹之下，出於地面，乃聚得太多了，一定要起爭亂，君子處此時要修例戒器，因為聚集之後難免會有爭端禍亂的出現，以備不虞也。聚集人物、財力事先要有條件，〈大象〉是講事後要有戒備。

初六象曰：乃亂乃萃，其志亂也。

　　三四不正之正則外坎為志，但初若不上，志象不成，「志亂也」。「乃亂乃萃」因初陰被群陰所萃，甘願與陰亂為伍，但初與四陽相應，又想上去應陽，在陰聚初之時，不使令拿剛聚集之資財亂用，用來發展精神文明為乃萃，若以剛萃聚之資財再聚集資財則為乃亂。

六二象曰：引吉，无咎，中未變也。

　　六二與初六不同，初或上或不止而不定，二則不為群陰所惑亂，脫離初三之亂因而上應陽五為陽所萃，在第二階段物資、財力聚集到相當程度了，再拿精神聚集物資，中未變也。

六三象曰：往无咎，上巽也。

　　（略）

九四象曰：大吉，无咎，位不當也。

　　九四代表諸侯，替君王招撫偏遠的刁民，雖作得好，亦无咎而已。

九五象曰：萃有位，志未光也。

（略）

上六象曰：齎咨涕洟，未安上也。

（略）

第四十六卦

升卦

周鼎珩講　桂少庚記錄

── 此係〈震〉宮四世卦，消息十二月，旁通〈无妄〉，反對〈萃〉。

壹、總說

佈卦的次序

　　今天接看報告〈升〉卦。宇宙一切現象，不管是有形的，或無形的，都是由小而大，由低而高。例如，從花草樹木有形的體積中，可以看出它由一個小小的種子慢慢長大、長高，這是有形的；無形的也是如此的，例如，我們的知識、技能吧，一方面由先生那裡學習來，一方自己慢慢研討，經過各種方式，才能學好了那些技能、那些知識，所以知識、技能的壯大，是從學習中一點點中累積而成。可是，

那一點點集腋成裘而能壯大起來的現象，就是我們從前講的〈萃〉卦，萃聚達到上長呢，那就要升啦，升就是上長的現象，升就是地下一棵樹苗慢慢出頭，那就是升的現象。怎麼由萃聚而達到升的現象呢？荀子有一段話：「積微：月不勝日，時不勝月，歲不勝時。……王者敬日，霸者敬時。」（《荀子・彊國》）萃聚極微小的事，「月不勝日」，每月不勝每日；「時不勝月」，每時（季）不勝每月；「歲不勝時」，每歲不勝每時（季），一個王者每天每天萃聚極微小的事，勵精圖治，才能成大事；霸者每時每時萃聚極微小的事，努力不懈，才能成霸主，愈是積微，愈能成功。若一個人小的事情不去注意，到了大的事情的時候，就沒有辦法了，所以荀子說：「補漏者危，大荒者亡。」（《荀子・彊國》）荀子這段話就是根據〈升〉卦而來的，所以在〈升〉卦之前，一定要萃聚。以上是卦的次序。

成卦的體例

〈萃〉卦卦體有陽，才能萃聚，〈大壯〉卦卦體壯大升高更需靠著陽，草木在冬至後，因陽氣上升，它也才能壯大升高。但為何〈萃〉卦陽居外卦，而〈升〉卦卻是陽居內卦？因為〈萃〉卦是由外而至內的，如草木之吸收營養，或國民財富吸收外匯等，皆由外而內，吸收東西來壯大自己。〈升〉卦則不然，〈升〉卦它是由內而外的，國家的技術好，財富夠了，人民的知識水準也夠了，這時就應該發展經濟、提高文化、加強國防，於是它的體積（坤為形勢，坤為體積）壯大了，就是由內而外去加強，去發展，故坤在外而體積壯大，陽在內可以使之發揚出來。所以這兩個卦，〈萃〉卦九五為主，九四輔助；〈升〉卦九二為主，九三輔助。

　　其次，卦氣的運行，是由下而上的，尤其是〈升〉卦是乾陽交坤。乾陽在內發動坤體，〈升〉卦拿二「陽」來裝坤體，故名之爲升。由此看來，〈升〉卦是以「陽」來使之動的，可是孔子〈彖傳〉上卻講：「柔以時升。」「柔」不是「陽」啊！是「陰」，而明明白白是「陽」在發動往上升，如嬰兒般的，他的身體充實了，他就一個月一個月七公斤、八公斤、九公斤的往上長，他的長是靠了內部的「陽」在上升啊！爲什麼是「柔以時升」啊？爲什麼是「陰」呢？有人解釋孔子〈彖傳〉，說這個「柔以時升」，因爲〈升〉卦的內體是巽，外卦是坤，內體是巽卦，巽卦是「陰」啊！這樣也講得通。我的看法，我以爲「柔以時升」，升是「陽」往上長，它是裡頭發動，可是「陽」往上長，所發動的是什麼呢？所發動的是外在的「體」，「陽」在內是看不見的，我們所能看見的是如同花苞開了，是「體」啊！坤是「體」啊！而坤又是「柔」啊！所以「柔以時升」。一個國家內在的文化提高了、經濟培植厚了、國防加強了，於是國家壯大了，國家壯大了，於是國際地位提高了，我們所看到的是國家國際地位提高，看不到的是國家內部壯大的能，所以「柔以時升」就是這個道理，以後講到〈彖傳〉時再詳細的講。至於說到這個「時」字，因爲壯大不是冒冒失失隨便可以壯大的，國家地位提高，不是什麼時候都可以提高的，必須有「機會」才能壯大，才能提高，這個「機會」就是孟子所說的：「雖有智慧，不如乘勢；雖有鎡基，不如待時。」（《孟子·公孫丑上》）這個「乘勢待時」，「時勢」就是「機會」，這個「機會」就是壯大的「機會」，提高的「機緣」，不能隨便，要壯大，就壯大，要提高，就提高，必須要內外配合，有那個「機緣」，你才能壯大、提高，所以「柔以時升」，這是第二個說明。

其次，〈升〉卦外卦是坤，內卦是巽，巽爲木，坤爲土，《說文》：「木，冒也。冒地而生。」我們俗話說：「冒出來了。」《九家易》裡說這個象是地中有木，木是冒地而出，這就是升的體象，升發的現象；也就是地中有木，木得到了一個機緣，它就冒地而出了。因爲巽爲長、爲高，巽又爲生，冒地而出生了，漸漸長大、長高，這就是升的意味，升的境界。同時，外卦坤，坤爲勢、爲順、爲柔，兩個合起來，就是順其勢，柔之於內。凡是一個現象，假使順著它的情勢去研究，就可以成就成熟了，就是升高了，壯大了。假使一個國家順著它的情勢，而且柔之於內，鑽到裡面去研究，這個國家一定可以把自己弄好。所以從木冒地而出，固然是升的現象，從這個卦體順其勢，柔之於內，也是提高的現象，這是第三個現象。

其次，在〈雜卦〉裡頭有一句可以說明〈升〉卦的現象：「萃聚而升，不來也。」很多前輩先人忽略「不來」兩字，沒有解釋。什麼「不來」呢？案卦氣有往、有來，往上走叫往，往下走叫來，「不來」者不往裡面走，而只往上走也。所謂升無論從陽或從陰來講：由卑至高，由小至大，都是往外奔放，往外擴張，不是向內收縮；如果往裡面走，它就不是擴張了。既然升是由小至大，由卑至高，當然是只向外去時而不會往裡面走的，這一點意義很重要。任何現象，在升的階段，它都是向外發展；假使來而居內，就不向外發展，就停頓了，那就不是〈升〉卦的現象。同時，按照卦變來解釋，凡二陽四陰的卦，不是從〈臨〉卦來的，就是從〈觀〉卦來的，而這個卦呢，它是從〈臨〉卦來的。〈臨〉卦是根據〈復〉卦伸展的，十一月〈復〉卦冬至一陽生，一個陽鑽到裡面去了，生長，於是到了十二月〈臨〉卦二陽浸長，一陽是小，二陽就大了，所以〈臨〉，陽大也；

〈復〉，陽小也，到了〈臨〉，陽已經升長了，壯大了，而〈升〉卦是根據〈臨〉卦來的。〈臨〉卦雖是二陽浸長了，但這兩個陽還是不大當位，初陽雖當位，但陽居二爻，不發生作用；二陽雖是長大了，但二是陰位，陽不居位，到了〈升〉卦，就由初、二兩陽位往上升，到了二、三，於是陽對位了，終日乾乾，一天到晚都在動了。這個陽在裡面鼓動了，鼓動了這個體就更壯大，因此這是升發的體象，是往上走的，所以「不來」也，這就是第四個體象。

我們講這個卦，就是講它的精神，就是一直往上壯大。至於它如何壯大，或壯大後發生危險等等，這都不是它的事，〈升〉就是一直往外壯大，升發的現象。現在卦的體象介紹的差不多了。接著我們說這個卦的意義在什麼地方。

立卦的意義

我們曉得〈升〉卦之所以能夠升長，所以能夠由卑而高，由小至大，主要的動力固然是陽，但這種陽在什麼情況下才能夠變動往上升呢？這是要研究卦義，第一個要注意的，比方，一個人想提高自己的社會地位，想壯大自己的事業，但是這提高壯大，都要靠我們的頭腦去策劃去設計，但什麼時候，在什麼情況下，我們的頭腦才能去策劃，提高我們的地位，壯大我們的事業呢？我們剛才講到〈升〉卦，是由〈臨〉卦卦變而來，由〈臨〉卦的初、二兩陽升到二、三兩爻，於是成為〈升〉卦。〈臨〉已經二陽浸長了，再由〈臨〉的二陽往上升，它內在的「陽」已經有相當強壯的基礎了，而且，陽到了三爻，外頭緊接著坤體，也就是緊接著發展的對象，同時，中爻的三、四、五互成震，震為行、為出，走出來了，陽已經接近坤了，又出而

向外，有行動的意思。拿現在俗話說，箭在弦，刀出鞘，有一發不可收拾之勢，如果我們返照自身，我們的精神意志，躍躍欲動，頭腦也照顧各方面，都很清楚，到了這個程度，就到了「升」的境界，這個時候，就是我們可以壯大自己的時候。本身「陽」的條件夠了，還要看看「陰」的環境是不是夠呢，內在的「陽氣」已到了可以升的境界了，若外在的「環境」，也可以順其勢力，讓我們向外發展，這就可以升了，可以發展壯大了，內外協合，我們就可以由小而大，由卑而高，一直升上去，發展壯大；假使只是內在的「陽」夠了，而外在的「環境」還不順利，那就還要忍耐，因為內外還沒有配合好。

　　〈升〉卦的境界，都是向外膨脹，向內收縮，就不是〈升〉卦，因此我們處在升的階段，就是勇往直前，內在的「陽能」夠了，外在的「機緣」又配合好了，我們就要勇猛的由卑至高，由小至大，向外膨脹，向外發展，絕不能夠稍微遲疑，假使稍微遲疑，這個「機緣」稍縱即逝，這個「時機」不能喪失，一旦喪失，再找這個「時機」就難了。這在歷史上可以看到，項羽殺卿子冠軍，提著劍來到營帳，就把卿子冠軍殺了，這就是它內在有這股子勁，殺了以後，於是就揮軍渡河，破釜沉舟，表示不打勝仗，決不回頭，一鼓作氣，勇往直前，一直把秦打垮為止，這就是升的境界；也就是內在的「陽氣」足了，外在的「環境」也配合好了，才能讓他去打，如果這個「機緣」，當時項羽稍一遲疑，就沒有了。所以我們處〈升〉卦這個環境，特別要注意這一點，〈升〉卦就是要一鼓作氣，只是往前走，不能遲疑，因為事先一切都配合好了，再遲疑就不對了。所以季文子三思而後行，孔子曰：「再，斯可矣。」（《論語‧公冶長》）經過三思以後，那勇氣就沒有了。就如我們駕著車子上坡一樣的道理，加足

油一口氣就上去了，如果稍一遲疑就滑下來了。我們處理升的時候，就要如項羽破釜沉舟之氣概，一鼓作氣，不可稍微遲疑。

第三，在升的時候，我們固然是要一直上升，但這種升也要有一定的限度，並非永遠一直上升，若過度就要爆炸了，這是說我們處在升的境界，壯大提高也要有一定的標準，但這個標準怎麼確定呢？有形的如體重、身高，我們可以知道，約七八十公斤，一百七八十公分，就可以了，但如事業、社會地位，這種無形體者，我們又怎麼知道何者為標準呢？當我們再往前走，就感覺吃力了，就應該立刻穩著，不能讓它繼續壯大提高了，這個吃力，就是標準，如再前進，就要造成反結果了，這是一點。其次，我們對於業務情況與社會的配合有些模糊的地方，有些看不清楚時，就要停頓，否則就要遭到失敗。如日本侵華，他以為一口吞下中華，就可以壯大自己了，但是他把這件事情的前途沒有弄清楚，盲目地前進，結果失敗了。所以凡是我們不能盲目地前進，這是第三個意義。以上是〈升〉卦很值得注意的幾點。

貳、彖辭（即卦辭）

〈升〉：元亨，用見大人，勿恤，南征吉。

陽卦裡多少卦都是「元亨利貞」，而這個卦只有「元亨」，而沒有講到「利貞」，這一點各位可以體會出來吧！因為我們剛才講這〈升〉卦，它是往前走，不能稍停頓，就是一直壯大往前走，所以我們說卦義的時候，就是自己覺得力量不行時，就停頓，這就是升到了盡頭了。在〈升〉卦的境界裡，它就是一直往前走，這個卦是乾陽落

在坤體裡面，乾陽交坤往上走，它是亨通的。外卦坤是順的形勢，內卦乾陽已經占到位置了，居其所矣，所以「元亨」，「元亨」者，即乾陽佔到位置了，可以暢通無阻。但是卻不說「利貞」，因爲「貞」者是穩定的意思，「利貞」宜乎穩定，但在〈升〉卦裡，它卻不宜乎穩定，不宜頓住停住，要一直往前走，一停頓，機會就喪失了，所以這卦不要「利貞」。

「用見大人」，坤爲「用」，二至五，三至上，〈升〉卦一直往上走，就要變成〈觀〉卦，而二至五，三、四、五就互成離，離爲目，離爲「見」，所以「用見大人」是指乾陽，乾爲君子，而乾陽在二爻，二爻是「見龍在田，利見大人」，故有「大人」之象。但「利見大人」與「用見大人」有不同的地方，因爲「利見大人」是根據二爻來講的，二爻上去居五，而五爻是大人的位置，於是乎就「利見大人」，但現在五爻不是陽是陰，而五爻又是外卦的主爻，而本無大人之象，因用二上居五，就有「大人」之象，故「用見大人」，即五不是大人，而用二來表現出「大人」之象，所以叫「用見大人」，因之，與「利見大人」不同。

「勿恤」，二上至五，就變成了坎，坎爲「恤」，「恤」者憂慮也。因二上至五，三亦上居上，而成〈觀〉卦，各爻居正，故「勿恤」，沒有憂恤了；因居正位，故不必加憂。「用見大人」，就是說可以用自己的力量，表現出壯大，不必憂慮。

「南征吉」，是這個卦辭裡，最有意義的三個字，我們在卦位裡來看，先天的卦位，南邊爲乾；後天的卦位，南邊爲離，「南征吉」，就是你儘管往上走，走到南邊，二上至五互成離，居於乾的位置，離卦「萬物皆相見」，離是五月的卦，一切都壯大生長，所以

「南征吉」，「征」者往也，往南邊走就吉。這意義就是說，我們處於〈升〉卦，可以盡量去表現壯大，離就是表現。

參、爻辭

初六：允升，大吉。

「允」者，在我們中國十六字眞傳：「人心惟危，道心惟微，惟精惟一，允執厥中。」（《尙書・大禹謨》）中，有那個「允」字，「允執厥中」，從這句話，就曉得這個字的意義了。「允」就是很妥當而確實，「允執厥中」，就是很妥當很確實的把握著了那個中點，也就是很諧和的意義。「允升」這個「允」字的象，從哪兒來的呢？因爲初爻雖是陰，但二、三都是陽，它與陽比近，而居於內體，是一體的。「允升」者，就是諧和的往上升，陽是上的，初、二、三又是一體的，於是跟著陽往上跑，像我們的精神意志有力了，強化了，我們的事業也就跟著壯大了，那就是「允升」，跟著陽一體往前進叫「允升」。

「大吉」，「大吉」和「元吉」稍有不同處，「大吉」者乃因陽而吉；「元吉」是坤元、乾元，不僅是講陰的，同時也是講陽的。「元吉」是乾、坤兩個都可以講的，「大吉」呢，是因陽而成的，因爲有陽才能吉，所以「大吉」。它這個初是陰，而初陰怎麼能吉呢？它和陽一起走的，它的內體是巽，初爻是巽卦的主爻，巽卦往前跑，初爻當然跟著巽卦的卦體一直往前跑，和內在的兩個陽諧同一志了，跟著兩個陽一起向前跑，所以叫「大吉」。

九二：孚乃利用禴，无咎。

　　二爻怎麼講「孚」呢？二上至五，五為坎，坎為「孚」。「孚」就是諧和的意思，這種諧和的氣象，是從至情至性發生的。「孚乃利用禴」，坤為「用」，「禴」是夏祭，是祭禮中最薄中的，為什麼二爻講「禴」呢？我們剛才講「南征吉」，二上至五，就是往南邊走，南邊構成離，〈離〉卦是五月的卦，是夏天祭享，所以「孚乃利用禴」。為什麼拿祭享來講呢？因為這個卦內卦和外卦交換起來即成〈觀〉卦，〈觀〉卦卦辭：「盥而不薦，有孚顒若。」〈觀〉卦〈象〉曰：「大觀在上。」底下表示瞻仰的意思，表示我們祭祀祖先天地，瞻仰祖宗的高遠，瞻仰天地的博大，於是自己發皇自己，所以〈觀〉卦有祭享之象。這個卦二上至五，它是一體前進，二爻上去了，初爻上去了，三爻也上去了，結果就變成了〈觀〉卦，內卦的巽就上去居外卦了，外卦的坤就下來居內卦了，就變成了〈觀〉，〈觀〉有祭享之象，所以這個二爻就配合得有祭享，「孚乃利用禴」，這是其一。

　　第二個，前頭講〈萃〉卦，〈萃〉卦六二講：「引吉无咎，孚乃利用禴。」〈萃〉卦多了「引吉」兩個字，而這個卦的九二是講：「孚乃利用禴，无咎。」為什麼？因為〈萃〉卦的二爻是陰，從這兩卦可以看出，周公爻辭有一定的標準，不是隨便的。〈萃〉卦六二：「引吉无咎，孚乃利用禴。」是根據五爻、二爻相應，五爻（九五）是精神領導者，二爻（六二）上去相應，所以叫「引吉」，而〈升〉卦二爻的本身，就是陽爻，它不需要人家引導它，所以不需「引吉」，而「孚」呢？是表示二、五相應，那孚合融洽的情形，〈萃〉卦與〈升〉卦都是二上至五，所以都有「孚乃利用禴」。只要至情至

性，物質上薄一點，祭享薄一點也沒有關係；只要至情至性，內在的陽與外在的形勢相融洽配合得好，就可發展壯大自己，當然不一定件件具備，假設在物質條件相差不大的時候，只要時機成熟，而你自己有至情至性的這種力量，也可以感格神明，把事情壯大无咎，沒有毛病。

九三：升虛邑。

這個很簡單，外卦是坤，坤爲「邑」，坤爲「虛」，有「虛邑」之象。我們易例裡面講到，陽實陰虛，是以整個宇宙的現象來講，陰體可以隨時變化，陽始終不衰，一切陰體都是陽在裡面鼓動，陽能發生了，花苞就開了，可是花開了一個時期後，就要凋謝，凋謝了，就看不見了，這就是陰體，但陽能還是存在的，明年它會再開花。拿花體來看，它凋謝了，它是虛的、空的，可是發展花的陽能卻始終存在。「升虛邑」，九三，是和上六相應的，三爻上去了，上頭是空虛的，所以「升虛邑」；這個卦是十二月卦，這個時候，一切植物，草木花卉，都還在荒廢的時候，而多至一陽生，草木漸漸開始萌一點芽，就是「升虛邑」的境界。「升虛邑」是自然現象，我們在壯大自己時，有那麼個節骨眼兒，它是空虛的，我們要拿我們的精神來填補那空虛，策動它，使那空虛變爲活動的。譬如說業務是死的，那東西已被埋藏到倉庫去了，我們想法子發動，使那埋藏在倉庫裡沒用的東西變成有用，這就要「升虛邑」。

六四：王用亨于岐山，吉无咎。

剛才講二至五就變成大人，有「王」者之象。「岐」之古字寫

爲梯，內卦爲巽，巽爲木，木枝岐出，有似于岐，故巽爲「岐」，三爻上去了，就互成艮，艮爲「山」，故爲「岐山」。「王用亨于岐山」，就表示可以壯大起來了，《詩經・天作》鄭箋：「天生此高山（岐山），使興雲雨，以利萬物。大王自豳遷焉，則能尊大之，廣其德澤。居之一年成邑，二年成都，三年五倍其初。」太王自豳徙岐山，一年成邑，二年成都，三年五倍其初，壯大起來了，三爻上去，二爻上去，卦體就變成〈觀〉了，《乾鑿度》說：「初爲元士，二爲大夫，三爲三公，四爲諸侯，五爲天子，上爲宗廟。」「王」指〈觀〉卦的五爻，「用」，坤爲「用」，王用〈觀〉卦的四爻，〈觀〉卦的四爻居諸侯的地位，統率了底下的坤體，坤爲民眾，統率了底下的民眾，故「王用亨于岐山」。王用四爻的諸侯領導人民，享於岐山，就表示這時候已經壯大了，可以祭享祖先了，「吉无咎」，沒有毛病。

六五：貞吉，升階。

普通卦爻辭，應該作「升階，貞吉」，「貞吉」是斷辭，應該放到底下，但是這裡爲什麼把「升階」放到底下，而把「貞吉」放到上頭呢？以後慢慢再說。五爻與二爻相應，二爻上而至五，但二爻所以能至五，要經過三爻、四爻一直上去，「階」，從前以土爲「階」，坤爲土，歷階而上，二至五，要經過坤上去，所以說「升階」。「貞」者，本是五爻失位，可是因二爻上去變正了；「貞吉」者很穩定，很正確了，也就是說這由小至大，由卑至高，這種膨脹壯大的情形，到五就到了飽和點了。過去我們講體象的時候，曾講到飽和，任何一件事物壯大膨脹都是有極限的，並不是無限制的。比如，身體太

過高、過胖，就是病態，〈升〉卦升到五的階段就到了飽和了，到了飽和，就要穩住了。所謂「貞吉」，就是要能正確的穩定，若能正確的穩定，才能由小至大，由卑至高，若內部不能穩定，那就不能談「升階」，所以「貞吉」在上，「升階」在下，就是必須要有能穩定的條件，而後才能「升階」。三爻、四爻、五爻，在我們提高自己地位，壯大自己事業的時候，就要注意，就是我們已經膨脹了，已有成果了，就要拿至誠至信來運用成果，可是已經至誠至信運用以後，就要很正確很穩定的，然後再來壯大，這是第二個階段。到了第三個階段，那就更重要了。

上六：冥升，利于不息之貞。

「冥升」，「冥」者黑暗，因為上爻居坤之極，陽明陰暗，乾陽光明的，坤陰是幽暗的，到了上爻，就是幽暗到了極點，有「冥」之象。

「利於不息之貞」，孔子說：「天行健，君子以自強不息。」（〈乾〉卦〈大象〉）那個「不息」就是不停止，這裡「利於不息之貞」時，「不息」是不往上長，陽息陰消的意思，陰已到了極點，如果陽上去息上六之陰，在〈坤〉卦上六說：「龍戰于野，其血玄黃。」就是陰到了極點時，陽就來了，也沒有法子化它了，陰已頑固了，陽如果來呢，就會兩敗俱傷，所以「不息」，因此「利于不息之貞」，即穩定了，不要再息了，這是根據爻象來解釋。另一個說法，「冥升」，「冥」是看不清楚，糊塗，已經糊裡糊塗跑到最高的位置，就不能再往上長了，再長就太過了，就要跌下來了，所以「利于不息之貞」，就是要穩住了。

這六爻中，初爻是大吉，因爲初就是一個根本，一個萌芽，一切的成就，都是從它開始，所以有許多人認爲重點是在初爻。可是虞翻說重點在五爻，五爻就是到了飽和嘛，這也是一派的講法。

肆、象傳

象曰：柔以時升，巽而順，剛中而應，是以大亨。用見大人，勿恤；有慶也。南征吉，志行也。

「柔以時升，巽而順，剛中而應，是以大亨」，先講「柔以時升」，過去在體象裡講過，這個卦本來是乾陽行之於坤，固然是乾陽行之於坤，坤體之能夠膨脹，是靠著乾陽在裡面鼓動。固然是乾陽在裡面鼓動，但發生作用的還是坤，「乾知大始，坤作成物」（〈繫辭上傳〉），「地道无成，而代有終也。」（〈坤〉卦〈文言〉）乾陽在裡面鼓動，但最後的結果在坤，比如，花裡頭有陽能，可是我們看到的是花苞。又如，夫妻生孩子，種當然是在丈夫，可是最後的結果，生孩子卻在妻子身上。乾代有終，所以我們這個卦，雖然鼓動在乾陽，而表現是在乾，在升體上，因此說「柔以時升」，這是一點。第二個，內卦一直往上升，固然是二、三兩個陽在發動，但內卦是巽體，巽卦的主爻在初，二、三兩爻，一直往上升，當然它的主爻也跟著一齊上升，而巽爲陰爲柔，故「柔以時升」。「時」者，就是不斷的升，「時」即時時，就是「學而時習之」那個「時」，即一切有形的膨脹，無論事業也好，地位也好，是不斷的壯大，在往上升，不斷的由小而大，因卑而高，不是猛然的，是不斷的，故「柔以時升」。

第二句「巽而順」，外卦是坤，坤爲順，內卦是巽，巽也爲

順，很順利的鑽到裡面去。譬如，學《易經》吧，需要頭腦，我們頭腦很順利地鑽到《易經》書裡去了，這個書就變成我的東西了，這就是「巽而順」。我們在〈大象〉中就講「順」，因為一切東西由小而大，由卑至高，無論什麼東西，他們能夠逐漸的上長，第一個條件，就「順」那形勢。逆著形勢，裡頭稍許有點不順，勉勉強強地那就會出毛病，不會上長的。所以嬰兒長得特別快呢，因為嬰兒無私無欲，他根本不想，外界接觸的東西也少，頭腦還是真空的，最接近天德，所以他那上長，就如氫氣球一樣，長得特別快，等到大了，他的頭腦意志就不那麼順了，就長不快了，這就是「巽而順」，怎麼個順法呢？鑽到裡頭去順。

「剛中而應」，「剛中」是因為裡面的九二是剛，履階而上升，至於五爻，象就是從此而來。至於意思呢？過去我們對「剛中」講得已經很多了，意思就是說，內部有股陽剛正氣，恰到好處，如果陽剛正氣太過了，也是不行。「剛中而應」者，火侯很純，陽剛恰到好處，因為內在有恰到好處的陽剛正氣的含養，外界自自然然就會應，什麼道理？因為人同此心，心同此理，人類都是從宇宙來的，人類的道理都是從天理來的，天理是什麼東西呢？天理就是氣化運行的軌道，宇宙間陰陽氣候運行，它有一定的軌道，這個軌道到我們的身體上來了，就變成了人性，所以人性是從天理來的，大家都是一樣的。所以人的想法，我認為這樣做是正確的，你的想法也認為這樣做是正確的，要是一律不對的事呢，我認為不對，你也認是不對，甚至於就是沒有受過教育的鄉下老太婆她也搖頭認為不對，這種是非標準「從哪兒來呢？」就從天理來的，這脈絡都是相同的，人與人之間，其理性都是相通的。假使我們每個人陽剛正氣養得很純，也就是說把

天理抓得很緊，一切言語、動作都合乎天理，當然人性就都打通了，故「剛中而應」，大家都呼應，所以武王伐紂，不期而會者八百諸侯，他們自然而然來的，因為它已經到那個火候了，那個形勢自然就「剛中而應」。因為「柔以時升」，其一，「巽而順」；其二，「剛中而應」；其三，有了這幾個條件，是以「大亨」，自然暢通無阻，這是第一句的解釋。

　　「用見大人，勿恤，有慶也」，慶者，乾為「慶」，兌為悅，「慶」是從這兒來的。「用見大人」，我剛才已略略提到過了，這個「大人」，是根據〈乾〉卦來的，〈乾〉卦裡，九五：「飛龍在天，利見大人。」九二：「見龍在田，利見大人。」「大人」都是從〈乾〉卦來的，「用見大人」，就跟「王用亨于岐山」那個「用」字是一樣。坤為「用」，它本來就是坤體嘛，它不是〈乾〉卦而是個陰卦，而「大人」乃乾陽之象，它是個陰體，「用見大人」，用二陽上去，表現為「大人」，二上至五，外體就變為坎，坎為「恤」，坎的三爻都居正。雖是坎為「恤」，但不必「恤」，為什麼？「有慶」，因為有陽給它化了，坎不正才有「恤」，才有憂，坎正了，得位了，就不「恤」。

　　「南征吉，志行也」，二上至五互成離，由巽到坤，中間夾的是離卦，從後天卦位看，離是南方，上頭是南方，往南走，就是往上走，二陽往上走，底下整個的巽體往上走，卦象就變成了〈觀〉，觀者「大觀在上」（〈彖傳〉），所以「南征，吉」，此第一個意義。第二個意義，這個巽往上走，走到坤卦，中間夾著離卦，〈離〉卦是夏至五月，離者萬物皆相見，夏至一陰生，陰體到了夏至，就壯大興旺起來了，所以飛禽走獸都活躍了；萬物都茂盛了，所以「南征，

吉」，「南征」者，往上走也。「志行也」，「志」是目標，二上至五變成坎，坎爲「行人」、爲「志」，有「志行」之象，三、四、五互成震，震爲「行」，也有「志行」之象。「志行」的意義，本來陽往上走，是爲了化陰，使陰得以膨脹，由小至大，由卑至高，現在陽往上走，就是往南邊走，往南邊走，正是夏至一陰生的時候，它的目標達到了，所以「志行也」，這是孔子在〈象傳〉裡的解釋。

伍、大小象傳

象曰：地中生木，〈升〉。君子以順德積小以高大。

「地中生木」，這是荀爽等《九家易》的說法。「地中生木」，就是說一切萬物，由小至大，由卑至高，就像「地中生木」的樣子。怎麼在「地中生木」呢？巽爲「木」，坤爲「地」，那麼草木在地底下，它一定要出頭的吧，它就慢慢生長，就表示一切事物慢慢向上長，如同「地中生木」的樣子，所以「地中生木」就「升」。

「君子」哪來的呢？乾陽爲君子，尤其是九三：「君子終日乾乾。」「順德」是因爲坤爲「順」，底下巽也爲「順」，整個體象都是很順的。「德」，乾爲「德」，坤亦爲「德」。「積小以高大」，因爲二、三、四互兌，兌爲「小」，外卦爲坤，坤爲「積」，能「積」是坤的性能，內卦爲巽，巽爲「長」、爲「高」，乾爲「大」，有「高大」之象，故「積小以高大」。

「地中生木」，這個「地」就是營養「木」的，「木」在土地裡埋著，事實上土地不是在埋藏它，而是在滋養它。因此，它順著土

地的滋養，就往上升，君子法這象，往上升，它是慢慢來的，它是
「地中生木」啊！它是慢慢的一點一點往上爬。「土」和「木」必須
諧和，「木」種在「地」底下要很諧和，很安當，於是乎才能生。假
使埋在「地」底下，這「木」的根在很不協和，和不安當的地方，它
就長不出來了，故君子法這個象，就要很謹慎的以「順德」，如同
「木」之於「土」中有所「德」，「德」者得也，從小啊，慢慢的慢
慢的變成了高大。在這個卦的〈大象〉裡，孔子的示意有兩點：第一
個他啓示我們，要「順德」。譬如，我們在社會上要提高我們的地
位，發展我們的事業，一定要順著社會情勢，假使內外情況中有點不
順的情形，那就發展不了，所以第一個要「順德」。第二個他啓示我
們，是「積小以高大」，比如，初生之嬰兒，原只有一點點，慢慢的
養才能長大，宇宙萬有的體象，都是從一點點慢慢來的；所以我們要
成就事業，若用偷竊的辦法或巧取豪奪的辦法，那是不能長久的；所
以要膨脹我們的事業，一定要很苦的，一點一點的慢慢累積，慢慢成
長，才能長久；如果偷竊扒拿，巧取豪奪，那是不行的，在孔子示意
裡，這些是不能算數的；所以我們看那些財路不明的一定保不住，不
會有好的後果，一定要真正的，很苦的，一點一點累積而成的財富，
那個財富才能傳之於後代；所以孔子有這示意－「積小以高大」。

初六象曰：允升大吉，上合志也。

　　初爻跟著二爻、三爻上去，它們是一體的，很諧和的，一體而
上，就叫做「允升」。爲什麼「上合志」呢？因爲二爻上去了，就變
成了坎，坎爲「志」，初爻跟著二爻上去，跟二爻的志趣相同一起上
去呀，所以「上合志也」。

九二象曰：九二元孚，有喜也。

二互兌，兌爲悅，悅者「有喜」也。二爻是陽，乾爲慶，故爲「有喜」之象。凡陽有上升之象，都叫「有喜」，九二行之於坤，上去了，把上頭那兒的坤陰化開了，發生作用了，所以講「有喜」也。

九三象曰：升虛邑，無所疑也。

九三往上升，九三接近坤，於事它就往前走，前面這個坤是「虛」的，坤又爲「邑」，陽實陰虛，同時坤爲國，坤爲土，坤爲「邑」，有「虛邑」之象。「虛邑」代表沒有生機，那個死板板的地方，土壤荒蕪，三爻接近荒蕪的地方，因此它就鑽到這荒蕪的地方，所以叫做「升虛邑」。「無所疑也」，因爲三居上，內體就變成坎，坎爲「疑」，三上去了，二也上去了，實無坎象了，故「無所疑也」，就是表示陽上去化坤。這坤雖虛，雖空曠荒蕪，可以任我馳騁，不必憂疑，還是好的。

六四象曰：王用亨于歧山，順事也。

四爻把「順」字又拿出來，剛才講歧山是大王發展的地方，大王到了不久，那個地方就發展。四爻居坤，坤爲「順」，四爻和初爻相應，初爻居巽，巽也有「順」象，四爻已經到了外體，也就是說到了第四個階段，已經表現在形體方面了，也就是發之於事，所以說「順事」。二居五就變成王，內變成坤陰，四就是諸侯，底下就是民眾，四領導群眾，奉承著天子來祭享於天地，祭享於祖先。總之，到了四，就是已經成長了，既已成長，就可以王用以祭享，這是順理成章

之事，所以「王用亨于歧山，順事也」。

六五象曰：貞吉升階，大得志也。

二上至五，已經到了飽和點，就要穩定，先要有穩定的主宰，才能升階，所以「貞吉」，然後「升階」。假使不穩定的話，就變成「冥升」之象，所以要穩定了，再「升階」。二上至五，爲坎，坎爲「志」，所以「大得志也」，它完成的志向，已經到了最高點了。

上六象曰：冥升在上，消不富也。

到了上爻就是陰極了，糊頭糊腦一直往上升，到了高頭暗時，得不得到一點兒光明，都沒有一個人，這個情況已經很暗淡了，可是它還居高位，這就叫「冥升」。「冥升在上，消不富也」，我們剛才講的，「利于不息之貞」，不息就是消，不息就是不要再往上長了；陽息陰消，消就是往下落，息就是往上長，有陽來了，就往上長，有陰來了，就往內縮，往內收縮才能成爲體，一切氣化都是慢慢收縮凝結，才成爲一體的。因此坤陰是消，往內收縮的，陽來了呢，就長。譬如，我們人多天就胖，夏天就瘦，爲什麼？因爲夏天陽往外跑，多天陽往內鑽，所謂多至一陽生，就往上升，夏天陽爲什麼往外跑呢？因爲水流濕，火就燥，夏天外面的環境熱了，熱能遇到外面熱的環境，它就跟著跑到外面了，所以身體不太好的人最好洗冷水澡。因爲外面受冷水的浸濕，陽就往裡面收縮，陽太盛的人不要洗冷水澡，所以游泳洗冷水澡的人，走起路來都有勁兒。洗熱水澡的人內部的熱能跟著向外發展，所以洗過熱水澡以後，人就疲倦。夏天體內熱能向外跑，我們吃東西就不容易消化，所以就吃得少，就瘦。人體胃下有一

個氣海，裡面有一股氣，這股氣看不見，是白色，溫胃，就像個鍋，鍋中的食物，就靠氣海中之溫度蒸熬溶解。修道的人鍊丹田，就是鍊這個，如果丹田鍊好了，就身輕如燕，身體好的人氣海的氣可以達到標準，而身體差的人，這股氣就往下縮，縮到一點點，胃中就不能消化了。「冥升在上，消不富也」，糊裡糊塗在上，而陰消了，陽不能上去，故「消不富也」。意義呢？就是說已經糊裡糊塗居上位了，已經是黯淡的，就要虧損自己，不能盈滿，就要消，就要謙沖，才不至有禍，君子不消不謙沖則必敗，無可挽回。

第四十七卦

困卦

周鼎珩講　陳永銓記錄

困

坎　兌
下　上

—— 此係〈兌〉宮一世卦，消息九月，旁通〈賁〉，反對〈井〉。

壹、總說

佈卦的次序

　　上次是講解〈升〉卦，〈升〉卦是講現象向上升長之狀況。任何現象向上升長，從外在形跡上看，好像是陰體的發展，事實上卻是乾陽在內發動的結果，例如花朵之由含苞以至開放，樹木之由萌芽以至壯碩，都是陽動於內，而後陰形於外。我們看夏天的樹木，當其枝葉茂盛之時，其根荄卻相對瘦弱，這是陽氣外洩的現象；再看冬天的樹木，方其枝枯葉禿之時，其根荄反而肥大，這是生機內斂的現象。

　　由此可見，現象向上升長，到了極限飽和時，無論是外在現

象的陰，或內在鼓動的陽，都會感到疲困，所謂陰陽兩困是也。向上升長，內在生命力消耗必多，升長得愈快，生命力消耗也愈多，結果是疲困不堪，所以〈序卦傳〉說：「升而不已必困，故受之以〈困〉。」

在自然現象中，我們剛才提到樹木向上升長過盛，其根荄就逐漸薄弱，而負荷不起枝幹的重量，以至於萎凋，甚或枯槁。人事社會的現象也不能例外，舉凡個人的事業或國家社會的建設，如果過度發展，最後必然出現疲困的情態，這是事所必至，理所必然。所以〈升〉卦到了上六，〈小象〉是：「冥升在上，消不富也。」意思是升至極點，所有的能量消耗殆盡，以至於不富，不富就是困窮，此為〈升〉卦之後繼之以〈困〉卦的道理，困者，表示疲憊困頓的現象。

成卦的體例

〈困〉卦的內體是坎卦而外體是兌卦，坎有流水之象，所以稱之為川，兌為蓄水之所，所以稱之為澤。兌之所以能蓄水，是因為塞坎成兌，使得坎水不再流失，坎既塞則水不流，這樣才能蓄之以成兌澤。根據京氏八宮之說，〈困〉卦是〈兌〉宮一世卦，也就是說，〈兌〉卦的初爻由陽變陰，就變成〈困〉卦，因為內體已經由兌卦變成坎卦，則坎已不塞而水下流矣，這樣外體的兌澤就會呈現枯竭，那就是〈困〉卦的體象。

宇宙開化之初，天地之間只有鴻濛大氣，這鴻濛大氣就是水氣，所以文王佈卦，在乾天坤地之後，佈之以〈屯〉、〈蒙〉、〈需〉、〈訟〉、〈師〉、〈比〉，這六個卦的內體或外體都有坎水，依序為水雷〈屯〉，山水〈蒙〉，水天〈需〉，天水〈訟〉，地

水〈師〉，水地〈比〉，因爲天地若無水則不能成形，萬物若無水則不能生存，所以孔子在〈說卦傳〉說：「說萬物者莫說乎澤，潤萬物者莫潤乎水。」萬物因爲得到水澤之滋潤而悅樂，現在〈困〉卦的體象卻是坎水沒有兌塞而流失，以至於乾涸，則無以潤物，萬物沒有水澤的滋潤，便形成困頓，所以名之爲困。

〈困〉卦的外體兌爲少女爲陰柔，內體坎爲中男爲陽剛，所以〈困〉卦的體象是坎剛伏於兌柔之下。此外，九四與九五雖秉陽剛之氣，卻被六三與上六之陰所揜；九二雖然陽剛居內體之中，又被初六與六三之陰所揜。就整個卦體來看，陽剛之氣在在被陰柔之氣所遏制而無法伸張，淪於困頓疲憊之境地。就人事而言，就是君子爲小人所困，而使得君子的正氣受到壓制，例如文王因於羑里、孔子阨於陳蔡。再者，內卦坎爲月，中爻二三四互離爲日，外卦兌位在西方，整個卦體是坎月離日均位在兌西之下，有日月西落之象，則光明不見而成黑暗世界，在社會現象來說，就會是非不分，忠邪莫辨，於是君子之道不能見容於小人，所以有君子受困之體象。

後天八卦是講流行，明示物生之序，其卦位是震春居東、兌秋居西、離夏居南、坎冬居北，其行進的次序是由震春而離夏而兌秋而坎冬，所以由兌西秋運行到坎北冬，是天地氣化運行的準則，也就是順行。〈困〉卦爲澤水〈困〉，兌澤居上而坎水居下，因爲卦氣是由下往上，所以是從坎北冬運行到兌西秋，先坎冬而後兌秋，那就是逆行。〈困〉卦的卦體是兌上坎下，卦氣是逆勢而行，當然困難重重，所以卦名稱困。明·趙撝謙《六書本義》：「困，木在口中，木不得申也。借爲窮困，病困之義。」

附帶一提，陽氣化的運轉爲「左旋」，是由左向上再由右向下而

旋轉運行，陰氣化的運轉爲「右旋」，是由右向上再由左向下而旋轉運行，後天八卦的運行就是「左旋」（請參考第一冊第23頁）。東方得陽氣，所以中文的書寫應當由右而左；西方得陰氣，所以洋文的書寫習慣是由左而右。又例如溺水而死的水流屍，男屍是俯向水面，女屍是仰於水面，這是男女陰陽有別。再例如西方人示意招人是手掌朝上，東方人示意招人是手掌朝下，這是東西習慣不同。近年有家紡織公司取名遠東，其實那是英國人遠渡重洋來東方殖民經商而用的稱呼，東方人卻自稱遠東，這實在很奇怪。

中國講地理是由西至東，講位置是由北至南。《地勢略》：「虎踞龍飛，魚潛雀噪；得此挹彼，雙息單銷；无幹則萎，无根則折；非宮失守，非關失賊。」中國講方位，東蒼龍、西白虎、南朱雀、北玄武，所以「虎踞龍飛，魚潛雀噪」是說：打西方要盤根錯節（虎踞），打東方要一掠而過（龍飛），北方打戰要深入下去打硬仗（魚潛），南方打仗要虛張聲勢（雀噪）。接著「得此挹彼，雙息單銷」是說：若得到了東方，一定要把握住西方，若得到了南方，一定要把握住北方，才不會顧此失彼，因爲陰陽必須兩相配合才能久長（雙息）。如果單打南方或單拿北方，那是行不通的（單銷）。

例如國民政府北伐只拿南京，不拿漢口，就是只拿東而不拿西，結果連南京也失掉了，因爲東方是幹，西方則是根，所謂「无幹則萎，无根則折」。又如共產黨在北方老是打敗仗，但是到了西北卻聲勢壯大起來。再如項羽之所以垓下自刎，因爲潼關以西盡被劉備所掌握。至於「非宮失守，非關失賊」是說：北方是宮，宮是坐的地方；南方是關，是門戶，也就是朝向的地方。守住北方，打南方就有辦法，而能統一中國。坐北朝南，左爲東，右爲西，南面稱孤，則北

面伏首稱臣。

　　西方屬金，北方屬水，由西至北，是金生水，也就是母生子。若是由北而西，則是水不能生金，也就是子不能生母；猶之東方震木，可以生南方之離火，南方之離火，不能生東方之震木。這也可以用來說明〈困〉卦的卦氣爲什麼運行不順，因爲坎水不能生兌金，所以成其爲困。

　　明代「東林八君子」錢國瑞有謂：「坎爲流水之體，兌爲止水之體，流水在止水之下，象其阻抑不通。坎爲雨潤之體，兌爲秋斂之體，雨澤當收斂之時，象其淤鬱不暢。」（《像象管見》卷四）宋元之際著名學者吳幼清的《易學啓蒙通釋》亦謂：「困，窮悴也，字象木在口中，四面不得通達。二之一剛，爲初三兩柔所掩，四五兩陽，爲三上兩柔所掩，蔽塞其前後，無由通達，故爲困。」《左傳・宣公十二年》則謂：「川壅爲澤。」坎爲川，塞坎下流，壅而爲澤，既已壅矣，是即不通之象，故成其爲困。

立卦的意義

　　困之所以形成，以自然而言，在於發動之力量不足，如果夏季雨量不足而造成乾旱，蔬菜水果都會長不好；以人事而言，在於精神意志之施展不開，例如人處在內外交迫之時，便感覺到身心兩界都很疲憊。無論是自然的發動力量不足，或是人事的精神意志施展不開，都屬於陽出了問題，陽如果發生障礙而不能伸張，便形成困的境界，所以〈困〉卦的〈象傳〉說：「剛揜也。」我們處在困的時候，如果要想解除困境，那就要扶持已經發生障礙的陽，究竟要怎麼扶持陽呢？這可分成兩個層面來說，假如是由於本身陽的不足而淪於困，那就應

該設法培補。易例：「動則生陽」，所以要不斷的習勞，而使身心通暢，最忌諱的是因循懈怠。假如是由於外在陰邪的阻撓而淪於困，那就應該力求穩定，不為陰邪所屈，言行都應該保持常態，就是卦辭所講的「困亨貞」。

〈困〉卦的內卦坎為險難，外卦兌為和悅，這個體象的意思是，所處的環境雖在險難之中，然而表現於外的猶不失為和悅。例如孔子阨於陳蔡，而猶弦歌不輟；文王被囚羑里，而猶演《易》自如；二位聖人都是以〈困〉卦的卦象，做為自處困境的圭臬。因為既已身處險難的困境之中，陽剛之氣已經遭受戕害而不能自持矣，若再戚戚於懷，栖惶不安，那只會使陽剛之氣更陷入萬劫不復的境地，而越發加深其困境。所以孔子的〈象傳〉提醒我們要做到「險以說，困而不失其所」，這樣才能亨通。

前面所講的〈升〉卦，其〈象傳〉說：「柔以時升。」這並不是說現象之所以向上升長是靠陰柔，而是說在形跡上的表現是陰體的升長，實際上則有賴陽能在其內發動。所以每當現象向上升長到了飽和的程度，其陽能往往透支而受傷，我們看〈升〉卦上六〈小象〉「冥升在上，消不富也」，就是這個意思。由於冥升不富，所以升後則困，困之成因，是陽剛消耗過多所致，看〈升〉卦上六〈小象〉就明白了。

再就人事而言，肩大任者必親大勞而蒙大怨，其於心思才力亦必大耗。楚卿孫叔敖聽狐丘丈人說：「僕聞之，有三利必有三害，子知之乎？爵高者人妒之，官大者主惡之，祿厚者怨歸之。」孫叔敖回以：「吾爵愈高，吾志益下；吾官愈大，吾心愈小；吾祿益厚，吾施益博。可以免於患乎？」（《韓詩外傳》卷七）孫叔敖這一則話

語，是側重於培養陽剛，固不失為處困之法，但〈象傳〉釋之曰：「困，剛揜也。」剛何以被揜？柔揜之也。觀乎〈困〉之初六「困于株木」、九二「困于酒食」、九三「困于石」、九四「困于金車」、九五「困于赤紱」、上六「困于葛藟」，且陰爻初三上均係之以危辭，正是因為因柔使陽剛之氣不得伸張，有時是由於外在環境之阻撓，例如小人扼殺君子是也。所以處困之道，除了上述孫叔敖培補陽剛之一途而外，應特別注意的是，要避免陰邪社會與陰邪小人之接觸而受傷害。古人說：「遇凶人則避之。」作姦犯科、殺人越貨，猶凶人之小者也，當位弄權，損人利己，則為凶人之尤者也。

貳、彖辭（即卦辭）

〈困〉：亨，貞。大人吉，无咎。有言不信。

「亨」者，通也、暢也。〈困〉卦內坎為川為流水，有通暢之象，所以稱為「亨」。「貞」是指九二與九五之陽爻分別居內體與外體之中而得位得正，雖然九二居中而被初六與六三之陰爻所蔽塞，九五居中而被六四與上六之陰爻所蔽塞，不過，惟其蔽塞，但能守正，則內在陽剛之氣尚能穩定，不為陰柔所傷，所以稱為「貞」。「大人」是指九二與九五居中得位之陽爻，大人是有德操且能講道理的人，只有具備大人之德者才能亨貞處困，《論語》說：「君子坦蕩蕩，小人長戚戚。」（〈述而〉）「君子固窮，小人窮斯濫矣。」（〈衛靈公〉）就是這個道理，所以大人處困才能獲吉而无咎。「有言」的「有」字，取象於〈否〉卦之坤，根據卦變，三陰三陽的卦都是自〈泰〉、〈否〉二卦來，〈困〉卦來自〈否〉卦，〈否〉卦內體

坤爲有，〈困〉卦外體兌爲口，是「有言」之象。「信」也取象於〈困〉來自〈否〉，〈否〉卦外體乾爲至誠至性的丹田之氣，元陽是非常信實的，〈否〉卦外體乾卦之上爻入於內體坤卦之中則成〈困〉卦，這樣〈否〉卦之乾體就毀了，所以稱之爲「不信」，至於變成〈困〉卦的兌口，則是「有言」。

「困，亨」是困而不失其所亨，如果一個人處於困境，就說話語無倫次，做事顚三到四，這樣有失常態是致凶之道。〈困〉卦的內體是坎卦，我們看〈坎〉卦的卦辭：「習坎，有孚，維心亨。」〈坎〉卦是一陽陷於二陰之中，但畢竟是陽剛居中，所以能夠事危心不危，困而不失其所亨。雖說「困亨」的意思是困一定要亨，但是這樣還不夠，必須再加上「貞」，就是要守正，能夠穩定得住，是永遠穩定，而不是一時故作姿態。處困境時，一言一行都要揆之以理而不悖，不失人情物理之正確態度，這才是「困亨貞」。

《易經》所稱大人，是有德操的君子，因爲大人處困境猶能守正自持，其內在的心情仍然流利舒暢，外在的行爲依舊通順曠達，這並非一般人所能做到，只有大人才能處困如常。小人德操遠不及於大人，處困很難，必須學習大人的德操修養，這樣處困才能无咎，所以說：「大人吉，无咎。」至於「有言不信」，中國古諺：「尙言則亂，尙行則治。」就是說讓一批善言的演說家當政，則國家必亂，爲政不在多言，很會說話的人可以做生意，卻不適合當官。說空話即使言之成理，仍不足以取信於人，因爲身處困境之中，空言無益，即使說得很得體，卻可能引起反效果。〈繫辭傳〉說：「吉人之辭寡，躁人之辭多。」行後而言從之，先做到再說不遲。

參、爻辭

初六：臀困于株木，入于幽谷，三歲不覿。

「臀」取象於初六居內體坎卦，坎爲隱伏又爲溝瀆，有臀之象。「株木」是木之根也，易例：初二兩爻在六畫的卦是屬於地，初爻位居地下，是樹木的根部，有株木之象。另有一說，株木是枯木，因爲初與四應，三四五互巽爲木，兌澤因坎水不塞而流失，以致巽木無水澤來滋養而乾枯，兌又爲毀折，所以有枯木之象。「入」取象於初與四應，三四五互巽爲入，「幽谷」取象於〈困〉卦的卦變來自〈否〉卦，〈否〉卦二三四互艮爲山，〈困〉卦內體坎爲隱伏爲幽暗，是有幽谷之象。「三歲」取象於二三四互離，先天八卦佈卦之序是乾一兌二離三震四，因爲離數爲三，而有三之象。此外，初往應四，必須經過二三四這三爻，也有三之象。「不覿」取象於離爲目，初往應四，則二三四互離之體已破，目破就看不見了，所以稱不覿。

初六的爻象已經解釋了，那麼這個爻辭是什麼意思呢？「臀困於株木」是說臀部坐在枯木的根部之上，這表示初六一開始就坐陷於困頓之中。我們看〈困〉卦初六是居內體坎卦，初與四應，二三四又互爲離卦，根據〈說卦傳〉：「坎爲水，其於木也，爲堅多心。」「離爲火，其於木也，爲科上槁。」所以初爻好像是困坐在堅實多刺又禿枝無葉的樹林中。至於「入于幽谷」，表示初六受困的樹林，是位在晦暗的山谷之中，這樣的形勢，如果沒有救援，實在很難脫困。雖然初六與九四相應，但是初往應四或四來應初，都需要經過二三四這三爻，這三個階段稱爲「三歲」，初六經過這麼漫長的時間，還不一定看得到九四來救援，所以說「不覿」，於是只好無可奈何地坐困於幽

谷之中。

九二：困于酒食，朱紱方來，利用享祀。征凶，无咎。

　　九二位居內體坎卦之中，坎爲水，有酒之象；二五相應，九五位居外體兌卦之中，兌爲口，有食之象，合起來看是有「酒食」之象。「朱紱」是指祭祀時穿的紅色衣服，〈困〉卦來自〈否〉卦，〈否〉之外體爲乾卦，在〈說卦傳〉乾爲大赤，所以有朱之象，〈困〉卦二三四互離，離火色紅，也有朱之象。中國古代的服裝是上衣下裳，也就是乾衣坤裳，所以乾卦也有衣之象。《易經》所稱之方，是指偶數，坤德爲「方」，〈坤〉卦六二爻辭：「直方大，不習无不利。」所以「方來」就是比併而來，例如〈比〉卦卦辭：「不寧方來。」是指群陰不斷地來向九五集中。

　　「利用享祀」是利用朱紱來享祀，「用」取象於〈否〉卦內體之坤，一卦六爻之位，五爻爲天子，上爻爲宗廟，〈困〉卦是〈否〉卦外體乾之上九入於內體坤之六二而成卦，也可說成是二爻往上入於上爻的宗廟，而有享祀之象。「征凶」是說往前行進或往外發展則凶。二爻與五爻相應，但是九二與九五都是陽爻，那不是正應而是敵應，若二爻執意上應五爻，即爲征凶。若九二能以陽爻居陰位，安於內卦之中，那就沒有毛病，所以「无咎」。

　　「酒食」得之於口，「朱紱」得之於身，一爲口服，一爲身容。困於酒食，就像孔子在陳絕糧，可是外界對孔子仍然有稱譽，有好的評價。九二居陰柔之中而處困，又如顏子居陋巷，人不堪其憂，回也不改其樂，依舊守著陽剛之正道，也得到外界的稱譽好評。於是利用外來的榮譽，以至誠至性涵養自己。主敬存誠，修德逆天，就是

涵養自己，但是若想有所發展，難免招凶，不過還是沒有毛病。所以說：「利用享祀。征凶，无咎。」

另有一說，「困于酒食」有兩種含義，一種是缺少吃喝，造成生活窘迫，這是困於貧窮；另一種是酒足飯飽，沉溺於宴席，爲酒食所困，這是困於奢華。「酒食」是指美味的飲食足以傷害身體，「朱紱」是指錦繡的服飾會磨滅意志。大人君子看得清楚，就不會貪戀酒食，也不會炫耀朱紱，而是用來享祀，懂得分享和供養，所以九二與上下兩個陰爻都夠相得而有慶。由此可見，九二不是困於貧窮，而是困於奢華。九二大夫雖有九五天子賜給朱紱，可以飲酒作樂，然而這正是君子之困，所以《周易折中》說：「小人以身窮爲困，君子以道窮爲困。」

六三：困于石，據于蒺藜。入于其宮，不見其妻，凶。

「困于石」是說困之所以困，乃因陰柔之氣所致，陽剛之氣被陰所揜而不得伸張，〈否〉卦上九下來居二成〈困〉卦，〈否〉卦二三四互艮爲石，所以稱「石」。「據于蒺藜」的「據」字也取象於三爻互艮，艮爲手而有據之象」。「蒺藜」則取象於三居內卦之坎，〈說卦傳〉：「坎，其於木也，爲堅多心。」有蒺藜之象。蒺藜就是有刺的樹木，那種樹是籐條形的，不是豎直著長，而是葡伏在地上長的。動物中唯有人類是豎直著長的，其餘都是橫著長的，植物也有豎直著長與橫著長之分。〈困〉卦三四五互巽爲木，巽木有剛爻與柔爻之別，柔爻是草，剛爻是木，蒺藜是軟弱而多刺之木。

「入于其宮」，〈困〉卦三四五互巽，巽爲入，〈困〉在卦變源頭來自〈否〉，〈否〉卦二三四互艮，艮爲門闕，有宮室之象。「不

見其妻」，〈困〉卦二三四互離爲目，有見之象，二爻是來自〈否〉
卦之上爻，九二不正，終究要變正，那麼離卦的體象就不成了，所以
有「不見」之象；而且卦體初爻至四爻是離在坎上，坎爲隱伏，縱然
有目也看不清楚，所以說不見。巽爲長女，有妻之象，三上不應，
則不成其爲妻，把這些卦象合起來看，就是「不見其妻」。此外，
三爻至上爻有〈大過〉卦的體象，〈大過〉就是棺槨之象，所以稱
「凶」，〈否〉卦上爻來居二爻而成〈困〉，二陷坤中，坤爲死魄，
也有「凶」象。

　　石頭是很堅硬的，絲毫不會遷就的，「困于石」表示陷於堅硬而
不講情理的困境之中，而其所依據或憑藉的，又是軟弱多刺的樹木，
由於憑藉不得其法，所用不得其人，這是多麼棘手的困境。宮者，安
身之所也；妻者，寄情之偶也；「入于其宮，不見其妻」，就是所居
不得其安，情緒毫無依託之處，孤苦伶仃而無所寄託，處在這種環境
當然是凶。六爻分別代表自然宇宙與人世社會的各種困頓型態，二爻
之困于酒食，是有德操者之困，因爲不能食祿于朝廷，朱紱方來，是
指〈否〉卦上爻下來居二爻，乾爲大赤，朱也，朱紱乃祭祀用服，雖
不服食祿，但在外的社會或在上的朝廷有好名聲有榮譽。而三爻的困
頓，更是六爻之首，普通的人處此困境必然凶也。

　　〈繫辭下傳〉：「困于石，據于蒺藜，入于其宮，不見其妻，
凶。子曰：『非所困而困焉，名必辱。非所據而據焉，身必危。既辱
且危，死期將至，妻其可得見邪？』」接著我們來看《孟子·盡心
篇》：「孟子曰：『君子之戹於陳、蔡之間，無上下之交也。』」孟
子在這裡解釋爲什麼孔子跟他的學生，在《左傳·哀公六年》，會因
戰亂而被困在陳蔡之間，絕糧長達七天。那是因爲孔子師生跟陳國與

蔡國的國君及大臣都沒有交往，既無人際關係，所以得不到救援而挨餓。孔子在陳絕糧的那種景況，不就是〈困〉卦六三：「困于石，據于蒺藜。」

九四：來徐徐，困于金車，吝，有終。

「來徐徐」，在漢《易》的本子，「徐徐」多做「荼荼」，皆疏遲之貌也，就是慢斯條理，有氣無力的味道。「來」是指四爻與初爻相應，由外往裡謂之來，四來應初，要經過〈坎〉卦三爻之險難，有所顧慮受挫，所以造成舒遲貌。三四五互巽，〈說卦傳〉：「巽為進退，為不果。」或進或退而不果斷，徐徐之象也。九四是陽爻卻居陰位，四與初應，四爻則陰居陽位，二個爻都不當位，故徐徐而無氣力。

「困于金車」的車亦做輿，〈困〉卦的卦變源頭來自〈否〉卦，九四在〈困〉卦居外體兌為金，在〈否〉卦則居外體乾亦為金，四與初應，〈困〉卦初居內體坎為車，〈否〉卦初居內體坤亦為車，所以有金車之象。金代表剛硬，車代表運行，金車乃陽剛之運行，陽剛之氣向前運行而受困，所以說「困于金車」。

「吝，有終」取象於四與初應，初居〈否〉之外卦坤，坤為吝嗇，所以稱吝，同時「乾知大始，坤代有終」，此為有終之象。再者，〈困〉之三四五互巽為進退為不果，或進或退而不果斷，因為四爻以陽居陰，力量不足，由初至四會遇到坎險，才會表現出施展不開，有氣沒力之象，吝也。

九四固然是陽，但力量不足以抗衡外在的陰邪，這種困是起因

於內在陽剛之氣，而所遇到的環境又重重險難，要振作陽剛之氣是很遲緩的，人處在逆境，雖然心有正大光明之志願，卻施展不開，是吝的狀態，但若能保持住陽剛之氣，不爲陰邪所滅，最後還是有好結果的，四爻之困比三爻之困要好得多。一般而言，〈困〉卦六爻之中，三個陽爻的爻辭比較好，三個陰爻的爻辭比較差。

九五：劓刖，困于赤紱。乃徐，有說，利用祭祀。

「劓刖」的劓是割鼻，刖是斷足，都是古代五刑中之較輕者。九四變陽爲陰是變正，則五居艮爲鼻。〈困〉卦五居兌爲毀折，兌在四時爲秋，有肅殺之氣，五與二應，二爻互離爲戈兵，有劓之象。五居兌爲毀折，五與二應，九四變正，則二三四互震爲足，震足毀折，有刖之象。劓刖表示〈困〉卦到五爻有受傷，劓是刑罰在上，割鼻則對外面目沒有光彩，刖是刑罰在下，斷足則對內行動沒有力量。所以鄭玄說：「劓刖當作倪阢。」（《周易正義》）就是坐立不安的狀態。

二爻講「朱紱」的朱是紅色，五爻講「赤紱」的赤是火色，五與二應，二三四互離爲火，有赤之象。根據《乾鑿度》：「天子之朝祭祀朱紱，諸侯之朝祭祀赤紱。」二爻稱「赤紱方來」，是指五爻天子之來也，五爻稱「困于赤紱」則是天子之困，諸侯臣民不來歸附，臣子不忠於君王，天子成爲孤獨寡人，當然是困頓。從卦象來看，五與二應，但是二深陷於內卦坎體之中，不能上去助五，所以「困于朱紱」。

九五「乃徐」與九四「來徐徐」的徐字，都是取象於三四五互巽，巽爲進退爲不果，且五與二相應，二居內體坎險之中，〈說卦

傳〉：「坎爲曳，其於輿也爲多眚。」這樣行動緩慢是徐徐之象。「有說」的說字取象於外卦之兌，孔子在〈說卦傳〉解釋「後天八卦圖」中每一卦的特性時提到「兌以說之」，又說「說言乎兌」，說通悅，所以兌爲和諧、悅澤、愉悅，因爲兌爲秋，五穀百果在秋季成熟，有豐收的喜悅。

　　九五「利用祭祀」與九二「利用享祀」要對照來看，根據《周禮》：祀天、祭地、享鬼。所以祭拜天地稱爲祭祀，例如北平的天壇與地壇就是祭祀天地之所，至於享祀是祭拜祖先的祖廟。九五祭祀，是指五與二相應，〈否〉卦上九下來居二而成〈困〉卦，〈否〉卦上乾下坤，有天地之象，所以稱爲「祭祀」。

　　古代稱祭祀或享祀，都是拿祭拜神明來修持自己的心性，所謂「修德迓天」是也，就是希望誠心能夠感通天地。一個人在最困頓而無法可想的時候，只有靠祭祀天地鬼神，讓情緒有個著落。人類智慧最高的境界，就是「寂然不動，感而遂通」，利用祭祀，能夠使腦袋淨化單純，而進入眞空狀態，天地的靈能自然能夠與其感而遂通，於是智慧昇華，所謂急中生智，是說頭腦集中思想而生智慧。

　　九五是以陽爻居天子之位，五二相應，所以二爻是五爻的幫手，但是二爻困於赤紱，象徵諸侯臣民陷在坎險之中，不能發揮輔佐天子的功用，這對五爻天子來說，就像被劓而面無光彩，被刖而行動不便。雖然處於這樣的困境，卻不能心急，徐徐或乃徐，就是要慢慢來，征凶更是告誡我們不要隨便行動，因爲一急就生變而凶，那就會「勞乎坎」。這時要耐心等候，等到陽能逐漸振作起來，自然會陰陽和諧，所以要時時刻刻拿祭祀的態度來約束自己的心靈，這樣就能感通天人而脫離困境。

上六：困于葛藟，于臲卼，曰動悔。有悔，征吉。

「困于葛藟」的「葛藟」是往上爬的藤蔓。上與三應，三互巽爲柔木，攀附而上，代表糾葛與拖累。「臲卼」是悽惶不安，上爻居困的最頂端，困到最後，受困已久，當然拖累愈繁，糾葛愈多，越是感到悽惶不安，「曰動悔」就是動則生悔，是說一動就成悔而有危險。

「有悔」的悔是作悔悟解，〈困〉卦上爻是陰爻居陰位，上與三應，三爻也是陰爻，〈困〉卦是陽困於陰，而今上爻與三爻又都是陰，可說是困到了極點，應當有所悔悟。「征吉」是說若能有所悔悟，往前發展則吉。上六之困，表示一個人居高位而以老大自居，卻眾叛親離，困境處久了，牽絆太多，到處窟窿，能悟而變，困極則通。

總之，〈困〉卦六爻的爻辭都有困字，各爻受困的形態與程度，以及其受困之對象，每爻各有不同。初六「臀困于株木」，乃坐以待斃之困，其困爲庶人，凶不待言，所以沒有特別言凶。九二「困于酒食」，乃生計之困，不能餐位食祿，君子處於生計之困，能夠形困神舒，外困而內不困，不去奔走鑽營，那麼何咎之有？六三「困于石」，乃進退失據之困，無論君子與庶人，處此皆非所宜，故曰凶。九四「困于金車」，〈困〉卦之六爻惟四與初應，困而不失其所，雖有緩不濟急之感，難免有所咎，但易位互正，則仍有所終。九五「困於朱紱」，乃孤獨無援之困，能凝神以傳，修德以報，悅樂之至有時。上六「困于葛藟」，乃極致之困，知所悔悟，尚有可爲，故曰征吉。合而觀之，知道困之所以爲困，則雖困而亦不失其所亨矣。

肆、象傳

象曰：困，剛揜也。險以說，困而不失其所，亨，其唯
君子乎。貞，大人吉，以剛中也。有言不信，尚口乃窮
也。

「困，剛揜也」是指陽剛之氣滯塞隱蔽。陽剛之氣是指二四五
這三個陽爻，都被陰爻所揜陷，因為〈困〉來自〈否〉，〈否〉卦上
爻下而之二，陷於坤中，變坎為隱伏幽暗，故陽剛被陰爻隱蔽也。
〈否〉卦是小人道長，君子道消，小人無所忌憚，做事可以不擇手
段，不顧是非善惡，君子則愛惜羽毛，礙上礙下，礙於體制規範與風
俗民情，所以有所不為，因此，自古以來君子大多敵不過小人。陰比
陽盛，陽氣化運行，只要有阻擋，就會反轉，陰氣化則前進不反，所
以君子很難跟社會的陰邪小人抗衡，由此看來，陰邪的氣化是最可怕
的東西。

「險以說，困而不失其所，亨，其唯君子乎」，〈困〉卦的卦體
是外兌為說，說通悅，內坎為險，雖然處在重重險難之中，仍不失其
和顏悅色的體貌，這才是君子風範。如果身已處於困頓，社會往來漸
漸縮小了，卻還是愁眉苦臉地對人，那麼大家都望望然而去之，結果
社會越縮越小，身心就越感到困頓，所以能夠保持春天面孔的人，比
較能夠發跡。「險以說」是身處困境而外表仍然鎮定和悅，因為處境
已經岌岌可危，又表現得慌張失措，那只會由危而亡。

曾國藩討伐太平天國，每遇苦戰兵危之困頓，就在營房習帖練
字，那就是困而不失其所亨。〈困〉卦內坎固然是險難，但是坎的中

爻畢竟是陽爻，其心未死，因爲內在有陽能推動，內在不失其主宰，所以坎水始終流暢。困而不失其所亨，是因爲內在有陽能主宰，是不會動搖的心，正如〈坎〉卦卦辭所說的：「習坎，有孚，維心亨。」但是，只有君子處困境而能做到險以說，例如孔子在陳絕糧而弦歌不斷，又如諸葛亮在空城上悠閒彈琴，司馬懿懷疑有埋伏而不敢攻城。

「貞，大人吉，以剛中也」，根據〈乾〉卦〈文言〉：「貞者，事之幹也。……貞固，足以幹事。」所以貞的意思是守正且堅持，就能成事。爲什麼大人處困才能吉，以剛中也，所謂「仁者無敵於天下」，孔孟所言之仁就是「剛中」，在性理學派來看則是至情至性，例如人失父母則淚水不期然而至，悲從中來之境也，遇見不平之事而忿忿不平，血管賁張，那就是丹田之氣，能夠剛中，則能雖千萬人吾往矣。允執厥中也是講陽剛之氣，〈困〉卦的九二與九五分別居內體與外體之中，就是剛中。

「有言不信，尙口乃窮也」，〈困〉來自〈否〉，〈否〉卦外卦乾之上九下之二，〈否〉卦之外卦乾爲天德，陽剛正氣，天德至誠，最眞切不過，由〈否〉變〈困〉，則〈否〉卦外乾之天德已破，變成〈困〉卦內兌之口，從天德之誠變爲兌口之言，一片丹誠變成嘴說空話，口惠而實不至，即使舌敝脣焦，又有何益處？所以說「尙口乃窮也」。已經處於困境，要解困只有利用祭祀，修德迓天，躬行實踐，先行其言而後說，就是要實地去做，而非徒托空言，凡是預備要說的話，要做的事，必須先做再說，因爲說而後做已經打了折扣，只說不做更不像話。

伍、大小象傳

象曰：澤无水，困。君子以致命遂志。

　　〈困〉卦的卦體是上兌下坎，兌爲澤，坎爲水，兌澤是止水，坎水是流水，能將坎水蓄積而不流失，才會形成兌澤，所謂「塞坎成兌」是也。但〈困〉卦是兌澤在上而坎水居下，水往下流，就造成有澤无水的景象。水是滋養萬物的，澤是潤澤萬物的，澤無水，代表天子之澤無法施及天下。在卦辭稱大人，在〈大象〉稱君子，都是指二爻、四爻、五爻之陽而言

　　「致命」是順從天命而力行的意思。坎卦三四五互巽爲命，致是力行增進，《大學》：「致知在格物，格物而後知至。」也就是王陽明所講的「致良知」。命是天賦的，不是人所能改造，例如天生是木本花，園藝家無論如何也無法將其變成草本花，造命由天也。我們人各有氣質，這也是命，天生的稟賦各有其所長，各有其所趨。

　　「遂志」取象於坎，坎爲心志，〈坎〉卦的卦辭是：「有孚，維心亨。」坎水是流動通暢的，遂就是通暢或達成的意思，人雖然處在困境，自己的操守愈是要保持不變，人之所以爲萬物之靈，是因爲有操守靈氣，這只有君子能夠做到。如果處在困境就眼巴巴而心慌慌，變成了軟骨頭，那就談不上「遂志」。我們回顧歷史，明朝亡國時，北京城內有近一二萬人自殺殉國，但是大陸淪陷時，卻沒聽說有人這麼做。可見處困而能「致命遂志」，不是件容易的事。

初六象曰：入于幽谷，幽不明也。

初六之所以受困，是因爲陷在一個幽暗的山谷之中，而無法脫困，所以說「入于幽谷」。坎爲隱伏，初爻隱伏在坎陷之下，更加昏暗不明，所以說「幽不明也」。

九二象曰：困于酒食，中有慶也。

九二「困于酒食」，因爲二居內體坎中，坎水爲酒；二五相應，五居外體兌中，兌口爲食。二雖陷於坎中，但是「坎有孚，維心亨」，是有剛中之德，所以能夠困而不失其所亨，是爲「中有慶也」。這也就是古人說的：「積善之家，必有餘慶。」

六三象曰：據于蒺藜，乘剛也。入于其宮，不見其妻，不祥也。

六三之陰爻凌駕在九二陽爻之上，是「乘剛也」。但是九二以陽剛居中，不願爲六三之陰所用，小人無法用君子，君子也不願爲小人所用，即使勉強用之，也倍感棘手，所以居不得其安，行不得其所，悽悽惶惶而不安，是「不祥也」。

九四象曰：來徐徐，志在下也。雖不當位，有與也。

九四「志在下」，因爲四與初相應，九四之陽想要改革內體爲陰邪包圍的環境，必須經過坎險，所以來徐徐。雖然九四以陽居陰是不當位，但有九五之陽來幫助，而且初與四陰陽相應相濟，所以說「有與也」。

九五象曰：劓刖，志未得也。乃徐有說，以中直也。利用祭祀，受福也。

劓是割鼻，則面目無光，刖是斷足，則行動無力。九五位居天子之尊，卻因劓刖而難有作為，所以說「志未得也」。但是九五以陽爻居陽位，有剛中之德，〈繫辭上傳〉：「夫乾，其動也直。」直就是正直，毫不歪曲虛假，所以能夠以悠然和悅的態度處困，做到「困而不失其所亨」，所以說「以中直也」。處困之時，利用祭祀來約束身心，修德可以迓天，因為心理坦蕩，能夠與天地的祥和之氣感而遂通，則心靈更祥和，心地更光明，當然「受福也。」反之，滿腦子邪惡奸詐，則與天地的乖戾之氣相通而更壞，終必招凶。

上六象曰：困于葛藟，未當也。動悔有悔，吉行也。

上六以陰柔位居一卦之最上爻，是以陰柔而居極陰之位，困之主因是陽陷於陰，上爻更是以陰居陰，是困到了極點，所以說「未當也」。若能悔過而幡然改圖，採行大人或君子的作為，就能變卦而脫困，所以說「吉行也」。

Note

Note

Note

國家圖書館出版品預行編目(CIP)資料

周氏易經通解. 第五冊／周鼎珩遺著；陳素素
　　等記錄. --初版.--臺北市：五南圖書出版
　　股份有限公司, 2023.01
　　面；　公分
　　ISBN 978-626-343-619-0（平裝）

1.易經　2.注釋

121.12　　　　　　　　　111020657

4X28

周氏易經通解（第五冊）

作　　　者 — 周鼎珩遺著、陳素素等記錄

校　　　對 — 鄭宇辰

發 行 人 — 楊榮川

總 經 理 — 楊士清

總 編 輯 — 楊秀麗

副總編輯 — 黃惠娟

責任編輯 — 陳巧慈

封面設計 — 姚孝慈

出 版 者 — 東吳大學中國文學系

編輯出版 — 五南圖書出版股份有限公司

地　　　址：106台北市大安區和平東路二段339號4樓

電　　　話：(02)2705-5066　　傳　　真：(02)2706-6100

網　　　址：https://www.wunan.com.tw

電子郵件：wunan@wunan.com.tw

劃撥帳號：01068953

戶　　　名：五南圖書出版股份有限公司

法律顧問　林勝安律師

出版日期　2023年1月初版一刷

定　　　價　新臺幣480元